Nicole Hoefs · Petra Führmann

Das Kosmos Erziehungsprogramm für Hunde

KOSMOS

Praktische Hundeerziehung

Zum Geleit

Für mich ist dieses Werk *der* Klassiker zur Hundeerziehung. Nicole Hoefs und Petra Führmann verfügen über profunde verhaltensbiologische Kenntnisse, und sie befassen sich in ihrem „Erziehungsprogramm“ ganzheitlich mit Hunden, stets unter Berücksichtigung ihrer biologischen Möglichkeiten, bestehender Rassebesonderheiten und der ausgeprägten interindividuellen Variabilität, also der Persönlichkeit eines Tieres. Hunde werden in diesem Buch nie pauschalisierend missverstanden, vielmehr wird durch ein vielfältiges *Angebot der Möglichkeiten* ihrer jeweiligen Besonderheit und Einzigartigkeit Rechnung gezollt. Ein *Hunde verstehen*, doppelsinnig gemeint, zieht sich als roter Faden durch das großartige Buch. Die Autorinnen gehen von biologischen Grundlagen aus und bedienen sich der jeweils angezeigten Wege ihrer Anwendung im konkreten Fall, wählen also nachvollziehbar diejenigen Herangehensweisen, die sich für diesen oder jenen Hund und deren Menschen anbieten. Das „Erziehungsprogramm“ verzichtet somit bewusst auf *die* Methode des Trainings, die *schnelle* Herangehensweise mit dem *programmierten* Erfolg. Diese Bescheidenheit fußt auf einem breitgefächerten Wissen und der Erkenntnis, dass Hunde als hochentwickelte Lebewesen immer wieder eigene Herangehensweisen benötigen, um zur Verständigung und zum Einklang mit ihnen zu gelangen.

So entstand ein Buch, das ein wirklicher Ratgeber wurde, eine wahre Fundgrube der Möglichkeiten wie des Möglichen, indem Problemzonen des Zusammenlebens bestimmter Menschen und bestimmter Hunde kritisch hinterfragt werden. Es geht dabei auch um Rassehunde und deren genetische Besonderheiten, denen Rechnung zu tragen ist. Etliche Probleme entstehen ja zwangsläufig, weil Hunde schlicht unterfordert und gelangweilt, alles andere als ausgelastet sind und Motivationen mit genetischer Disposition nun über Bewältigungsstrategien an extrem reizarme Umgebungsbedingungen begegnen. Dabei zeigen sie Verhaltensweisen, die schnell als „Störung“ abgestempelt werden. Die Autorinnen gehen auch hier den ganzheitlich analytischen Weg, sie doktern nicht an Symptomen herum, sie sind bemüht, den Genesen von Auffälligkeiten nachzuspüren.

Die Basiserziehung ist begeisternd, da die „Biologie des Hundes“ implizit gelehrt wird: Was können Hunde lernen, wie lernen sie,

wo gibt es Grenzen und warum ist das so. Den Autorinnen geht es darum, dass verstanden wird, warum in welcher Situation eine bestimmte Vorgehensweise empfohlen wird. Hier wird nie die eigene Meinung der Autorinnen aufoktruiert, sondern in gut verständlichen Ausdrucksformen, didaktisch sehr gelungen, zum Nachdenken angeregt.
Es geht um die Erziehung des Junghundes wie das Bewältigen von Problemen für Menschen und Hunde jedweden Alters. Basis der Erziehung ist die exzellente Darstellung der hundlichen Kommunikation, seines Sozialverhaltens und der Interaktionsformen mit dem Menschen. Es geht um Sozialisation, Beziehung und Bindung im biologisch korrekten Sinne, hier entstehen keine neuen Mythen.
Ich wünsche diesem hervorragenden „Erziehungsprogramm“, was es verdient hat: eine ganz ausgeprägte Verbreitung. Denn es wird Gutes stiften und Verwirrungen, die heute ausgeprägt sind aufgrund widersprüchlicher „Wege zum Hund“ beseitigen.

Dr. Dorit Urd Feddersen-Petersen
Fachtierärztin für Verhaltenskunde und Tierschutzkunde
Christian-Albrechts-Universität zu Kiel

Vorwort zur ersten Auflage

Noch ein Ratgeber mehr in der ohnehin schon unübersichtlichen und verwirrenden Welt der Erziehungsratgeber für Hunde, so mag der nun endgültig orientierungslos gewordene Hundebesitzer aufstöhnen. Und tatsächlich, vergleicht man zehn verschiedene Erziehungsratgeber für den Hundefreund, so darf man sich mit „elf" unterschiedlichen Methoden vergnügen, die einander häufig widersprechen, aber genauso häufig die eigene Methode als das ausschließliche Nonplusultra propagieren.

Nicole Hoefs bei einer Apportierübung.

Wir sind der Ansicht, dass sich dieses Dilemma durch entsprechende verhaltensbiologische Grundlagenlektüre auflösen lässt. Auf der Grundlage von Hintergrundwissen kann jeder interessierte Laie mehr Selbstständigkeit und Selbstsicherheit auf dem mittlerweile von Experten nur so wimmelnden Markt der Hundeerziehung gewinnen und lernen, sinnvolle von sinnlosen Erziehungsmaßnahmen zu unterscheiden. So möchten wir Ihnen auch begleitend zu diesem Buch die im Anhang zum Weiterlesen angegebenen Autoren empfehlen, damit Sie den größtmöglichen Nutzen aus unserem Ratgeber ziehen können.

Ein Erziehungsratgeber für Hunde unterliegt durch die immanent notwendige Systematik immer der Gefahr der Pauschalisierung und der Vereinfachung. Auch diesem Buch liegt ein „System" zugrunde, welches sich im Laufe der Jahre herauskristallisiert und in unserer Hundeschule bei sehr vielen Hunden bewährt hat. Dennoch ist dieses „System" kein Dogma, welches von Ihnen verlangt, alle Punkte in der beschriebenen Form „nachzubeten". Hunde sind hochkomplexe Wesen und verdienen eine individuelle Herangehensweise. Die von uns beschriebenen Punkte markieren gemäß unserer Erfahrung häufige Problemzonen in der Mensch-Hund-Beziehung bzw. bieten die Möglichkeit, bei entsprechender Beachtung das Verhalten des Hundes positiv zu verändern. Jeder kann durch kritische Selbstprüfung herausfinden, was hier für ihn zutrifft und was nicht.

Die Anwendung unserer Ratschläge, ob vollständig oder teilweise, erfordert Zeit, Geduld und Engagement. Wir können Ihnen keinen wohlerzogenen Hund innerhalb von drei Tagen versprechen oder gar den berühmten Knopfdruck präsentieren. Erziehung ist mehr als zwanzig Minuten pro Woche „**SITZ**, **PLATZ**, **FUSS**, im Kreis laufen" auf einem eingezäunten Hundeplatz.

Ein wichtiger Faktor, der leider im Rahmen dieses Buches wenig berücksichtigt werden konnte, ist der rassespezifische Unterschied von Hunden und deren Auswirkung auf die Hundehaltung und Erziehung. So sollten Sie insbesondere bei der Haltung und Erziehung von Herdenschutzhunden fachmännische Hilfe in Anspruch nehmen.
Literatur über einzelne Hunderassen ist leider nicht immer eine Hilfe, da häufig einseitig über Vorzüge berichtet wird. Besitzer von Rassehunden sollten sich in jedem Fall darüber informieren, welche genetischen Voraussetzungen der eigene Hund mitbringt und dies dringend sowohl in der Erziehung als auch in der Haltung berücksichtigen. Eine Menge Erziehungsprobleme würden sich erübrigen, müsste z. B. der hochsoziale Husky nicht häufig isoliert im Zwinger sitzen und/oder sich womöglich noch mit einer Stunde Auslauf täglich an der Flexileine begnügen. Das Gleiche gilt für den als Familienhund mittlerweile sehr beliebten Kleinen Münsterländer, der es nur schwer verkraftet, seine jagdlichen Anlagen nicht ausleben zu dürfen.
Die Liste der Probleme, die durch nicht art- und rassegemäße Haltung verursacht werden, lässt sich beliebig fortsetzen. Die meisten Rassen der heute beliebten Familienhunde wurden jahrhundertelang gezielt gezüchtet, um eine bestimmte Arbeit zu verrichten und bedürfen, als Familienhund gehalten, dringend der Kompensation. Dies gilt es zu überdenken, bevor man einen Hund als schwer erziehbar abstempelt.
Der vorliegende Ratgeber versteht sich tatsächlich als solcher. Möge sich der interessierte Hundebesitzer daraus das holen, was ihm und seinem Hund liegt.

Petra Führmann und Nicole Hoefs
Hundeschule Aschaffenburg

Petra Führmann und Nicole Hoefs.

Vorwort zur zweiten, komplett überarbeiteten Ausgabe

Die Überarbeitung unseres 1999 erschienen Buches folgt verschiedenen Prämissen und Motiven. So ist es uns zunächst wichtig unsere eigenen praktischen Erfahrungen der letzten Jahre einzuarbeiten und diese somit dem interessierten Hundebesitzer zur Verfügung zu stellen. Gleichzeitig gilt es, die eigenen Kenntnisse an den allgemeinen Neuerungen innerhalb der Hundeerziehung in den vergangenen Jahren zu überprüfen und eventuell zu modifizieren.
Ein Buch über Hundeerziehung hat es heutzutage nicht leicht.
Es soll informativ sein, sich an der alltäglichen Praxis des Hundebesitzers orientieren, allgemein verständlich geschrieben und insbesondere für den „Erziehungsanfänger“ nachvollziehbar sein; dabei sollen neue wissenschaftliche Erkenntnisse berücksichtigt

Petra Führmann mit Zeppo und Shean.

und methodisch vielfältig aufgegriffen werden. So weit, so einfach. Jeder, der sich theoretisch intensiv mit dem Verfassen von instruktiven Texten beschäftigt hat, kennt das entsprechende Regelwerk und wird es zur Anwendung bringen. Schwierig wird die Angelegenheit erst, wenn man die in den letzten Jahren entstandenen vielfältigen „Schulen“ und „Richtungen“ zu einem offenen Lesen animieren möchte und dabei einen erneuten Beitrag über die grundsätzliche Richtigkeit der einen oder anderen Erziehungsrichtung vermeiden will. Eine Gratwanderung, da Erziehung, wenn sie in gedruckter Form „daherkommt“ – egal ob es sich hier um Mensch oder Tier handelt – nicht ohne Positionierung und Konkretisierung auskommen kann. Dass dies nicht identisch ist mit beabsichtigter Pauschalisierung, versteht sich von selbst. Daher auch an dieser Stelle der Appell, sich nicht von ideologischen Dogmen in der Hundeerziehung der Möglichkeit zu berauben, voneinander zu lernen: Hundetrainer von ihren „Schülern“ und umgekehrt, sowie Hundetrainer voneinander, sachlich und fair.

Petra Führmann und Nicole Hoefs
Hundeschule Aschaffenburg

Und hier die Kleinsten: Petra Führmann mit Flip und Mücke.

Nicole Hoefs mit Brian.

Grundlagen der Erziehung

Möglichkeiten und Grenzen der Erziehung

Was der Hund lernen kann und was Sie erwarten können

Was kann man von seinem Hund im Rahmen der Familienhundeerziehung erwarten und was nicht? Wo sind die Grenzen, wie muss man sich verhalten, was darf getadelt werden, was nicht? Wir erleben in unserem Unterricht immer wieder Fälle, in denen Besitzer von ihren Hunden vollkommen unrealistische Dinge erwarten und enttäuscht sind, wenn sich ihre Erwartungen nicht erfüllen. Genauso passiert es, dass Menschen ihre Hunde schlicht und ergreifend für zu dumm halten, um gewisse Erziehungsübungen zu verstehen und dahinter eigene Unwissenheit oder Inkonsequenz verstecken. Als kleines Beispiel sei der allgemein übliche Umgang mit Welpen angeführt.

Erziehung beginnt am ersten Tag

Während der Mensch oft der Meinung ist, ein Welpe sei noch zu jung, zu klein, zu dumm, um erzogen zu werden, reagiert er enttäuscht und ärgerlich, wenn sein Welpe nach einigen Wochen noch nicht zuverlässig stubenrein ist. Ist der Hund zuverlässig sauber, wird dies hingegen entweder als Selbstverständlichkeit betrachtet, ie es nicht weiter zu erwähnen lohnt oder als eine Leistung gesehen, auf die man (zu Recht) stolz ist. Was passiert eigentlich, während man sich um die Stubenreinheit des jungen Hundes bemüht? Richtig, man erzieht ihn.

Haben Sie sich schon einmal klar gemacht, auf welch hoher Abstraktionsebene diese Erziehung für den Hund abläuft ? Es ist keineswegs selbstverständlich, dass der Welpe oder der junge

Nutzen Sie die hohe Lernbereitschaft im Welpenalter.

Hund begreift, dass er den Gummibaum in Ihrem Wohnzimmer nicht, den Johannisbeerstrauch im Garten hingegen durchaus anpinkeln darf.
Ein Wesen, das imstande ist, Erziehung auf so hohem Abstraktionsniveau anzunehmen, soll (noch) zu dumm sein, zu lernen, dass es auf Zuruf kommen soll? Die Antwort auf diese rhetorische Frage liegt auf der Hand.
Sämtliche Erziehungsübungen, wie sie in diesem Besuch beschrieben sind, sind verstandesmäßig eine leichte Sache für den Hund. Er versteht schnell, dass er sich beim Hörzeichen **PLATZ** hinlegen soll, und auch, bei entsprechender Konsequenz und Übung, dass nur Sie diese Übung wieder beenden. Dieses Beispiel lässt sich auf alle anderen Übungen übertragen.

Konsequenz und Anwesenheit

Nach entsprechend häufigen Wiederholungen und genügend Zeit für die Lern- und Festigungsphase können Sie erwarten, dass die Übungen, die Sie dem Hund mit unserer Hilfe beibringen, zuverlässig ausgeführt werden. Dass dies nur bei absoluter Konsequenz zu erlangen ist, haben Sie bestimmt schon erkannt. Um dies zu erreichen, ist aber eines erforderlich, und zwar Ihre Anwesenheit, um den Hund zu kontrollieren und zu korrigieren. Das heißt im umgekehrten Fall, dass Sie nicht erwarten können, dass Ihr Hund, gerade in der Lernphase, sobald er ohne Beaufsichtigung ist, nur brav in einer Ecke liegt.

Genauso ist es unrealistisch zu erwarten, dass der Hund nicht auf die Idee kommt, ein uneingezäuntes Grundstück zu verlassen, um sich in der Gegend umzusehen. Umso mehr, wenn er den Garten gut kennt und daher für ziemlich langweilig hält.
Sicher gibt es immer wieder Hunde, die völlig stoisch auf uneingezäuntem Gelände stundenlang vor dem Haus liegen, ohne auf den Gedanken zu kommen, sich zu entfernen. Solche Tiere haben

Jagdhunde – hier ein Pointer – brauchen unbedingt eine rassespezifische Ausbildung und Beschäftigung.

meistens eine extrem starke Bindung an den Ort, an dem sie leben. Oft ist diese Bindung stärker als die Bindung an die Besitzer, denn solche Tiere leben in der Regel nicht in der Wohnung oder im Haus ihrer Besitzer.
Hinzu kommt, dass solche Hunde ein geringes bis überhaupt nicht vorhandenes Interesse an ihrer Umgebung haben. So etwas gibt es tatsächlich, und jeder hat damit sicher so seine eigenen Erfahrungen. Erwarten kann man solch ein Verhalten in der Regel aber nicht, und auch erzieherisch ist dies dem durchschnittlich an seiner Umwelt interessierten Hund gewaltfrei nicht beizubringen.

Erziehung ist Interaktion

Erziehung wird durch Interaktion bestimmt, also durch jemanden, der a) agiert und b) reagiert. Hierzu ist eines erforderlich, nämlich die Anwesenheit von a) und b). Das heißt, sollten Sie abwesend sein, müssen Sie entsprechende Vorsichtsmaßnahmen ergreifen, damit der Hund niemanden belästigt, nichts anstellt, aber auch niemand ihn ärgern oder verstören kann (z. B. vorbeilaufende Kinder).

Mangelnde Bindung

Abschließend zur Verdeutlichung ein Fallbeispiel: Vor einiger Zeit klagte ein Kunde darüber, dass sein Hund immer weglaufe und dann durch den ganzen Ort streune. Dies sei sein Hauptproblem, ansonsten komme er ganz gut mit dem Hund klar, und außer dieser Streunerei gebe es seiner Ansicht nach auch nichts Behebenswertes im Verhalten des Tieres.

Im weiteren Verlauf des Gespräches stellte sich heraus, dass der Hund die meiste Zeit des Tages auf dem Grundstück des Kunden verbrachte. Nachts war er im Vorbau des Hauses untergebracht. Das Grundstück war nur unzureichend eingezäunt.

Hierzu ist Folgendes zu sagen: Aufgrund der isolierten Haltung verfügte dieser Hund über eine vollkommen unzureichende Bindung an seine Familie. Der Garten – obwohl groß und schön – langweilte das temperamentvolle Tier, das mit den Reizangeboten hier vollkommen unterfordert war und sich entsprechende Kompensation außerhalb suchen wollte.

Nicht immer einfach, aber notwendig: Suchen Sie passende Spielpartner für Ihren „Zwergwelpen".

Erziehung ist in einem solchen Fall nicht möglich, bestenfalls mit entsprechender Zwangseinwirkung. Der Kunde hätte besser daran getan, die Unterrichtsgebühr in einen passenden Zaun zu investieren. Was in diesem Fall auf der Strecke bleibt, ist das Tier, dem so die Möglichkeit der Kompensation genommen wird, die der Besitzer nicht bereit war, durch eine entsprechende Haltungsänderung zu gewähren. Von der Gefährlichkeit solcherart gehaltener Hunde, die unter der Reizarmut ihrer Umgebung leiden, haben wir alle schon zur Genüge in der Zeitung gelesen.

Außenreize und Beschäftigung

Auch wenn es nicht unbedingt in dieses Kapitel gehört, sei doch darauf hingewiesen, dass kein noch so schöner Garten, Zwinger oder eine Hundehütte die Beschäftigung des Menschen mit dem Hund und den Spaziergang mit ihm ersetzen kann. Viele Erziehungsprobleme würden sich von selbst erledigen, wenn die Besitzer den Bedürfnissen ihres Tieres nach sinnvoller Beschäftigung sorgfältiger Rechnung tragen würden.
Manche Verhaltensstörungen und Erziehungsprobleme haben ihre Ursache darin, dass der Hund sich schlicht und ergreifend langweilt, da er seinen „ach so schönen Garten" auswendig kennt und auch den Spazierweg um die Ecke. Überlegen Sie sich einmal, welche Wirkung es auf Sie hätte, wenn Sie jahrein, jahraus immer nur dasselbe sehen, riechen und wahrnehmen müssten.
Ein weiteres Beispiel: Sie können ebenfalls nicht erwarten, dass Ihr Hund Einsicht in die Erfordernisse des Straßenverkehrs erlangt. Selbst Hunde, die schon Zusammenstöße mit Autos hatten, haben ihr „unvernünftiges" Verhalten, bei Verkehr über die Straße zu

laufen, nicht geändert. Dahingegen können Sie Ihrem Hund bei entsprechendem Üben beibringen, den Gehwegrand zu akzeptieren und nur auf Aufforderung über die Bordsteinkante zu treten. Dies setzt aber voraus, dass Sie Ihren Hund für eine lange Zeit kontrollieren, immer wieder an der Kante anhalten lassen (mit Leine!) und erst mit einem entsprechenden Hörzeichen (hier können Sie **LAUF** verwenden) weitergehen lassen.

Wie viele Hörzeichen kann ein Hund lernen?

Untersuchungen haben ergeben, dass ein durchschnittlich begabter Hund etwa vierzig Hörzeichen erlernen und zuverlässig unterscheiden kann. Die Basiserziehung mit **SITZ**, **PLATZ**, **FUSS**, **KOMM** und **LAUF** etc. stellt also wirklich nur eine Minimalanforderung dar.

Die Basiserziehung

Die Pfeiler der Basiserziehung

Die Basiserziehung umfasst im Wesentlichen vier Punkte:

- Grundbegriffe wie **KOMM**, **SITZ**, **PLATZ** etc.
- Konsequenz im täglichen Umgang
- Richtige Beschäftigung mit dem Hund
- Unterbindung des Manipulationsverhaltens

Kein Gentleman's Agreement

„Ein bisschen Gehorsam" gibt es bei Hunden nicht. Entweder nimmt Ihr Hund Sie ernst und befolgt Ihre Wünsche, oder er tut es nicht. Ein „Gentleman's Agreement" können Sie mit einem Hund nicht schließen.

Viele Leute kommen mit dem Ansinnen „Der Hund soll ja nur kommen, wenn ich ihn rufe" zu uns. Leider stellt dieses „nur" einen der anspruchsvollsten Aspekte der Hundeerziehung dar und ist in der Regel nur unter Beachtung aller Punkte der Basiserziehung zu erreichen. Alle Pfeiler stehen gleichberechtigt nebeneinander. Denken Sie nicht: „Im Haus ist mein Hund der bravste der Welt, ich übe nur das Kommen!" Gerade der Umgang im Alltag entscheidet oft über den Erfolg der Erziehung.

Apportieren: Gehorsamsübung und Beschäftigung gleichzeitig. Hier apportiert Zeppo einen so genannten Futterbeutel, einen Belohnungsbeutel, der mit Leckerchen gefüllt ist. Nachdem er den Beutel apportiert hat, darf er die Belohnungshäppchen daraus fressen.

Führungsqualitäten entwickeln

Bemühen Sie sich, alle Punkte zu beachten. Denken Sie nicht, nur der Hund müsse lernen. Das meiste müssen Sie lernen, Ihren gesamten Umgang mit dem Hund überdenken und neu gestalten. Das kann sehr mühsam und anstrengend sein. Aber es lohnt sich! Sie werden eine völlig neue Beziehung zu Ihrem Hund eingehen. Eine Beziehung, die für beide Seiten lohnend und befriedigend ist. Ihr Hund wird Sie mit ganz anderen Augen betrachten: als jemanden, der fähig ist, die Richtung vorzugeben.
Diese Basiserziehung stellt keine Korrekturerziehung für Verhaltensprobleme dar. Hierfür ist auf jeden Fall ein individuelles Therapieprogramm notwendig. Die meisten „normalen" Erziehungsprobleme jedoch lassen sich mit der Basiserziehung lösen.

Auf einen Blick
Was Sie von Ihrem Hund erwarten können

1. Die zuverlässige Ausführung dessen, was Sie dem Hund durch Ihre täglichen Wiederholungen und Ihre Konsequenz im täglichen Umgang beibringen.

2. Eine intensivere Bindung und erhöhte Kooperationsbereitschaft des Tieres, sofern Sie sich durch angemessene Beschäftigung einbringen und für den Hund interessant werden.

3. Darüber hinaus, dass Ihr Vierbeiner sich nach Ihren Vorstellungen von freier Zeiteinteilung richtet, sofern Sie das Kapitel „Manipulationsverhalten" verinnerlichen, was gleichzeitig von unschätzbarem Wert bei der Erziehungsbereitschaft des Tieres ist.

Erziehungsmethode und Hilfsmittel

Grundsätze

Obwohl es schon fast eine Binsenweisheit ist, möchten wir an dieser Stelle darauf hinweisen, dass Hunde natürlich nicht in der Lage sind, den Inhalt der menschlichen Rede zu verstehen. Hunde lernen, Ton und Stimmung des Menschen zu interpretieren und mit bestimmten Situationen bzw. Anforderungen zu verknüpfen. Zu Beginn müssen Sie also lernen, Stimme und Körpersprache richtig einzusetzen, und sich außerdem eine eindeutige, einfache Sprache angewöhnen.

Einfache Hörzeichen

Sprechen Sie mit Ihrem Hund einfach und verständlich. Das heißt z. B. bezogen auf das Hörzeichen **PLATZ**, dass hier auch wirklich nur dieses eine Wort verwendet wird. Erzählen Sie dem Hund bitte keinen Roman in Form von „Ich hab dir doch jetzt schon dreimal gesagt, du sollst **PLATZ** machen“ oder etwa „Los, jetzt mach mal schön **PLATZ**, aber sofort“. Der Hund ist in dieser Phase der Erziehung damit völlig überfordert. Eine einfache Sprache ist das Mittel der Wahl: **PLATZ**, **SITZ**, **FUSS**, **AUS**, **NEIN**. Mehr brauchen Sie nicht, wenn Sie ein Hörzeichen geben wollen. Selbstverständlich wird für jede Übung nur ein Wort verwendet, z. B. **PLATZ** für das Hinlegen.

Lob und Korrektur

Für beide Verhaltensweisen ist vor allem eines wichtig: Der Hund muss die Möglichkeit haben, sein Verhalten mit dem Ihren zu verknüpfen. Dies kann er aber nur, wenn beides entweder gleichzeitig oder mit einer maximalen Verzögerung von zwei Sekunden stattfindet.

Als ob er kein Wässerchen trüben könnte. – Beginnen Sie trotzdem frühzeitig mit der Erziehung.

Info
Was wann angemessen ist: Korrektur, Strafe, Fehlverhalten ignorieren

Prinzipiell ist es angemessener, bei einem Fehlverhalten, das unterbunden werden soll, von Korrektur und nicht von Strafe zu sprechen. Es geht in der modernen Erziehung darum, durch Korrektur eine Verhaltensänderung zu erreichen. Der Begriff Strafe gehört in den Bereich der so genannten „schwarzen Pädagogik" des 19. Jahrhunderts und enthält eine moralische Implikation, die als Maßstab für den Umgang mit Tieren unangemessen ist.
Die Stärke der Korrektur muss am individuellen Tier festgemacht werden. Bei dem einen Hund reicht ein entschiedener, scharfer Ton, bei einem anderen ist ein Schnauzgriff nötig. Ist der Hund nach der Korrektur über einen längeren Zeitraum völlig eingeschüchtert, so war die Korrekturmaßnahme für ihn zu stark. Setzt er die Handlung, die es mit der Korrektur abzubrechen galt, direkt wieder fort, war die Korrektur für dieses spezielle Tier zu sanft.
Bei der Entscheidung, wann es sinnvoll ist Fehlverhalten zu korrigieren und wann man dieses besser ignoriert, sollte man sich die direkten Folgen des unerwünschten Verhaltens vor Augen führen. Sind diese negativ, sollte i. d. R. eine Korrektur erfolgen.

Hier einige Beispiele:
Der Hund kaut am Teppich, die Folge: Dieser ist kaputt.
→ Der Hund jagt, die Folge: Gefährdung für Leib und Leben.
→ Der Hund erobert das Sofa, die Folge: Er hält sich eventuell für privilegiert, was die Erziehung erschweren kann.

Insgesamt kann man sagen, dass es keinen Sinn hat, selbstbelohnendes Verhalten zu ignorieren. Ignorieren von unerwünschtem Verhalten ist vor allem dann sinnvoll, wenn dadurch Nichts und Niemand Schaden nimmt (nicht der Hund, nicht die Wohnungseinrichtung, nicht die Umgebung, auch nicht der Erziehungsstand des Hundes).

Ein Beispiel:
→ Der Hund verhält sich aufdringlich, will spielen o. Ä., der Mensch ignoriert ihn. Die Folge: Der Hund erfährt, dass er seinen Menschen nicht manipulieren kann und dass dieser einen souveränen Status einnimmt.

Die Basiserziehung stellt geringe Anforderungen an die Intelligenz Ihres Hundes. Eine Erziehung auf hohem Intelligenzniveau ist beispielsweise eine Blinden- oder Behindertenhundeausbildung, bei der ein Hund unter anderem lernt, seinem Besitzer einen leeren Stuhl in der Gaststätte zu suchen.

Bezogen auf Ihre Erziehungssituation bedeutet dies, dass der Hund, nachdem man ihm mehrfach gezeigt hat, was sich hinter bestimmten Hörzeichen wie **SITZ**, **PLATZ** etc. verbirgt, dies prinzipiell begriffen hat. Ob man eine zuverlässige Ausführung erwarten kann, hängt von mehreren zu beachtenden Faktoren ab: Es wurde auf allen Schwierigkeitsstufen geübt, und zwar in Abhängigkeit von der Konzentrationsfähigkeit des Hundes (insbesondere beim jungen Tier wichtig). Die Ablenkung wurde hierbei schrittweise und ausreichend gesteigert. Der Mensch bringt dem Hund im Alltag eine prinzipiell konsequente Haltung entgegen und hat selbst ein hohes Interesse an der Aufrechterhaltung derselben, was sich durch Stimmungsübertragung im Verhalten des Hundes niederschlagen wird.

Sie werden sehen: Ihr Hund schätzt menschliche Konsequenz und quittiert diese mit dem Verhalten, das Sie sich von ihm wünschen.

Konsequent sein heißt zum einen, nur das zu verlangen, was man durchsetzen kann und will, und zum anderen die tägliche Anwendung des Gelernten in allen Lebenslagen.

Bitte bedenken Sie auch einmal Ihren bisherigen Umgang mit dem Hund. Wie oft haben Sie in der Vergangenheit irgendwelche Hörzeichen gegeben, ohne dass diese befolgt wurden? Wie oft haben Sie schon **SITZ** oder **PLATZ** verlangt, ohne darauf zu achten, ob der Hund eine Reaktion zeigt?

Sicher können Sie sich jetzt schon eine vage Vorstellung davon machen, welchen Eindruck dieses Verhalten bei Ihrem Hund hinterlassen hat.
Ändern Sie dies sofort. Geben Sie nur dann Hörzeichen, wenn Sie durch entsprechendes Üben in ähnlichen Situationen erfolgreich waren. Genauso wichtig: Achten Sie auf Ihre eigene Befindlichkeit: Haben Sie keine Zeit, keine Lust oder ist es Ihnen gerade peinlich,

Erfolgreiche SITZ-Übung.

Info

Was ist selbstbelohnendes Verhalten?

Von selbstbelohnendem Verhalten spricht man dann, wenn der Hund bei einer bestimmten Handlung keine spezielle Belohnung des Menschen benötigt, um diese Handlung als lustvoll und somit als erstrebenswert zu betrachten. Die Handlung selbst bereitet dem Hund bereits Lust und/oder Befriedigung. Hierzu zählen z. B. Frustabbau oder Vermeiden von Langeweile beim Zerkauen eines Teppichs, das Spielen mit Artgenossen, das Verfolgen von Joggern, Wild etc.

den Hund zu korrigieren, so verlangen Sie erst gar nichts von ihm. Er lernt sonst lediglich, dass er das, was Sie da so von sich geben, getrost vergessen kann.
Ein Beispiel: Sie gehen zum Bäcker und binden Ihren Hund vor dem Laden an. Wenn Sie jetzt **SITZ** oder **PLATZ** fordern, müssen Sie theoretisch jedes Mal, wenn der Hund diese Position verlässt, hinausstürzen und ihn entsprechend korrigieren. Schließlich soll er ja lernen, dass er diese Hörzeichen nicht nach eigenem Gutdünken aufheben kann. Wenn Sie die Nerven und die Zeit mitbringen, jedes Mal den Laden zu verlassen und Ihren Hund zu korrigieren, umso besser. Ist dies jedoch nicht der Fall – vielleicht sehen Sie Ihren Hund ja auch gar nicht vom Laden aus –, dann geben Sie ihm lieber erst gar kein Hörzeichen.

Gehorchen als Gewohnheit

Gehorchen kann auch zur Gewohnheit werden, wenn etwas nur oft genug verlangt wird. Ein Hund, der einmal in der Woche **SITZ** oder **PLATZ** befolgen soll, wird sich unter Umständen überlegen, ob er folgt oder nicht. Ein Hund, der ein Hörzeichen hingegen zehnmal am Tag befolgt, reagiert bald automatisch, ohne darüber nachzudenken.

Stimmungsübertragung

Hunde sind sehr gute Beobachter und reagieren sehr stark auf Stimmungen. Sicher haben Sie schon erlebt (oder werden es erleben), dass Ihr Hund Sie „trösten“ kommt, wenn Sie in gedrückter oder trauriger Stimmung sind. Dieses „Mitfühlen“ kann man sich in der Erziehung zunutze machen.
Versuchen Sie, in Ihrem Lob und Ihrer Korrektur deutlich zu sein. Insbesondere beim Lob können Sie mit richtig angewandter Stimmungsübertragung sehr viel erreichen.
Versuchen Sie einmal Folgendes: Rufen Sie Ihren Hund mit sehr hoher und freudiger Stimme: „Ja, komm, ja, ja, ja, ja, wo ist er denn, ja, komm, ja, ja, ja!“ Alles so hoch und exaltiert wie möglich, eventuell mehrmals hintereinander. Zugegebenermaßen sieht es geschrieben reichlich albern aus und es hört sich auch genauso ungewohnt an. Richtig angewandt werden Sie aber einen durchschlagenden Erfolg erzielen:
Wo so viel Spaß ist, will Ihr Hund auch hin, nämlich zu Ihnen. Eine entsprechend freudige Begrüßung Ihrerseits darf dann natürlich nicht fehlen!

Info
Übungen in den Alltag übertragen

Hunde begreifen einfache Hörzeichen wie **SITZ**, **PLATZ**, **KOMM** sehr schnell. Das heißt aber nicht, dass man dieses Begreifen schon mit einer zuverlässigen und prompten Befolgung gleichsetzen darf. Um dies hohe Ziel zu erreichen hilft nur eine langsame, aber stetige Übertragung aller Übungen in das tägliche Alltagsleben von Mensch und Hund. Was in der Einführungsphase von Hörzeichen noch seine Berechtigung hat, nämlich das ausschließliche Üben in künstlichen Trainingssituationen, muss spätestens in der Festigungs- und Sicherungsphase in alle erdenklichen Alltagssituationen übergehen und den ausschließlichen Charakter von „zweimal 15 Minuten am Tag“ verlieren. Nur dann kann aus Übung tatsächliche Erziehung werden. Viele Hundebesitzer, die über den Erziehungsstand ihrer Vierbeiner unglücklich sind, haben diese Übertragung, die eine lebenslange sein muss, noch nicht vollzogen.

Hunde lernen zunächst ortsgebunden.

Ein Beispiel:

→ Ihr Hund lernt das Hörzeichen **PLATZ** zunächst in der ablenkungsfreien Umgebung Ihres Gartens. Eine zuverlässige Ausübung in der Fußgängerzone kann jetzt noch nicht erwartet werden.

Das Lob

So loben Sie richtig

Gelobt wird immer direkt im Anschluss an eine erfolgreich absolvierte Übung. Also sofort, wenn der Hund beispielsweise das von Ihnen verlangte **PLATZ** durchgeführt hat.

Die Zwei-Sekunden-Regel

Sie werden in unserem Buch noch häufig darauf stoßen: die Zwei-Sekunden-Regel! Um beim Hund eine Verknüpfung zu gewährleisten, ist eine buchstäblich sekundenschnelle Reaktion unabdingbar. Das bedeutet, dass Sie sich mit Ihrem Lob in der genannten Zeitspanne bewegen müssen. Ein Lob, das zu spät erfolgt, z. B. wenn bereits einige Sekunden verstrichen sind, wird von dem Hund nicht mehr mit der Übung in Verbindung gebracht.

Der Einsatz der Stimme

Auch beim Loben ist es wichtig, die Stimme entsprechend einzusetzen. Mit einem „So war's brav" in Ihrer Alltagstonlage ist es nicht getan. Dem Hund muss über Ihre Stimme vermittelt werden, dass das, was er da gerade geleistet hat, etwas ganz Fantastisches war und in Ihnen hellste Begeisterungsstürme hervorruft. Stellen Sie sich vor, Sie loben Ihren Hund beim Spazierengehen, und Passanten werfen Ihnen ungläubige Blicke zu. Dann sind Sie auf dem richtigen Weg. Den oben bereits erwähnten Roman dürfen Sie dem Hund beim Loben erzählen.

Lob durch Umarmung? Von den meisten Hunden lediglich geduldet, nicht geliebt.

So ist es besser! Streicheln ohne Unterschreitung der Individualdistanz.

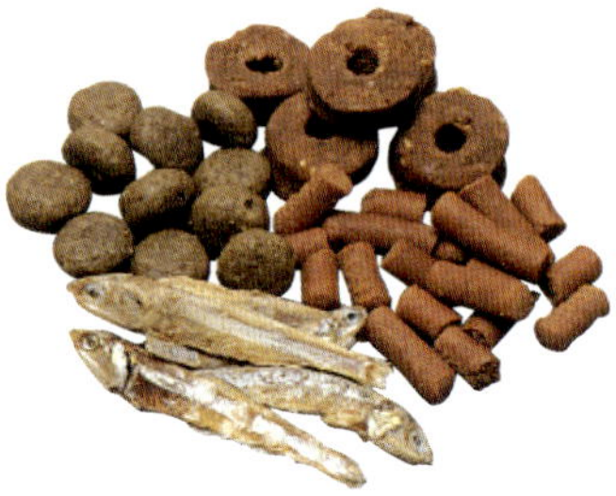

Ihr Hund soll lernen, erwünschtes Verhalten von unerwünschtem zu unterscheiden. Dies erreichen Sie, wenn Sie Ihre Stimme richtig einsetzen und dem Hund Ihre Freude darüber vermitteln, dass er sich richtig verhalten hat.
Seien Sie insbesondere beim erwachsenen Hund nicht frustriert, wenn er in den ersten Tagen Ihres „neuen erzieherischen Zusammenlebens“ kaum auf Ihr Lob reagiert. Die Trainingssituation ist neu für ihn und aufregend. Bleiben Sie am Ball, und Sie werden nach kurzer Zeit feststellen, dass Ihr Hund sich über Ihr freudiges Lob sehr freut und eine intensivere Bindung zu Ihnen entwickelt. Am Anfang der Hundeerziehung fällt es jedem Menschen schwer, die Stimme richtig einzusetzen. Der ständige Wechsel zwischen freudigem Lob und ernster Korrektur muss geübt werden.

Leckerchen

Warum Leckerchen?

Viele Leute halten Belohnungshäppchen bzw. Leckerchen in der Hundeerziehung für ein Zeichen der Schwäche oder gar Unfähigkeit des Besitzers. Natürlich kann man einen Hund auch ohne Leckerchen erziehen, sogar ohne Lob. Doch dies ist nur mit sehr viel Härte, Druck und Zwang möglich und ergibt mit Sicherheit keinen Hund, der Spaß an der Erziehung hat. Außerdem wird der erzwungene Gehorsam nie so zuverlässig wie ein Gehorsam, der auf positivem Lernen fußt.

Wie lange geben?

Gerade in der Welpenerziehung gibt es neben dem Spiel nichts Besseres als Loben und Leckerchen. Loben müssen Sie für jedes befolgte Hörzeichen. Ein Belohnungshäppchen gibt es nur zu Beginn (die ersten paar Wochen) der Erziehung für **SITZ** und **PLATZ**. Für das Kommen auf Ruf gibt es bis etwa zum 12. Monat immer ein Leckerchen (oder bei der Korrekturerziehung des erwachsenen Hundes während der ersten Monate der Erziehung). Auch danach sollte immer mal wieder, in möglichst unregelmäßigen Abständen, eine Belohnung in Form von Leckerchen erfolgen. Bereits erlerntes und gefestigtes Verhalten ist dann am zuverlässigsten aufrechtzuerhalten, wenn es von Zeit zu Zeit in unterschiedlichen Situationen Bestätigung erfährt.

Welche Leckerchen sind geeignet?

Als Belohnungshäppchen bei verfressenen Hunden können Sie das Trockenfutter verwenden, das Ihr Hund ohnehin bekommt; bei etwas anspruchsvolleren Vierbeinern müssen Sie eventuell auch besondere Leckerchen anbieten.
Arbeiten Sie richtig mit Belohnungshäppchen, dann müssen Sie diese tägliche Portion von der Tagesration abziehen, sonst wird Ihr Hund zu dick: Üben Sie täglich mehrmals in kleinen Lektionen von einigen Minuten, betragen die Belohnungshäppchen insgesamt sicherlich ein Viertel bis die Hälfte der täglichen Futterration. Natürlich ist Ihr Vierbeiner motivierter, wenn er noch Appetit hat. Üben Sie also nicht ausgerechnet dann, wenn er gerade gefressen hat. Unter Umständen können Sie die Motivation des Hundes erhöhen, wenn Sie die Futterration in Maßen kürzen.
Bei Hunden, die von ihren Besitzern keine Leckerchen annehmen, ist dies zu Beginn der Erziehung das Mittel der Wahl! Es lohnt sich auch, das Angebot der Leckerchen variabel zu gestalten: Auch klein gewürfelter Käse oder Fleischwurst und Trockenfisch sind eine attraktive Belohnung für Ihren Vierbeiner. In unserer Praxis hat sich ein Belohnungsbeutel mit gemischtem Futter gut bewährt. Die Mischung besteht bei uns aus normalem Trockenfutter mit zusätzlichen Käse-, Fleischwurststückchen, Lachsleckerchen o. Ä. Das Trockenfutter nimmt so einen attraktiveren Geruch an, der viele Hunde stark motiviert.
Neben den Leckerchen ist Spielen eines der wichtigsten „Erziehungshilfsmittel". „Warum" und „wie" es funktioniert, lesen Sie in den entsprechenden Kapiteln.

Tipp
Die richtigen Leckerchen

Die Belohnungshäppchen sollten so klein wie möglich sein, damit sich der Hund an diesen Leckerchen nicht satt frisst; und natürlich sollte er auch seine gute Figur behalten.

Verschiedene Belohnungsmöglichkeiten: Spiel, Suchspiel und Leckerchen – hier aus einem Futterbeutel.

Verstärkung im richtigen Moment

Timing ist alles

Von der Wahl des richtigen Zeitpunktes für Lob und Korrektur hängt sehr viel ab. Hunde können nur Dinge, die zeitgleich oder fast gleichzeitig passieren, miteinander in Verbindung bringen bzw. verknüpfen. „Fast gleichzeitig“ bedeutet in der Hundewelt zwei bis maximal drei Sekunden! Was heißt das nun für die Erziehung?

Wann loben?

Angenommen, Sie möchten Ihrem Hund **SITZ** beibringen. Der optimale Zeitpunkt für das obligatorische Lob ist hier, wenn das Hinterteil des Hundes auf dem Boden ankommt. Dann ist der Hund in der Lage, seine Handlung mit Ihrem Lob zu verknüpfen (siehe auch Zwei-Sekunden-Regel S. 29).

Wann korrigieren?

Stellen Sie sich vor, Ihr Hund stiehlt Kekse vom Tisch und verschwindet kauend um die Ecke. Erwischen Sie ihn in dem Moment, in dem er seine Schnauze in die Keksdose steckt, können Sie ihn energisch tadeln (im konkreten Fall mit der Stimme, laut und ärgerlich, und wenn Sie schnell genug sind, ziehen Sie ihn am Halsband vom Tisch weg und nehmen ihm seine Beute weg). Wenn der Hund bereits kauend davonläuft, kommt Ihr Tadel zu spät, er würde ihn nur noch mit Fressen und Weglaufen verknüpfen, und was nützt das? Eine zu späte Korrektur kann fatale Auswirkungen haben: Entweder gelangt Ihr Hund zu dem Schluss, dass Sie wirklich ein bisschen seltsam sind (und damit kein fähiges „Leittier“), oder schlimmstenfalls, dass Ihnen nicht zu trauen ist.

„Schlechtes Gewissen“

Hunde kennen kein schlechtes Gewissen: Angenommen, Sie erwischen Ihren Hund in der oben geschilderten Situation kauend unter dem Tisch. Sie schimpfen ihn tüchtig aus, und Ihr Hund legt die Ohren an, kauert sich zusammen oder nähert sich Ihnen fast auf dem Bauch kriechend. Das bedeutet keineswegs, dass er nun ein „schlechtes Gewissen“ hat, sondern lediglich, dass er Sie beschwichtigen möchte und deshalb eine Demutshaltung zeigt. Er hat nicht verstanden, warum Sie so ärgerlich sind (Ihr Tadel kommt zu spät!), sondern reagiert nur auf Ihre Empörung.

Timing kann man üben

Richtiges Timing ist nicht leicht, aber mit etwas Mühe sehr wohl zu erlernen. Hier ein durchaus ernst gemeinter Vorschlag: Sie bitten eine andere Person (z. B. ein Familienmitglied), Hund zu spielen, damit Sie sowohl Ihren Stimmeinsatz als auch das richtige Timing

Info
Die Zeitungsrolle in der Hundeerziehung

„Eine zusammengerollte Zeitung kann ein nützliches Hilfsmittel sein, wenn man sie richtig anwendet. Benutzen Sie beispielsweise die Zeitung, wenn der Hund etwas anknabbert oder gerade ein Bächlein macht. Benutzen Sie sie nur, wenn Sie nicht zum richtigen Zeitpunkt eingreifen konnten, weil Sie nicht aufgepasst haben. Nehmen Sie die Zeitung, schlagen Sie sich selbst sechsmal gegen den Kopf, und wiederholen Sie dabei den Satz: „Ich habe vergessen, auf meinen Hund aufzupassen." Wenden Sie diese Technik immer wieder an. Nach einigen Korrekturen werden Sie so weit konditioniert sein, dass Sie Ihren Hund im Auge behalten. Die Zeitungsrolle sollte einzig und allein zu diesem Zweck verwendet werden. Sobald Ihr Hund über Sie lacht, loben Sie ihn."
Aus John Ross & Barbara McKinney, „Hunde verstehen und richtig erziehen!"
Dem ist eigentlich nichts hinzuzufügen:
Eine andere Verwendung für eine Zeitungsrolle gibt es in der Hundeerziehung nicht!

üben können. Dies hat den Vorteil, dass Sie Ihren Hund nicht verwirren (lassen Sie ihn nicht zusehen, er soll nicht das Gefühl bekommen, dass Hörzeichen ihn nichts angehen!), und Ihr Übungspartner kann Ihnen Rückmeldung geben, wie es bei ihm ankommt.

Lassen Sie sich nicht täuschen! Beschwichtigungsverhalten bedeutet nicht automatisch Einsicht in Fehlverhalten.

Die Bedeutung des richtigen Timings bezieht sich auf alle Interaktionen mit dem Hund. Sie müssen also lernen, schnell zu reagieren!

Verstärkung im falschen Moment

Verstärkung durch Lob, Leckerchen und Zuwendung kann nicht nur im richtigen Moment stattfinden, sondern auch im falschen, und die tägliche Praxis zeigt uns leider, dass Zuwendung im falschen Moment zuverlässige Erziehungserfolge häufig unmöglich macht. Beobachten Sie einmal einen ganzen Tag Ihr Verhalten dem Hund gegenüber: Wann, wie oft und warum schenken Sie Ihrem Hund Zuwendung? Oftmals geschieht dies, wenn der Hund dazu auffordert (Manipulationsverhalten) oder aber einfach so. Einfach so bekommt der Hund Leckerchen, einfach so wird er gestreichelt und erhält Aufmerksamkeit.

Auf diesem Weg bringt man seinem Hund systematisch aufmerksamkeitsheischendes Verhalten bei, außerdem erschwert es die Erziehungslage ungemein. Ein Hund, der alles, was er braucht, einfach so erhält, hat keinerlei Veranlassung, sich innerhalb der Erziehung für Lob, Leckerchen, Spiel usw. anzustrengen.

Dies bedeutet, dass der Hund optimalerweise nur etwas für Leistung bzw. konstruktives Verhalten bekommen sollte. So sind Sie auf dem richtigen Weg zur Verstärkung im richtigen Moment.

Verstärkung im falschen Moment hingegen ist fatal. Jede unserer unbedachten Zuwendungen belohnt den Hund für genau das Verhalten, das er im entsprechenden Moment zeigt. Wenn dies einmal vorkommt, kein Problem. Ist es jedoch die Regel, ist ein Erziehungserfolg unwahrscheinlich.

Auf einen Blick

Grundlagen der Hundeerziehung

- Stimme richtig einsetzen.
- Einfache Hörzeichen verwenden.
- Nur das verlangen, was unmittelbar durchgesetzt werden kann.
- Verstärkung im richtigen Moment, d. h. sofort loben oder korrigieren.
- Leckerchen einsetzen.
- Timing üben.
- Gelerntes schrittweise von Trainings- in Alltagssituationen übertragen.

Sinnvolle Halsbandmodelle.

Erziehungshilfsmittel

Leinen, Halsband, Geschirr

Die Wahl der Leine und des Halsbandes bleibt natürlich völlig Ihrem Geschmack (und Geldbeutel) überlassen. Wir möchten hier lediglich auf tierschutzrelevante Aspekte, sinnvolle und wenig sinnvolle Hilfsmittel hinweisen.

Halsband oder Geschirr?

Mittlerweile scheint es fast in einen ideologischen Streit zu münden oder doch wenigstens zur Gretchenfrage zu werden: Halsband oder Geschirr? Wir wollen uns an der zum Teil sehr heftig und emotional geführten Auseinandersetzung nur insofern sachlich beteiligen, als wir Pro und Kontra gemäß unserer langjährigen Erfahrung auflisten. Wenn wir hier von Halsband reden, meinen wir selbstverständlich keine Zug-, geschweige denn Stachelhalsbänder, so wie wir unter Geschirr ein gut sitzendes, nicht einschneidendes meinen und keinen so genannten Geh-bei-Fuß-Trainer.

Vor- und Nachteile des Halsbandes

Vorteile

- Befriedigende bis gute Einflussmöglichkeit des Menschen auf den Hund.
- Volle „Zugkraft“ des Hundes kommt nicht zum Einsatz.

Nachteile

- Keine Möglichkeit, die Blickrichtung des Hundes zu ändern.
- Bei extrem stark ziehenden Hunden mit schwacher Bemuskelung eventuell Luft abschnürend.

Vor- und Nachteile des Geschirrs

Vorteile

- Gut geeignet für zarte, feingliedrige Welpen bzw. für Welpen überhaupt.
- Oft gut geeignet für unsichere Hunde (beruhigende Wirkung).
- Wirkung kann in jedem Fall ausprobiert werden ohne lange Gewöhnungsphase.

Nachteile

- Volle „Zugkraft“ des Hundes kommt zum Einsatz (siehe Schlittenhunde), daher, um dem Hund das Ziehen an der Leine abzugewöhnen, unter Umständen kontraproduktiv.
- Keine Möglichkeit, die Blickrichtung des Hundes zu ändern; der Hund kann rückwärts ziehend aus dem Geschirr schlüpfen.

Geht der Hund nun noch einen Schritt rückwärts, dann ist er sein Geschirr los.

Wichtig
Hunde können rückwärts aus dem Geschirr schlüpfen

Wenn man es noch nicht gesehen hat, ist es unvorstellbar, aber bei geübten Tieren gelingt es in Sekundenschnelle. Sehr ängstliche Hunde oder Hunde, die aufgrund ihrer Problematik auf gar keinen Fall frei laufen dürfen, müssen bei Einsatz eines Geschirrs unbedingt zusätzlich mit einem Halsband gesichert werden.
Bei „Entfesselungskünstlern“ empfiehlt sich der Einsatz eines Zugstopphalsbandes, d. h. das Halsband zieht sich ein kleines Stückchen zu ohne zu würgen.

Wir möchten an dieser Stelle aus gegebenem Anlass darauf hinweisen, dass nach unserer Erfahrung weder Halsband noch Geschirr ein Allheilmittel für ziehende Hunde darstellt. Alle unterstützenden Übungen zur Leinenführigkeit, egal ob mit Halsband oder Geschirr, können – so wichtig sie sein mögen – eine mangelhafte Umweltsozialisation nur schwer wettmachen. Die Überforderung des schlecht sozialisierten Hundes ist oft der Grund für schlechte Leinenführigkeit. Diese Überforderung kann sich in nervöser Ängstlichkeit oder schlicht in völliger Aufgedrehtheit äußern. Deshalb unser Appell an alle Welpenbesitzer: Nehmen Sie die Umweltsozialisation (S. 50) Ihres Hundes ernst und machen Sie sie zur „Chefsache“! Und unsere Ermunterung für Besitzer erwachsener Hunde: Nicht die Flinte ins Korn werfen, wenn Ihr Hund nicht auf die erstbeste Methode anspricht. Das Abgewöhnen eines gefestigten, erlernten Ziehens an der Leine erfordert viel Geduld und Spucke, doch glücklicherweise stehen uns heutzutage vermehrt Methoden zur Verfügung, die Lernen über Schmerz (Stachelhalsband etc.) überflüssig machen.

Stachelhalsband Unter den Begriffen Stachelhalsband, Korallenhalsband oder Schüttel-Ruck-Halsband versteht man ein Halsband mit gegen den Hals des Hundes gerichteten Stacheln. Dieses Halsband pikst beim Zug durch Hund oder Mensch empfindlich in den Hals des Hundes. Auch wenn man den Hals des Hundes nicht mit dem eigenen vergleichen kann, entsteht hier doch, unserer Meinung nach, ein nicht zu vertretender Schmerz.

Gentle-Dog Ein ebenfalls wenig tierschutzgerechtes Hilfsmittel ist das so genannte Gentle-Dog. Hier führen vom Halsband aus lange, dünne Nylonriemen unter den Achseln des Hundes hindurch. An diesen wird die Leine befestigt, sodass bei jedem Zug die Schnüre unter den wenig behaarten Achseln des Hundes reiben. Dies verursacht neben den unvermeidlichen Schmerzen oft wunde und offene Stellen.

Schleppleine Die Anschaffung einer Schleppleine empfiehlt sich dringend. Eine Schleppleine ist eine dünne 5 bis 10 m lange Schnur mit einem Durchmesser von 6 bis 16 mm, je nach Größe des Hundes.

Flexileine Eine Flexileine sollten Sie nicht benutzen, da der Hund hier sozusagen automatisch lernt, dass Ziehen Erfolg hat.

Kopfhalfter oder Halti

Das Kopfhalfter für Hunde ist vergleichbar mit einem Pferdehalfter. Es ist ein ausgezeichnetes Erziehungshilfsmittel für Hunde, die stark an der Leine ziehen. Aber auch unsicheren Hunden kann das Kopfhalfter zu mehr Selbstsicherheit verhelfen. Ebenso ist es bei ungünstigen Mensch-Hund-Kräfteverhältnissen das Mittel der Wahl. Wie Sie Ihren Hund daran gewöhnen, können Sie ab Seite 163 lesen.

Hundepfeife

Wenn Sie möchten, können Sie natürlich eine Hundepfeife benutzen. Auf jeden Fall aber ist diese zu empfehlen, wenn Sie sehr unsicher sind oder wenn Ihre Stimme zu leise ist. Nehmen Sie keine lautlose Pfeife, weil Sie sich sonst nicht sicher sein können, ob Ihr Hund den Pfiff wirklich nicht gehört hat oder ihn einfach missachtet. Praktisch sind Hundepfeifen mit zweifachem Pfiff: glatter Pfiff und Triller. Wenn Sie fleißig üben, können Sie Ihrem Hund beibringen, auf den glatten Pfiff hin zu kommen und sich auf den Triller hin hinzulegen.

Disk-Scheiben

Disk-Scheiben sind kleine Metallscheiben, die klappern. Konditionierung und Handhabung sollten entgegen der Werbeversprechungen unter entsprechender fachlicher Anleitung erfolgen. Die Gefahr von Fehlschlägen oder starker Verunsicherung des Hundes ist sonst zu groß.

Auf einen Blick

Sinnvolle Erziehungshilfsmittel

→ Breites Halsband
→ Gut sitzendes Geschirr
→ Schleppleine
→ Kopfhalfter
→ Hundepfeife

Nur unter fachlicher Anleitung

→ Disk-Training
→ Sprühhalsband

Auf keinen Fall einsetzen

→ Stachelhalsband
→ Gentle-Dog
→ Stromreizgeräte

Sprühhalsbänder Ein Sprühhalsband ist ein Halsband mit einem kleinen Kästchen, in das ein Wasser-Wasserstoff-Gemisch gefüllt wird. Mit einem Funkauslöser kann über eine Distanz von max. 50 m ein kurzer Sprühstoß ausgelöst werden, der gegen den Kopf des Hundes gerichtet ist. Der Schreckeffekt ist bei den meisten Hunden enorm. Das Sprühhalsband sollte ausschließlich zusammen mit fachlich kompetenter Hilfe erfolgen!

Elektrische Hilfsmittel Teletakt & Co. Der Einsatz von solchen Geräten ist stark umstritten. Wir sind der Meinung, dass die Gefahr von Fehlverknüpfungen bis hin zu ernsten Schädigungen zu hoch ist, als dass wir den Einsatz befürworten könnten.

Ernährung und Erziehung

Kein Futter zur freien Verfügung

Ein weit verbreiteter Fehler in der Hundeernährung ist, Futter den ganzen Tag über zur freien Verfügung stehen zu lassen. Viele Hundebesitzer, besonders Ersthundhalter, sind unsicher und befürchten, der Hund könne sonst womöglich abmagern.

Übergewicht ist ungesund

Diese Art der Fütterung hat jedoch gravierende Nachteile. Erstens werden so gut wie alle Hunde auf diesem Weg dick oder doch zumindest übergewichtig, womit gerade bei Welpen und Junghunden keineswegs zu spaßen ist. Die Mär, dass ein Welpe rundlich sein sollte und durchaus etwas Speck auf den Rippen haben darf, stammt aus grauer kynologischer Vorzeit. Heute steht gerade die Überversorgung mit Futter im Verdacht, der Hüftgelenksdysplasie und anderen Gelenkerkrankungen Vorschub zu leisten. Deshalb lautet die Devise: Schlank soll er sein, der Welpe genauso wie der junge und der erwachsene Hund. Gerade bei großwüchsigen Hunderassen ist eine Überversorgung oft fatal. Der Hund wächst schneller als er sollte, Gelenkprobleme sind vorprogrammiert.

Leckerchen sollen attraktiv bleiben

Durch diese unkontrollierte Fütterung wird außerdem die Erziehung über Futtermotivation erschwert. Welchen Grund sollte der Hund haben, sich für ein Leckerchen anzustrengen, wenn der Napf in der Küche immer gut gefüllt ist?

Verfressene Hunde sind leichter zu erziehen

Viele unserer Kunden beklagen sich jedoch darüber, dass ihr Hund so verfressen ist. Wir freuen uns immer, wenn wir diese „Klage" hören, da dies die Erziehung in vielen wichtigen Punkten erleichtert. Kontrollierte Fütterung ist natürlich auch bei solchen Hunden besonders wichtig.

Die kontrollierte Fütterung ist auch ein gutes Mittel, mäkelige Esser unter den Vierbeinern in den Griff zu bekommen. Der Welpe sollte dreimal, der erwachsene Hund zweimal täglich gefüttert werden. Alles, was im Napf zurückbleibt, wird sofort wortlos weggenommen. Machen Sie nicht den Fehler, sich neben den Hund zu stellen und ihn zum Fressen überreden zu wollen, wenn der Hund mäkeln sollte. Sonst sind Sie auf dem besten Weg, den Hund zu einem schlechten Fresser zu erziehen, der dieses nicht mag, jenes nicht will.

Sorgen Sie vom Welpenalter an dafür, dass Ihr Hund gesund ernährt wird. Futter im Überfluss erschwert die Erziehung und ist gesundheitsschädlich.

Ihr gut gemeintes „Nun nimm doch, du musst doch essen“ bedeutet für den Hund in allererster Linie Zuwendung und wenn Sie Pech haben, verknüpft er: „Fress ich langsam, ist mein Mensch besonders nett zu mir.“

Der sinnvollere Weg ist, schlechtes oder zögerliches Fressen völlig zu ignorieren. Auch wenn sich diese Angewohnheit bei dem Hund bereits gefestigt hat, ist diese Strategie hilfreich. Am besten halten Sie sich noch nicht einmal in der Nähe des Hundes auf, wenn er gelangweilt in seinem Futter herumschnüffelt. Sobald er sich vom Napf entfernt, nehmen Sie die Futterschüssel schweigend weg. Bei der nächsten Mahlzeit wird der Appetit mit sehr hoher Wahrscheinlichkeit schon etwas größer sein, bei der darauf folgenden noch etwas mehr usw. Intensive Zuwendung am falschen Ort und zum falschen Moment sind jedoch häufig der Grund für Erziehungs- und Verhaltensprobleme beim Hund.

Rank, schlank und aktiv.

Sie brauchen keine Angst zu haben, Ihr Hund könne verhungern, wenn Sie ihm einige Male den nicht völlig geleerten Napf wegnehmen. Ein Hund, der zwei-, dreimal am Tag Futter hingestellt bekommt, verhungert nicht. Die Art und Weise, wie wir unsere Hunde ernähren können, ist purer Luxus – die Art und Weise, wie viele Hunde sich am Futternapf verhalten, auch.
Dies gilt für gesunde, muntere Hunde. Hat Ihr Hund ein glänzendes Fell, tobt herum und ist auch sonst immer munter, müssen Sie sich keine Gedanken machen, wenn er einmal (oder öfter) schlecht frisst. Der Grund liegt womöglich darin, dass Sie zu viel oder gar zu gut füttern. Viele Hundebesitzer erziehen ihre Hunde zu „Schnäkern", indem sie mäkeliges Fressverhalten dadurch „belohnen", das Futter des Hundes mit immer neuen Raffinessen zu verfeinern. Einer unserer „Schüler" rührte seinen Futternapf nur dann an, wenn dieser mit geriebenem Käse angereichert war.

Tricks mit so attraktiven Leckerchen erfordern Geduld.

Wie viel füttern?

Die Mengenangaben der Futtermittelhersteller sind oftmals sehr hoch gegriffen und stellen lediglich Durchschnittswerte dar.
Ein kleines Beispiel: Drei unserer Hunde erhielten alle das gleiche Futter desselben Herstellers. Das Gewicht der drei war fast identisch, die tägliche Belastung durch Spaziergänge und Agilitytraining auch. Wir achteten streng darauf, dass unsere Hunde schlank waren. Während der Border Collie in etwa die vom Hersteller angegebene Menge erhielt, durfte der Australian Shepherd nur die Hälfte davon bekommen, da er ansonsten fett wurde wie eine Kugel. Der dritte Hund, ein äußerst zierlicher Dobermannrüde, bekam hingegen am Tag mehr als die doppelte Ration des Border Collies, also die vierfache Portion des Australian Shepherds. Damit hielt er gerade so sein Gewicht, mit weniger Futter magerte er sofort ab.
Der berühmte Ausspruch „Mein Hund bekommt aber nur so viel, wie auf der Packung steht" ist angesichts eines übergewichtigen Hundes völlig irrelevant. Nicht die Packungsangabe sollte ausschlaggebend sein, sondern das Aussehen des Hundes. Müssen Sie sich erst durch eine Speckschicht bohren, bevor Sie an die Rippen des Hundes stoßen, so ist das Tier schlicht und ergreifend zu dick, und auch die Taille des Hundes sollte erkennbar sein. Ein übergewichtiger Hund oder Welpe hat eine geringere Lebenserwartung, Krankheiten sind vorprogrammiert, die Bewegungsfreude ist eingeschränkt. Mit einem Zuviel an Futter tut man dem Tier also in keinem Fall einen Gefallen.

Praktische Hundeerziehung

Entwicklungsphasen des Hundes und ihre Bedeutung

Rassespezifische Unterschiede

Das Leben eines jeden Hundes ist in verschiedene Entwicklungsphasen gegliedert, in denen der Vierbeiner Entscheidendes für sein späteres Leben lernt. In der Kynologie (Lehre vom Hund) spricht man u. a. von Prägung (dieser Begriff geht auf Konrad Lorenz zurück), sensiblen Phasen, Sozialisierung, Verselbstständigungsphasen etc. Über die genaue Terminologie herrscht bei den Wissenschaftlern nicht immer Einklang. Darüber hinaus lässt sich eine zeitlich zu stringente Einteilung in Entwicklungsphasen durch die Untersuchungen der letzten Jahre nicht mehr halten: So wird z. B. für die „Phase der Zuwendung zur Außenwelt" für den Golden Retriever der Zeitraum vom 28. Tag bis zur 9. Woche genannt, für den Labrador vom 35. Tag bis zur 9. Woche. Beim Siberian Husky setzt diese Phase gar schon mit dem 17. Lebenstag ein (Feddersen-Petersen).

Einmal abgesehen davon, dass der Übergang von einer Phase in die nächste fließend ist, zeigt das o. a. Beispiel, dass rassespezifische Unterschiede bei der Entwicklung eines Hundes von großer Bedeutung sind.

Erziehungsrelevante Aspekte

Wir beschränken uns im Folgenden darauf, die Aspekte zu beschreiben, die für den Hundehalter in Bezug auf die Erziehung und Umweltsicherheit seines neuen Hausgenossen wichtig sind.

Prägungsähnliches Lernen

Der frisch gebackene Hundebesitzer erhält seinen Welpen in einem Alter von acht bis zehn Wochen in einer äußerst sensiblen Phase: Die Art und Weise der sozialen Kontakte, sowohl zu Artgenossen als auch zu Menschen, das gezielte Heranführen an Umweltreize wie z. B. Verkehr, Innenstädte, Jogger, Briefträger etc. entscheidet in ganz bedeutendem Maße mit darüber, ob der erwachsene Hund diese „Dinge" später als Störfaktoren seiner Umwelt betrachtet, die es zu beseitigen oder zu meiden gilt.
Das Lernen in dieser Entwicklungsphase ist sehr treffend als „prägungsähnliches Lernen" bezeichnet worden. Wiederum ist eine genaue zeitliche Einteilung problematisch, da diese rassespezifisch und individuell von Hund zu Hund stark abweichen kann. Grob kann jedoch davon gesprochen werden, dass es sich hier um einen zeitlichen Rahmen bis etwa zur 14. bzw. 20. Lebenswoche handelt.

Wählen Sie die Welpenspielstunde für Ihren Hund sorgfältig aus.

Umweltsozialisation ist wichtig

Wichtiger als die genaue Benennung von Wochenzahlen sind für den Welpenbesitzer jedoch die Konsequenzen, die sich hieraus ableiten lassen: Gezielte positive Begegnungen mit Mensch, Tier und Umwelt (siehe Seite 50) sollten nun oberste Priorität haben. Gleichzeitig sollte die noch stark ausgeprägte Folgebereitschaft des Welpen optimal ausgenutzt werden, um den Grundstein für das „Kommen auf Zuruf" (siehe Seite 82) zu legen. Mit Abschluss der beschriebenen sensiblen Phase setzt beim Junghund eine Phase der relativen Verselbstständigung ein. Viele Hundebesitzer beobachten, dass sich der Junghund nun unter Umständen nicht mehr so leicht lenken lässt wie bisher.

Bindungsaspekt

In dieser Phase ist es wichtig, dass die Bindung an den Besitzer vertieft wird. Der Wechsel von Bezugspersonen (z. B. die stundenweise Unterbringung bei Bekannten, Verwandten oder Freunden) sollte nach Möglichkeit unterbleiben.

Pubertät

Mit ca. sechs bis neun Monaten (je nach Rasse und Individuum) steht der Hund an der Schwelle zur Pubertät. Allerspätestens jetzt ist eine konsequente Einteilung des häuslichen Bereichs in Tabuzonen von allergrößter Bedeutung, falls dies bislang unterblieben ist. Ein immer wieder zu hörender Vorwurf an Vereine und Hundeschulen, die Prägespieltage anbieten, lautet, die Welpen würden dort stark und selbstbewusst gemacht und die Junghundebesitzer anschließend mit ihren pubertierenden Vierbeinern sich selbst überlassen.

Tatsächlich ist die Pubertät eine äußerst wichtige Entwicklungsphase, in der sich der Mensch dem Hund gegenüber in der Regel keine Inkonsequenz leisten kann. Selbst bei einem Hund, der bis dato ganz gut gehorcht hat, können nun intensivere Erziehungsübungen notwendig sein. Dadurch vermeidet man, dass er die Erfahrung macht, er könne seine Zweibeiner ignorieren. Gerade regelmäßige Besucher von Spieltagen mit integrierter Früherziehung sind häufig begeistert über die schnellen Fortschritte und Erfolge, die sie mit ihrem Welpen bei entsprechend positiver Verstärkung gewünschter Verhaltensweisen machen. Nicht selten ist die Begeisterung über den Hund nun so groß, dass man es mit dem „Verwöhnaroma“ übertreibt und dem Hund zu viele soziale Privilegien zugesteht. Bei einem Junghund an der Schwelle zur oder in der Pubertät kann sich dies fatal auswirken und sämtliche Früherziehungsbemühungen zunichte machen. Erziehung in der Pubertät ist nicht weniger wichtig als Erziehung in der so genannten „ersten sensiblen Phase“. Nachlassende Konsequenz bestraft der pubertierende Hund ganz besonders. Sinnvolle, vom Menschen initiierte Beschäftigung (Spiel) mit dem Hund nach dem Prinzip des „Agierens statt Reagierens“ (Bloch 1997) ist ebenfalls eine große Hilfe beim Umgang mit dem Hund in der Phase der sozialen Reife. Bei den meisten Hunden ist nun regelmäßiges Gehorsamstraining unter möglichst steigender Ablenkung bzw. mit steigendem Schwierigkeitsgrad erforderlich.
Je nach Rasse und Individuum ist die Phase der Pubertät unterschiedlich lang. Ein kleinrassiger Hund, wie z. B. der Westhighland-Terrier, ist wesentlich früher erwachsen als großwüchsige Hunde, wie z. B. die Deutsche Dogge.

Das Training an der 5-Meter-Leine.

Wer im Welpenalter eifrig übt und die Erziehung auch in der Pubertät kontinuierlich aufbaut, hat später einen Hund, der zuverlässig gehorcht.

Info
Was sind Tabuzonen?

Die Einteilung von Tabuzonen im häuslichen Alltagsbereich ist ein äußerst effektives Erziehungsmittel, und man wird um diese Maßnahme nicht herumkommen, sofern man ein Erziehungsproblem mit seinem Hund hat, das man gewaltfrei lösen möchte.
Doch was ist darunter zu verstehen? Die meisten Hunde können völlig frei entscheiden, wo sie sich innerhalb von Haus, Wohnung und Garten aufhalten möchten. Das ist in einem gut strukturierten Wolfs- oder Wildhunderudel undenkbar. Die Alphatiere bestimmen dies hier. Daraus hat man eine Definition über Dominanz abgeleitet, die in etwa besagt, dass das dominante Tier die Bewegungsfreiheit des subdominanten Tieres einschränkt. Das Alphatier schafft also Tabuzonen, um seine Vorrangstellung zu demonstrieren. Dies ist kein grausamer Selbstzweck, sondern dient der Erhaltung des ganzen Rudels. Der Mensch hat nun die Möglichkeit, seine Vorrangstellung zu demonstrieren, indem er Tabuzonen schafft. Und diese Vorrangstellung braucht er auch, um ein Erziehungsproblem zu lösen.

Hier einige ausdehnbare Beispiele:

→ Der Hund darf während der menschlichen Mahlzeiten nicht unter dem Tisch liegen.
→ Er darf eventuell bestimmte Räume nicht betreten, z. B. Küche, Kinderzimmer.
→ Sofa, Bett etc. sind tabu und dem Menschen vorbehalten.
→ Bestimmte Plätze (Garten, Balkon etc.) dürfen nur auf Aufforderung des Menschen betreten werden.
→ Während der Mensch sich zum Spaziergang rüstet, darf der Hund sich nicht im Eingangsbereich aufhalten, sondern muss z. B. an seinem Platz warten etc.

Umweltsozialisation

Die ersten Lebensmonate

Ihr Hund ist nie wieder so neugierig und „mutig“ wie im Welpenalter. Er wird fremden Reizen und Situationen nie wieder so offen und unbefangen gegenübertreten wie in seinen ersten Lebensmonaten. Was der Welpe in diesem Alter kennen lernt, ist für ihn normal und ungefährlich. Verpassen Sie diese wichtige Phase und ziehen Ihren Welpen z. B. ausschließlich in einer ruhigen Wohngegend mit Spaziergängen in Wald und Flur groß, kann es sein, dass er als erwachsener oder halb erwachsener Hund in jeder fremden Situation mit Aggression oder Angst bis hin zur Panik reagiert. Je früher mit der Umweltsozialisation begonnen wird, desto leichter und stressfreier verkraftet der Welpe neue und ungewohnte Situationen.

Der Besuch einer guten Welpenspielstunde ist zwar unerlässlich, ersetzt aber nicht die Umweltsozialisation durch den Besitzer.

Was muss der Hund lernen?

„Mein Hund muss aber nie mit in die Stadt!“ Solche Einwände sind öfter zu hören. Viele Welpenbesitzer sind bei einigen der genannten Punkte häufig der Meinung, dass ihr Hund nie in diese Situation kommen wird, weil sie z. B. nie Zug fahren oder den Hund nie mit in eine Großstadt nehmen werden. Das können Sie aber mit den besten Vorsätzen nicht garantieren. Als Welpenbesitzer tragen Sie die Verantwortung für die sensibelste Phase im Leben eines Hundes und müssen ihn an alle nur erdenklichen Situationen gewöhnen. Ihre Lebensumstände können sich ändern, und möglicherweise muss der Hund sogar irgendwann einmal den Besitzer wechseln. Was ist, wenn er von Ihrem idyllischen Dorf in eine Großstadt umziehen muss? Jetzt muss er Bahn, Bus, Straßenbahn und Großstadtverkehr ertragen. Ein Hund, der dann in Panik verfällt, landet schnell im Tierheim!

Nicht überfordern!

Bei aller Notwendigkeit der Umweltsozialisation sollte der Welpe natürlich nicht überfordert werden. Kurze Gewöhnungszeiten von etwa 15 bis 20 Minuten sind in der Regel ausreichend. Der Welpe sollte nicht gestresst werden, sondern behutsam immer wieder verschiedenen Situationen ausgesetzt werden. Keinesfalls dürfen mehrere Situationen hintereinander „abgespult" werden, damit der Welpe nicht reizüberflutet wird.

Ruhe und Gelassenheit ausstrahlen

Der Welpe sollte nicht auf ungewöhnliche Umstände etc. aufmerksam gemacht werden, z. B. „Schau, da kommt ein Jogger, ja, guck mal!". Vermitteln Sie Ihrem Hund nicht, dass jetzt etwas Ungewöhnliches passiert, sondern versuchen Sie, möglichst viel Ruhe und Gelassenheit auszustrahlen. Stimmungsübertragung ist hier ein wichtiges Hilfsmittel!

Wichtig
Umweltsozialisation

Von Umweltsozialisation kann man tatsächlich nur in den ersten 16 bis maximal 20 Lebenswochen sprechen. Daher muss diese Phase optimal zur Gewöhnung an Umweltreize genutzt werden, was vielen Welpenbesitzern häufig nicht klar ist. Einer Kundin, die ihren einjährigen, nervösen, schlecht sozialisierten Rüden „jetzt mal mit in die Stadt nehmen wollte, damit er sich endlich daran gewöhnt und dort nicht mehr so an der Leine zieht", war leider nur noch bescheidener Erfolg beschert.

Mit den folgenden Dingen bzw. Situationen sollten Sie Ihren Welpen in den nächsten Wochen möglichst oft konfrontieren. Achtung: In jeder neuen Situation muss der Hund angeleint sein, damit er nicht weglaufen kann, wenn er erschrickt.

Was?	Wie?	Wie oft?
Fremde Menschen	Der Welpe sollte möglichst viele fremde, freundliche Menschen unter Kontrolle des Besitzers kennen lernen. Die Familie und ein, zwei Nachbarn reichen bei weitem nicht aus! Wenn Sie keine eigenen oder bereits größere Kinder haben, achten Sie darauf, dass der Welpe auch Babys, Krabbel- und Kleinkinder kennen lernt sowie schreiende und rennende Kinder (am Kindergarten und Schulhof spazieren gehen). Ermöglichen Sie mehrmals wöchentlich kurze Kontakte. Es ist übrigens völlig normal, dass ein Welpe jeden Menschen überschäumend begrüßt. Diese Begeisterung legt sich mit zunehmendem Alter und hat mit eineinhalb Jahren in der Regel ein normales Maß erreicht.	**Mehrmals wöchentlich kurze Kontakte.**
Körperliche Überlegenheit des Menschen	Die beste Möglichkeit, den Hund glauben zu lassen, der Mensch sei ihm körperlich überlegen, ist, die Welpenzeit zu nutzen. Drehen Sie Ihren Welpen mindestens alle zwei Tage sanft, aber bestimmt auf den Rücken. Er muss Ihnen seinen Bauch zeigen und wenigstens ein paar Sekunden ruhig liegen bleiben. Zappelt er herum und wehrt sich, halten Sie ihn ruhig, aber bestimmt fest, ohne „beruhigend" auf ihn einzureden. Wenn er nur drei Sekunden ruhig liegen bleibt, lassen Sie ihn mit einem kurzen Lob los.	**Alle zwei Tage.**
Jogger Radfahrer	Jeder Ansatz zum Hinterherspringen oder Anbellen sollte unterbunden werden (auf Schleppleine treten).	**Mehrmals wöchentlich.**
Tierarzt/ Tierärztin	Achten Sie darauf, dass die Tierarztbesuche möglichst positiv besetzt werden. Dies ist natürlich sehr schwierig, da der Hund in der Regel eine Spritze bekommt oder sonstige unangenehme Behandlungen über sich ergehen lassen muss. Nehmen Sie besonders gute Leckerchen mit, um die Besuche erträglich zu machen. Lassen Sie sich auch wichtige Punkte der Körperkontrolle zeigen und wie man dem Welpen eine Tablette verabreicht.	**Der erste Besuch sollte ein reiner Kontrollbesuch sein, verbunden mit Leckerchen, ohne Behandlung und ohne Spritze. Sprechen Sie dies mit Ihrem Tierarzt vorher entsprechend ab.**
Körperkontrolle/Pflege	Der Welpe muss sich überall anfassen lassen, auch an den Geschlechtsteilen und Augen (Unterlid leicht herunterziehen, lassen Sie es sich vom Tierarzt zeigen). Üben Sie Zahn- und Pfotenkontrolle. Auch kurzhaarige Rassen sollten das Bürsten kennen lernen. Mittel- und langhaarige Rassen müssen intensiv daran gewöhnt werden, dass es auch einmal ziepen kann.	**So oft und so lange, bis der Welpe alles akzeptiert.**

Was?	Wie?	Wie oft?
	Rassen, die später getrimmt und/oder geschoren werden sollen, sollten jetzt einen mit positiven Erfahrungen besetzten Besuch im Hundesalon machen. Die Gewöhnung an das Geräusch der Schermaschine, besonders im Kopfbereich, sollte ebenfalls jetzt erfolgen. Egal, in welcher Jahreszeit Sie Ihren Welpen aufziehen, er muss lernen, sich die Pfoten waschen und abtrocknen zu lassen. Im Sommer sollten Sie ihn zusätzlich einmal baden (ohne Shampoo oder mit Hundeshampoo). Üben Sie so oft und so lange, bis Ihr Welpe alles akzeptiert.	
Briefträger/in	Machen Sie Ihren Hund mit dem Briefträger bekannt. Wenn möglich, sollte er dem Hund öfter einmal ein Leckerchen geben.	**Zu Beginn täglich.**
Hunde-begegnungen	Viel Hundekontakt bedeutet, Hunde aller Altersstufen! Besonders wichtig ist der regelmäßige Kontakt zu gleichaltrigen Welpen und zu freundlichen und gut sozialisierten älteren Hunden. Der Besuch einer gut geführten Welpenspielgruppe ist unerlässlich! Drei oder vier Nachbarshunde reichen nicht aus! Bitte warten Sie mit dem Besuch einer guten Welpenspielgruppe nicht, bis der volle Impfschutz greift. Dies ist nämlich erst ca. ab der 14. Woche der Fall, und damit haben Sie die wichtigste Sozialisierungsphase verpasst! Das Risiko einer Ansteckung trifft Sie dagegen auch bei Spaziergängen, und die Gefahr einer Verhaltensstörung bei fehlenden Hundekontakten ist sehr groß.	**Täglich Hundekontakt, mindestens einmal wöchentlich Kontakt zu Gleichaltrigen. Regelmäßige – mindestens wöchentliche – Teilnahme an einer kontrollierten Welpenspielgruppe ist ein Muss!**
Tiere	Folgende Tierarten soll Ihr Welpe kennen lernen und als normal hinnehmen: Katzen Kühe Pferde, Schafe, Ziegen etc. Kleine Haustiere wie Kaninchen, Meerschweinchen (eventuell bei Nachbarn besuchen!) Vögel (Tauben, Enten, Schwäne etc.) Wild, z. B. Rehe, Hasen, Wildschweine (siehe Seite 62) Manche Tierparks erlauben auch das Mitbringen von Hunden.	**So oft, bis der Welpe diese Tiere nicht mehr als etwas Besonderes empfindet! Achtung, muss in jeder Entwicklungsstufe getestet werden (alle zwei bis drei Wochen!).**
Verkehr	Ihr Welpe muss sich sowohl bei ruhigem als auch bei starkem und schnellem Verkehr sicher fühlen. Gehen Sie nicht nur in Ihrem Wohngebiet, sondern auch an belebten Straßen spazieren, ruhig auch öfter einmal an einer Schnellstraße. Vergessen Sie dabei nicht, ihn auch mit großen Lastwagen, Baumaschinen, Trecker, Müllauto und Straßenkehrmaschine zu konfrontieren.	**Dreimal wöchentlich, ca. zehn Minuten**
Geräusch-quellen Schreckreize	Machen Sie Ihren Welpen vertraut mit Knall (Luftballons platzen lassen, dickes Buch fallen lassen o. Ä.), Staubsauger, Haushaltsmaschinen etc.	**So oft wie nötig, behutsam anfangen und nur langsam steigern.**

Was?	Wie?	Wie oft?
Bus fahren	Fahren Sie Bus mit dem Welpen. Ganz kleine Welpen nehmen Sie auf den Arm, Junghunde können angeleint schon selbstständig ein- und aussteigen.	**Zweimal monatlich.**
Bahnhof Zug fahren	Setzen Sie sich an den Bahnsteig, und bleiben Sie so lange, bis der Welpe ein- und ausfahrende Züge relativ gelassen hinnimmt (beim ersten Mal viel Zeit mitbringen!). Bewältigt der Welpe diese Situation ohne Angst, unternehmen Sie eine kleine Zugfahrt.	**Zweimal monatlich eine oder zwei kurze Bahnfahrten, beim ängstlichen Hund öfter.**
Auto fahren	Gewöhnung siehe entsprechendes Kapitel.	**Täglich.**
Größere Menschenmengen, z. B. Fußgängerzone, Marktplatz	Besuch einer Fußgängerzone. Setzen Sie sich einfach hin und lassen Sie Ihren Hund staunen. Passen Sie auf, dass der Welpe nicht getreten oder angerempelt wird. Er soll positive Erfahrungen sammeln und nicht negative! Nehmen Sie ihn notfalls auf den Arm, wenn das Gedränge zu groß wird!	**Mindestens zweimal wöchentlich, ca. 15 bis 20 Minuten.**
Brücken	Benutzen Sie so oft kleine und große Brücken, bis der Welpe völlig gelassen bleibt. Achten Sie darauf, dass Sie verschiedene Brücken aufsuchen: Fußgängerbrücken, breite, lange, kurze Brücken über Bäche, Flüsse und Autobahnen.	**Wöchentlich.**
Aufzüge	Achten Sie auf verschiedene Aufzüge: mit und ohne Glaswände. Kann gut beim Stadtbesuch geübt werden (Parkhaus).	**Wöchentlich.**
Einkaufszentrum Flughafen	Diese Orte stellen eine völlig andere Umgebung dar: glatter Boden, viele Menschen, künstliches Licht, ungewohnte Geräusche und Gerüche etc.	**Mehrmals in der Aufzuchtphase.**
Verschiedene Böden	Glatte und raue Böden, Gitterroste (sehr schwierig!).	**So oft wie nötig.**
Treppen	Welpen sollten während der ersten Lebensmonate nicht zu viele Treppen laufen, um Gelenkerkrankungen durch Überbeanspruchung vorzubeugen. Trotzdem soll der Welpe verschiedene Treppen (glatte, raue, offene usw.) kennen lernen und bewältigen. Üben Sie so oft wie nötig, und helfen Sie zur Not mit Leckerchen und viel Lob nach. Rolltreppen jedoch sind zu gefährlich. Welpen oder Hunde kleiner Rassen können Sie auf den Arm nehmen. Mit großen Hunden oder großen Welpen müssen Sie einen Umweg in Kauf nehmen. Die Gefahr, dass der Hund sich eine Pfote oder Kralle klemmt, ist zu groß.	**So oft wie nötig.**

Was?	Wie?	Wie oft?
Restaurant-besuch	Machen Sie zuerst einen kleinen Spaziergang, damit der Welpe müde ist, und suchen Sie dann eine Gaststätte aus. Der Welpe kommt unter den Tisch, stellen Sie den Fuß auf die Leine, damit er nicht herumlaufen kann, und ignorieren Sie jegliches Gejammer. Verhält der Welpe sich ruhig, können Sie ihn loben, aber nicht zu aufmunternd!	**Mehrmals, zu Beginn nicht zu lange.**
Jahrmarkt Volksfest	Dieses außerordentliche Ereignis sollten Sie Ihrem Hund nur zumuten, wenn Ihr Welpe noch so klein ist, dass Sie ihn auf dem Arm tragen können.	
Fähre	Haben Sie eine Fähre in erreichbarer Nähe, nutzen Sie auch diese Möglichkeit. Selbstverständlich hat das nur einen Effekt, wenn Sie auch mit dem Welpen auf der Fähre aussteigen dürfen; eine reine Autofähre bringt nichts.	
Gewöhnung an Wasser	Fangen Sie mit kleinen Bächen an, und gehen Sie mit gutem Beispiel voran. Zwingen Sie Ihren Hund nie, sondern locken Sie ihn notfalls mit Trockenfisch oder anderen attraktiven Leckerchen, spielen Sie am Ufer, oder setzen Sie sich einfach lange Zeit daneben. Begeisterte „Wasserhunde" als Vorbild können eine Hilfe sein. Gewöhnen Sie den Hund langsam an größere Bäche und Seen, schwimmen Sie voran! Winterwelpen sollten zumindest an kleinere Bäche gewöhnt werden und so bald wie möglich an größere.	**So oft wie möglich.**
Dunkelheit	Begegnungen mit fremden Menschen, Hunden und Verkehr müssen auch in der Dunkelheit geübt werden, und zwar so oft wic nötig.	**So oft wie nötig.**

Mein Hund ist ängstlich

Reagiert Ihr Hund in irgendeiner Situation ängstlich oder auch nur zurückhaltend, dürfen Sie auf keinen Fall beruhigend auf ihn einreden oder ihn streicheln.

Nicht trösten

Leider kommt der gut gemeinte Inhalt Ihrer Worte bei dem verängstigten Welpen nicht an, sondern nur der mitleidige und bedauernde Tonfall. Was erreichen Sie damit? Genau das Gegenteil von dem, was Sie mit Tröstungsversuchen wollten: Der Hund fühlt sich für seine Ängstlichkeit gelobt und verstärkt das Verhalten nun möglicherweise. So schwer es ist, reagieren Sie nicht darauf (auch kein Leckerchen), wenn Ihr Hund Angst oder Unsicherheit zeigt. Bleiben Sie ganz ruhig, und versuchen Sie, eine möglichst große Gelassenheit auszustrahlen. Vermitteln Sie Ihrem Hund als Rudelführer das Gefühl: Es ist alles in Ordnung! Bleiben Sie so lange stehen, bis Ihr Hund sich entspannt und eventuell sogar neugierig wird. Dauert dies sehr lange, müssen Sie ab sofort diese Situation immer wieder aufsuchen, bis Ihr Hund sie akzeptiert. Erst wenn er sich entspannt hat, können Sie sich ihm zuwenden und ihn beispielsweise streicheln. Verlassen Sie die Situation nicht, solange Ihr Welpe noch Angst hat. Nehmen Sie sich Zeit, bis er sich wenigstens halbwegs entspannt hat.
Je jünger der Welpe ist, desto eher akzeptiert er fremde und ungewöhnliche Situationen. Der acht Wochen alte Welpe marschiert noch staunend überallhin. Beim 16 Wochen alten Hund kann dies schon ganz anders aussehen, wenn er bis dahin keine Gelegenheit hatte, neue Dinge kennen zu lernen.

Welpenspiel-gruppen – ein Muss!

Der Besuch einer guten Welpenspielgruppe ist ein Muss! Bitte lassen Sie sich nach dem ersten Besuch einer kontrollierten Welpenspielgruppe nicht von weiteren Besuchen abhalten, wenn der Welpe möglicherweise nur ängstlich zwischen Ihren Beinen sitzt. Dies kann besonders dann auftreten, wenn seit der Trennung von der Geschwistergruppe schon zwei oder mehr Wochen vergangen sind. Bei regelmäßigen Besuchen wird sich diese Unsicherheit schnell legen. Voraussetzung ist allerdings, dass es sich um eine gute und kontrollierte Welpenspielgruppe handelt. Keinesfalls dürfen rüpelige Junghunde in eine Welpengruppe integriert oder gar erwachsene Hunde ständig anwesend sein.

Der Welpe und sein soziales Umfeld

Bindungsvoraussetzungen

Bindung und Gehorsam

Der Hund benötigt ein konstantes Umfeld, um eine vernünftige Bindung an den Menschen aufzubauen. Dies bedeutet, dass es im Tagesablauf des jungen Tieres möglichst keine personellen Wechsel geben sollte. Hierunter ist eine regelmäßige oder auch nur häufige Unterbringung des Welpen außerhalb des Umfeldes der eigentlichen Besitzer zu verstehen, wie z. B.: tägliches „Babysitting" durch Nachbarskinder, Verwandte, Freunde etc., mehrtägige oder gar mehrwöchige Abgabe aufgrund von Urlaubsreisen usw.

Regelmäßiges Spiel mit Artgenossen ist wichtig.

Wird der Welpe – besonders fatal ist dies während der Sozialisierungsphase – mit wechselnden Bezugspersonen konfrontiert, wird sich seine Bindungsfähigkeit mit sehr hoher Wahrscheinlichkeit enorm verschlechtern. Bei manchen Hunden genügt hier in den ersten Wochen nach der Übernahme ein einmaliges Wochenenderlebnis. Dies mag sehr krass formuliert klingen, und tatsächlich gibt es hier durchaus Ausnahmen, die sich durch folgende Voraussetzungen auszeichnen: Der frisch gebackene Hundebesitzer hat von Anfang an feste Regeln etabliert, die ihn in den Augen des Welpen zur Führerpersönlichkeit machen. Somit hat er für den

jungen Hund einen hohen Wiedererkennungswert, der ohne weiteres leider nicht immer gegeben ist. Wenn sich die „Babysitter“ dann noch an dieselben Regeln halten wie die Besitzer, können negative Folgen ausbleiben. Bedenken Sie immer, dass für eine vernünftige Gehorsamsbereitschaft eine solide Bindung die Voraussetzung ist. Im Allgemeinen bekommt man als Besitzer die Folgen eines regelmäßigen Bezugspersonenwechsels erst während der Pubertät oder danach zu spüren: Der Hund zeigt völliges Desinteresse an seinen Besitzern, ist dabei aber durchaus freundlich zu anderen Menschen. Jegliche Motivations- oder Aufmerksamkeitsübungen gestalten sich schwierig, der Hund ist nicht bereit, seinen Menschen mehr als die allernötigste Aufmerksamkeit zu schenken. Diese Sozialisierungsmängel sind schwierig bis gar nicht auszugleichen. Musste der Welpe mit mehreren Wechseln der Bezugspersonen zurechtkommen, so ist ein schlechter Start in die Mensch-Hund-Beziehung fast vorprogrammiert.
Nach Möglichkeit sollten Sie es also vermeiden, den Welpen und Junghund wegzugeben.

Welpenschutz

Vorsicht! Verlassen Sie sich nicht darauf, dass fremde Hunde gutmütig auf Ihren Welpen reagieren.

Die Behauptung, Welpen genießen bei anderen Hunden immer und in jeder Situation „Welpenschutz“, ist so allgemein leider nicht zutreffend. Sicher gibt es einen Welpenschutz, aber dieser gilt nur für Welpen des eigenen Rudels. Für fremde Welpen gilt dieser nur sehr eingeschränkt oder gar nicht. Die meisten Hunde sind zwar mit Welpen, auch fremden, sehr gutmütig, aber verlassen sollten Sie sich darauf auf keinen Fall! Handelt es sich um eine erwachsene Hündin, so kann es durchaus vorkommen, dass diese sich fremden Welpen gegenüber völlig intolerant verhält.

Treffen Sie also mit Ihrem Welpen auf erwachsene Hunde, fragen Sie den Besitzer, ob sein Hund mit Welpen freundlich ist. Lautet die Antwort: „Aber Welpen haben doch Welpenschutz“ oder „Weiß ich nicht“, dann lassen Sie eine Hundebegegnung nicht zu! Negative Erfahrungen mit anderen Hunden sollte Ihr Welpe nicht machen! Dies gilt natürlich nicht für kleinere Zurechtweisungen eines angemessen handelnden erwachsenen Hundes.
Schulen Sie Ihre Beurteilungsgabe bei dem Besuch einer guten Welpenspielgruppe!

Unterbinden Sie selbstständiges Stöbern auf Spaziergängen von Anfang an.

Die Unterdrückung des Jagdverhaltens beim Welpen

Ob Ihr Hund ein „Jäger“ wird oder nicht, kann von Ihnen entscheidend beeinflusst werden.

Die Bekämpfung eines einmal ausgeprägten Jagdverhaltens beim erwachsenen Hund erfordert mehrere Monate intensives Gehorsamstraining. Auch danach ist es für das restliche Hundeleben Gebot, wildreiche Gebiete zu meiden und somit Gefahrensituationen erst gar nicht entstehen zu lassen.

Beginnt man frühzeitig mit der Welpenerziehung, so kann man dieses Problem weitgehend in den Griff bekommen und erspart sich und dem Hund eine Menge Kummer, Ärger und Schmerzen und sogar vielleicht den vorzeitigen Tod durch den Jäger! Denn Jagdberechtigte dürfen wildernde Hunde erschießen.

Grundsätzlich ist dieses Kapitel in Einheit mit dem Kapitel „Kommen auf Zuruf“ (Seite 82) zu sehen. Ohne die sorgfältige Beachtung und Anwendung der dort genannten Punkte lernt der Hund niemals, einen so starken Reiz wie flüchtendes Wild, streunende Katzen oder die niedlichen Enten auf Ihr Zurufen links liegen zu lassen. Übrigens zählt das Verfolgen von Joggern, Radfahrern usw. auch zu diesem Formenkreis. Erlebnisse mit wenig erfreuten Jagdpächtern, wütenden Nachbarn, die um das Leben ihrer Katzen fürchten, o. Ä. kennt man zur Genüge entweder aus eigener Erfahrung oder aus Erzählungen.

Selbstbelohnendes Verhalten

Zum Verständnis erläutern wir zunächst die Sicht des Hundes: Was empfindet er, wenn er jagt? Warum ist es so schwer, ihn davon zu überzeugen, dass es nur zu seinem eigenen Wohl ist, von der Jagd abzulassen? Die Anwort ist ganz einfach: Jagen macht Spaß und ist außerdem eine der ursprünglichsten Eigenschaften der Caniden. Und die Belohnung liegt nicht erst im Ergreifen der Beute, schon die Verfolgung ist für den Hund so extrem lustvoll, dass sich diese Tat praktisch selbst belohnt. Denken Sie an sich selbst und an die Dinge, die Ihnen Spaß machen. In der Regel liegt der Lustgewinn schon in der Handlung selbst und nicht erst im Ergebnis. Darüber hinaus hat das flüchtende Objekt Angst. Dies wirkt zusätzlich verstärkend, denn der Hund hat hier bestens Gelegenheit, sich seiner eigenen Stärke bewusst zu werden.

Was hier vor sich geht, ist ein Lernprozess, wie er im Buche steht. In der Lernpsychologie macht man sich dies schon eine ganze Weile zunutze. Lernmethoden, die ausschließlich auf Schmerz und Unlustgefühlen basieren, haben ausgedient.

Leider beschert uns dieser Mechanismus, dass Verhalten durch Lustgewinn besonders gut erlernt oder gefestigt wird, hier einen Effekt, der so gar nicht wünschenswert ist. Was also ist zu tun?

Abhilfe schaffen

Konsequentes Verfolgen aller Erziehungsübungen sowie deren schrittweise Überführung in den tagtäglichen Umgang, souveräner Umgang mit dem Hund in puncto Manipulationsverhalten und Konsequenz im Alltag müssen sein, um die anspruchsvolle Aufgabe, den Beutegreifer Hund in seinem Jagdverhalten kontrollieren zu können, zu bewältigen. Es finden sich immer wieder Kunden, die der Meinung sind, ihr Hund „solle doch nur kommen, wenn er gerufen werde, alles andere sei überflüssiger Schnickschnack". Können Sie sich vorstellen, dass ein Hund, der noch nicht einmal einfache Dinge wie **SITZ**, **GEH WEG**, **PLATZ** etc. zuverlässig in allen Lebenslagen befolgt, genügend Respekt für seinen Menschen aufbringt, um diesem zuliebe von einem verschreckten Hasen abzulassen? Eine rhetorische Frage!

Gehen Sie in einen Wildpark

Was kann sonst noch getan werden? Suchen Sie des Weiteren mit Ihrem Vierbeiner während der ersten sechs Lebensmonate regelmäßig einen Wildpark auf. Es gibt dort die Gelegenheit, den angeleinten Hund mit sich zu führen. Während der so wichtigen Lernphase der ersten Lebenswochen des Hundes kann er hier den Geruch und das Äußere von Wild als etwas Selbstverständliches kennen lernen, und zumindest diese Äußerlichkeiten werden bestenfalls später auf ihn keinen Eindruck mehr machen. „Regelmäßig" bedeutet dabei aber keinesfalls einmal in sechs Monaten. Optimal wäre jede Woche, mindestens jedoch zweimal im Monat sollten Sie mit Ihrem Hund üben.

Ein weiterer Punkt, der den Hund hierbei positiv beeinflussen kann, besteht darin, dass das Wild im eingezäunten Park an den Menschen gewöhnt ist und in der Regel nicht flüchtet. Der Hund lernt so im positiven Fall, dass diese Tiere zu seiner Umwelt gehören. Doch das Wichtige dabei ist, dass dies das erste Lernerlebnis ist, das der Hund mit Wild hat.

Kein Aufheben um Wild machen

Achten Sie beim ersten Besuch im Wildpark darauf, dass Sie selbst um das Wild keinerlei Aufheben machen. Keinesfalls sollten Sie Ihren Hund auf die Tiere aufmerksam machen, um ihn an deren Anblick zu gewöhnen. Lernprozesse sind eine komplexe Sache. Womöglich versteht Ihr Hund Sie falsch und betrachtet Ihren gut gemeinten Hinweis als Aufforderung, sich frech und aufdringlich zu nähern, und schon haben Sie eine ungewünschte Verknüpfung.

Abstand halten

Halten Sie beim ersten Besuch genügend Abstand. Ist Ihr Hund sehr erregt aufgrund des Wildes, gehen Sie so weit auf Abstand zu den Tieren, bis Ihr Hund sich neutral verhält. Hierbei müssen Sie ihn genau beobachten: Erlauben Sie nur den Abstand zum Wild, der den Hund ausgeglichen bleiben lässt.
Führen Sie den Hund bei Ihrem ersten Besuch an der Leine am Gehege vorbei, und beachten Sie das Wild möglichst wenig. Achten Sie auf Ihre Entfernung zum Gehege und darauf, dass sich Ihr Welpe in dieser Entfernung neutral und gelassen verhält.

Übungen in den Wildpark verlegen

Bei den folgenden Besuchen können Sie zusätzlich die Erziehungsübungen, die Sie ohnehin regelmäßig mit Ihrem Welpen durchführen, in den Wildpark verlegen. Wichtig hierfür ist, dass der Hund äußerlich gelassen wirkt und sich auf Sie fixieren lässt. Loben Sie den Hund so intensiv wie möglich. Gestalten Sie das Belohnungsspiel so lustvoll wie möglich!
Sollte Ihr junger Hund so stark erregt sein, dass er sich nur sehr schwer oder gar nicht auf Sie fixieren lassen möchte, sind Sondermaßnahmen angesagt. Versuchen Sie es mit Katzenfutter, um den Hund abzulenken und seine Konzentration auf sich zu ziehen. Vergrößern Sie gleichzeitig den Abstand zum Wildgehege noch weiter. Falls diese Maßnahmen alle nichts nützen, sollten Sie sich schnellstmöglich professionelle Hilfe holen. Erschrecken Sie nicht, solch ein Verhalten ist nicht sehr wahrscheinlich, sofern Sie diese Besuche sofort nach der Übernahme des Welpen (also in der Regel mit der 8. bis 12. Lebenswoche) aufnehmen.

Machen Sie Ihren Welpen nicht auf Wild aufmerksam, um ihn daran zu gewöhnen. Er könnte Ihren Hinweis missverstehen, und zwar als Aufforderung, hinzurennen.

Jagdverhalten im Alltag abgewöhnen

Weg vom Wildpark, hin zum Alltag. Sie haben die Möglichkeit, hier durch entsprechendes Verhalten großen Einfluss auf die eventuelle „Jägerkarriere“ Ihres Vierbeiners zu nehmen. Hierzu benötigen Sie lediglich Ihre Schleppleine, einen Futterbeutel gemischt mit verschiedenen, auch besonders attraktiven Leckerchen, je nach Hundetyp eventuell Spielzeug, und last but noch least Zeit und guten Willen. Beobachten Sie Ihren Welpen genau. Kaum ein Junghund, der gestern noch ganz neutral auf Wild reagiert hat, stürzt sich morgen kläffend auf eine Katze o. Ä. Dies gilt übrigens auch für Radfahrer, Jogger etc.

Fixieren ist der erste Schritt zur Jagd

Schon das genaue Fixieren z. B. einer Ente, eines Hasen oder sonstiger potenzieller Jagdopfer (i. d. R. ab dem 4. bis 5. Monat möglich, jedoch rassespezifisch verschieden) sind als Vorboten zu betrachten und entsprechend ernst zu nehmen. In dieser Phase gilt es zu handeln. Seien Sie stets auf der Hut und rechnen Sie täglich damit, dass heute der erste Tag ist, an dem Ihr junger Freund realisiert, dass es für ihn als Beutegreifer Hund eine Menge Attraktives auf der Welt gibt.

Sie sind nun also gewappnet und mit dem Hund auf einem Spaziergang, die Schleppleine halten Sie locker in der Hand. In dem Moment – und keine Sekunde später –, in dem Ihr Vierbeiner das Wild auch nur registriert, sprich anschaut, kommt Ihr Einsatz! Mit der Schleppleine in der Hand drehen Sie sich auf dem Absatz um

und laufen unter vollem Einsatz Ihrer attraktiven Stimme in die andere Richtung: Rufen Sie den Hund so freudig erregt wie nur irgend möglich (das geht auch ohne Jodeldiplom!), damit für diesen die Vorstellung, dass etwas auf der Welt existieren könnte, das interessanter ist als Ihre Person, völlig ausgeschlossen ist. Wichtig dabei ist, dass Sie sich schnell bewegen und nicht mit der Leine in der Hand erstarren. Die Bewegung in Verbindung mit der großen Freude in Ihrer Stimme (stellen Sie sich vor, Sie würden gerade von einem Lottogewinn erfahren, dann treffen Sie den richtigen Ton.) wird den Hund motivieren, schnell zu Ihnen zu kommen. Bedenken Sie immer die Kraft der Stimmungsübertragung, ein gelangweiltes Rufen provoziert ein gelangweiltes Kommen, sofern es überhaupt etwas provoziert außer Ignoranz.
Zurück zur Übung. Ihr Hund läuft fröhlich hinter Ihnen her, da ihn Ihre freudig begeisterte Stimme gepaart mit dem schnellen Laufen davon überzeugt haben, dass bei Ihnen nun etwas stattfindet, was seine geweckten Erwartungen voll und ganz bestätigt. Und genau diese Bestätigung muss nun stattfinden. Ein mittelfreundliches „So ist's brav!“ gepaart mit einem halben Keks ist für diese Situation nicht ausreichend. Angemessen sind nun Sondermaßnahmen: Jackpot (eine ganze Hand voll Leckerchen), Futtersuchspiel mit Action und viel Bewegung oder – sofern man einen ballbegeisterten Hund hat – ein tolles Spiel.
Der ganze Aufwand dient dazu, den Hund zu überzeugen, dass es in jedem Fall lohnenswerter ist, zu Ihnen zu kommen, weil es dort so unvergleichlich interessanter ist.
Richtig, d. h. mit vollem emotionalen Einsatz und regelmäßig während der Sozialisierungsphase und auch später durchgeführt, ist diese Maßnahme eine der wichtigsten und effektivsten, um zu vermeiden, dass aus dem Hund ein passionierter Jäger wird, der seine eigenen Wege geht.

Tipp

„Jagdsituationen“ zum Üben

Die Phase, in der Ihr junger Hund beim Kontakt mit Wild nur fixiert, ist i. d. R. kurz. Deshalb müssen Sie jede Situation, in der Ihnen mit dem Welpen Wild begegnet, wie beschrieben ausnutzen, um einen dauerhaften Lernerfolg zu gewährleisten. Das bedeutet, dass Sie u. U. solche Situationen gezielt aufsuchen müssen, um überhaupt genügend Übungsmöglichkeiten zu haben.

Jackpot und Belohnungsspiel. Machen Sie sich interessant!

Der Schlafplatz

Der Schlafplatz des Welpen und erwachsenen Hundes sollte nach Möglichkeit das Schlafzimmer sein. Dies dient sowohl der Erziehung zur Stubenreinheit beim Welpen optimal sowie der Bindungsförderung beim jungen und beim erwachsenen Hund. Vielen Welpen bereiten die ersten Nächte ohne ihre Wurfgeschwister und ihre Mutter Angst und Unwohlsein, was nur natürlich ist, denn in freier Natur wären sie in diesem Alter allein kaum überlebensfähig. Sollte Ihnen die Vorstellung vom Hund im Schlafzimmer nicht behagen, so ist es in jedem Fall lohnenswert, dieses Unbehagen zumindest in den ersten Wochen zu überwinden, bis der junge Hund genügend Bindung und Sicherheit aufgebaut hat und außerdem keine Probleme mehr mit der Stubenreinheit bestehen. Sie können ihm dann immer noch einen Schlafplatz außerhalb des Schlafzimmers zuweisen. Sofern er zu diesem Zeitpunkt nicht bereits „Besitzer" von ausgedehnten Privilegien ist, wird er dies im Allgemeinen problemlos akzeptieren. Auch auf einen erwachsenen Hund, der die räumliche Nähe zu seinem „Rudel" sicherlich als angenehm empfindet, muss sich die räumliche Trennung in der Nacht nicht negativ auswirken, wenn die Bindung zum Menschen ansonsten stimmt.
Bei Aggressionsproblemen mit erwachsenen oder heranwachsenden Hunden gelten in puncto Schlafplatz spezielle Regeln, die gemeinsam mit fachmännischer Hilfe erarbeitet werden sollten.

Stubenreinheit

Kiste und Stubenreinheit

Das wichtigste und praktischste Hilfsmittel bei der Erziehung zur Stubenreinheit ist die „Kiste". Hierzu dient ein großer, stabiler Karton (z. B. vom Fernsehfachgeschäft), ein ausrangierter Kinderlaufstall oder am besten gleich eine Hundetransportbox aus dem Hundefachgeschäft. Kaufen Sie die Transportbox, die auch später im Urlaub sehr nützlich sein kann, für die Größe des ausgewachsenen Hundes. Der Einfachheit halber bezeichnen wir alle diese Hilfsmittel nun als „Kiste".
Die Kiste sollte so groß sein, dass der Welpe sich darin wohl fühlt und sich bequem hinlegen kann, aber nicht so groß, dass er darin „umherwandern" kann. Einen Laufstall müssen Sie also unter Umständen durch einen Pappkarton o. Ä. verkleinern.

MACH SCHÖN!

Sollten Sie bei einem älteren Hund Probleme mit der Stubenreinheit haben, dann können Sie nach einer unbedingt notwendigen tierärztlichen Untersuchung übrigens genauso vorgehen.

Ab in die Höhle!

Wozu nun alles? Die Kiste soll für den Welpen eine Art Höhle darstellen, in der er sich wohl fühlt. Beim ersten Mal sollte der Welpe müde und satt sein, wenn Sie ihn hineinsetzen. Natürlich legen Sie vorher eine kuschelige Decke und ein Kauspielzeug hinein. Haben Sie den richtigen Zeitpunkt abgepasst, wird sich der Welpe nach kurzer Zeit hinlegen und schlafen, und Sie haben Zeit, sich einmal um andere Dinge zu kümmern.

MACH SCHÖN!

Wenn der Welpe nun aufwacht, „muss“ er dringend. Da Welpen aber nur in äußersten Notfällen ihr Lager (ihre Höhle) beschmutzen, wird er sich jammernd melden. Nun müssen Sie zur Stelle sein und ihn sofort an den gewählten Ort tragen, damit er sein Geschäft erledigen kann. Es ist sinnvoll, immer ein bestimmtes Wort zu wiederholen, wenn er sein Geschäft erledigt, z. B. **MACH SCHÖN**. Welches Wort Sie wählen, ist ganz egal, es muss nur immer dasselbe sein. Benutzen Sie dies regelmäßig, wird Ihr Hund es bald mit seinem Verhalten verknüpfen und kann später leicht dadurch animiert werden, nun sein Geschäft zu erledigen.

Stellen Sie die Kiste nachts ins Schlafzimmer

In die Kiste kommt der Welpe am besten auch nachts – in Ihrem Schlafzimmer! Für einen Welpen ist Alleinsein völlig artwidrig, und er steht Todesängste aus. Alleinsein muss er erst lernen, aber bitte nicht nachts! Nur wenn Sie seine Kiste neben sich stehen haben, können Sie ihn hören und nachts hinausbringen, wenn er muss. Nach einigen Tagen ist er im Allgemeinen die ganze Nacht „trocken", und Sie können wieder durchschlafen.

Die Kiste als Laufstall

Setzen Sie die Kiste auch tagsüber ein, wenn Sie gerade nicht auf den Welpen aufpassen können, am besten nach einem Spaziergang oder einem Spiel, wenn der Welpe sowieso müde ist. Aber passen Sie auf: Jammert er, müssen Sie unterscheiden, ob er wirklich hinausmuss oder ob er sich nur langweilt. Sind Sie davon überzeugt, dass er nur keine Lust auf seine Kiste hat, muss er drinbleiben. Diese Unterscheidung ist sehr schwierig, aber vertrauen Sie auf Ihr Gefühl. Selbstverständlich soll der Welpe nun nicht den größten Teil des Tages in seiner Kiste hocken. Vernachlässigen dürfen Sie ihn nicht!

Wenn ein Malheur passiert

Erwischen Sie Ihren Welpen im Haus „auf frischer Tat", d. h. er hockt sich gerade hin oder ist noch dabei, sagen Sie **NEIN** (**NEIN** siehe auch Seite 116), nehmen ihn auf den Arm und gehen schnell nach draußen. Tragen Sie ihn, damit er nicht noch unterwegs etwas verliert! Draußen angekommen, setzen Sie ihn ab und versuchen ihn mit dem „Zauberwort" zu animieren. Loben Sie ihn, wenn es geklappt hat. Entdecken Sie ein Missgeschick aber erst später, dürfen Sie keinesfalls schimpfen, und Tipps wie „Nase hineindrücken" sollten wirklich der Vergangenheit angehören! Auch wenn der Welpe im Moment des Schimpfens die Ohren hängen lässt und sehr nach schlechtem Gewissen aussieht, verstehen kann er Sie nicht! Er reagiert mit dem vermeintlich „schlechten Gewissen" lediglich auf Ihr Schimpfen und Ihren Ärger. Warum Sie ärgerlich sind, kann er nicht wissen. Ihnen bleibt nur übrig, das Malheur wegzuwischen (Essigwasser, damit die Stelle nicht mehr verlockend riecht) und in Zukunft besser aufzupassen.

Der Welpe am Futternapf

Der Mensch sollte sich jederzeit dem Napf des Hundes nähern und diesen auch wegnehmen können; viele Hundebesitzer haben damit ein handfestes Problem. Futteraggressives Verhalten zu analysieren, ist eine diffizile Angelegenheit, häufig vermischen sich unterschiedliche Motivationsbereiche, immer muss der Hund mit seinem Gesamtverhalten betrachtet werden. Auch wenn es durchaus möglich ist, gegen den Menschen gerichtete Futteraggression bei erwachsenen Hunden mit Hilfe eines erfahrenen Hundetrainers in den Griff zu bekommen, muss es so weit erst gar nicht kommen.

Gemeinsames Füttern sollte keinesfalls Bestandteil einer Welpenspielgruppe sein.

In der älteren Literatur findet man häufig die Empfehlung, regelmäßig zu testen, ob der Welpe sich den Futternapf – gefüllt selbstverständlich – auch jederzeit abnehmen lässt und ihn, sofern er durch Knurren protestiert, entsprechend zu reglementieren bzw. zu bestrafen. In den letzten Jahren hat sich die Erkenntnis immer mehr durchgesetzt, dass nicht jeder am Futternapf knurrende Hund mit seinem Menschen eine „Dominanzdiskussion" anstrebt. Angst, Stress und Nervosität sind hier als verhaltensauslösende Faktoren – zurecht – immer mehr ins Blickfeld gerückt. Wir sind der Auffassung, dass man einem Welpen regelrecht eine Futteraggression anerziehen kann, sofern man unsensibel vorgeht. Dies gilt es zu vermeiden.

Schritt-für-Schritt-Anleitung

Schritt 1: Füttern aus der Hand auf Höhe des Napfes

Den Kriterien moderner Hundeerziehung entspricht es wesentlich mehr, den Menschen am Futternapf zunächst einmal aus der Sicht des Hundes positiv zu besetzen. Das bedeutet praktisch gesprochen Folgendes: Der Welpe soll lernen, dass die Hand des Menschen in Futternapfnähe durchweg etwas Positives darstellt, und so sollten Sie sich dem jungen Kerl beim Fressen mit einem leckeren Stückchen Wurst o. Ä. in der Hand nähern und es ihm auf der Höhe des Futternapfes aus der Hand zu fressen geben, zunächst ohne den Napf wegzunehmen. Angestrebt wird beim Welpen folgende Verknüpfung: Der Mensch am Futternapf hat positive Auswirkungen! Viele junge Hunde, insbesondere hypersensible, nervöse Tiere, die womöglich noch zu den Schwächeren im Wurf zählten und daher etwas kürzer kamen als die Geschwister, geraten nämlich in ungeheuren Stress, sobald man sich ihnen beim Fressen nähert. Die Erfahrung, bei Anwesenheit anderer den eigenen Hunger womöglich nicht ausreichend stillen zu können, ist häufig Handlungsmotivation. Lernt der Welpe jedoch, dass zunächst genau das Gegenteil passiert, man ihm nichts wegnehmen, sondern etwas geben möchte, kann er Urvertrauen und Sicherheit entwickeln. Wir halten diesen ersten Schritt für außerordentlich wichtig. Die Zahl der futteraggressiven Hunde, die uns in den letzten Jahren vorgestellt wurden, ist hoch, und ein großer Teil von ihnen war keineswegs dem dominanten Hundetyp zuzurechnen. Im Gegenteil, das Verhalten dieser Tiere war insgesamt eher von Nervosität und Unsicherheit geprägt.

Haben Sie Kinder im Haus, so sollten diese den ersten Schritt dieser Übung durchaus auch gelegentlich durchführen, doch bitte erst nachdem Sie selbst dies ohne Probleme mehrfach ausprobiert haben und der Welpe dabei völlig gelassen geblieben ist. So wichtig es ist, dass gerade Kinder von Welpen am Futternapf nicht als Störenfriede, die es zu vertreiben gilt, betrachtet werden, so wichtig ist es jedoch auch, dass dies nur unter Aufsicht von Erwachsenen stattfindet. Schritt 2 sollte prinzipiell nur von Erwachsenen durchgeführt werden.

Schritt 2: Nähern Sie sich dem Welpen ohne Leckerchen

Nachdem Sie Schritt 1 im Verlauf von zwei bis drei Wochen mehrmals durchgeführt haben, können Sie zu Schritt 2 übergehen. Diesmal nähern Sie sich dem fressenden Hund ohne Leckerchen in der Hand ruhig und gelassen. Nehmen Sie den Napf weg, ohne den Hund anzusprechen. Keineswegs soll dem Hund in diesem Stadium verbal gedroht werden, genauso wenig sollte man ihn mit einlullender Stimme „bitten", den Napf wegnehmen zu dürfen.
In der Regel hat der Welpe zu diesem Zeitpunkt schon verknüpft, dass der Mensch am Futternapf eine wünschenswerte Erscheinung darstellt, und wird sich den Napf ohne Protest abnehmen lassen. Um den Hund in seiner Erfahrung zu bestätigen, erhält er seinen Napf auch gleich wieder.

Bleiben Sie immer ruhig und souverän.

Lernziel ist hier, neben den bereits eingeleiteten vertrauensfördernden Maßnahmen, bei dem jungen Hund eine Akzeptanz dafür herzustellen, dass der Mensch die Nahrungsressourcen verwaltet, während er selbst in einer gewissen biologischen Abhängigkeit steht. Sollte der Fall eintreten, dass Ihr Welpe knurrt oder die Zähnchen zeigt, sobald Sie den Napf wegnehmen wollen, so lassen Sie sich hiervon keineswegs beeindrucken. Reagieren Sie ruhig und souverän, nehmen den Napf weg und schieben den Hund beiseite. Keinesfalls soll der Welpe den Napf direkt im Anschluss zurückerhalten, da dies einer ungewollten Belohnung für sein Verhalten gleichkäme. Gleichzeitig sollten Sie eine gewisse Zeit auf Handfütterung umsteigen, was bedeutet, dass der junge Hund für mindestens eine Woche überhaupt kein Futter mehr aus dem Napf, sondern nur noch aus Ihrer Hand erhält. Führt dies zu keiner Besserung des Verhaltens, so sollten Sie den Hund einem Hundetrainer vorstellen und mit ihm gemeinsam eine individuelle Analyse vornehmen.

Schritt 3: Probeobjekte ausweiten

Gibt es mit Schritt 2 hingegen – und davon ist in der Mehrzahl der Fälle auszugehen – keine Probleme, so sollten Sie die Probeobjekte ausweiten. Hundekuchen, Kauknochen etc. können in die Übung integriert werden. Bei solch attraktiven Futtermitteln empfiehlt es sich, analog zum Futternapf vorzugehen, d. h. nicht mit dem Abnehmen der Gegenstände zu beginnen. Gehen Sie ebenso vor,

wie der Welpe es bereits vom Futternapf her kennt. Nähern Sie sich dem Hund und geben ihm auf der Höhe seines Knochens o. Ä. ein besonders gutes Leckerchen. Erst wenn dies einige Male problemlos geklappt hat, nehmen Sie den Kauknochen weg, warten einen kurzen Moment und geben ihn dem Hund als Belohnung für sein aggressionsfreies Verhalten zurück. Reagiert er hier mit Aggression, so verhalten Sie sich wie bereits beschrieben: den Knochen wegnehmen, den Hund souverän wegschieben. Keinesfalls erhält er den Knochen zu diesem Zeitpunkt zurück. Sollte der Welpe auch beim nächsten und übernächsten Versuch in dieser Situation aggressives Verhalten zeigen, so sollten Sie wie zuvor beschrieben ein bis zwei Wochen Handfütterung praktizieren und gleichzeitig alle besonders attraktiven Hundekuchen, Kauknochen etc. von der Menüliste streichen. Zeigt sich nach dieser Zeit beim nächsten Versuch keine Besserung des Verhaltens, sollte man dringend professionelle Hilfe in Anspruch nehmen. Wir warnen ausdrücklich davor, ein solches Verhalten zu bagatellisieren, in der Regel stellt es lediglich ein Symptom einer ganzen Verhaltenskette dar, die sowohl für den Menschen als auch für den Hund äußerst unangenehm ist. Insgesamt sollte vom Welpen bis zum erwachsenen/älteren Hund sowohl die Akzeptanz am Futternapf als auch an Knochen, Schweineohren usw. regelmäßig geprüft werden. Abschließend noch ein wichtiger Hinweis, der alle hier beschriebenen Stufen betrifft: Keinesfalls dürfen die beschriebenen Übungen zu häufig durchgeführt werden, oberste Prämisse ist immer souveränes und ruhiges Handeln, zu häufig und hektisch durchgeführte Futterkontrolle setzt den Welpen unter Stress und kann genau das Gegenteil des Gewünschten hervorrufen.

Dieser Hund reagiert bereits beim Anblick des Napfes gestresst. Dies gilt es zu vermeiden!

Aufbau der Beißhemmung beim Welpen

Die meisten frisch gebackenen Welpenbesitzer kennen es: Der Neuankömmling hinterlässt mit seinen spitzen Zähnchen – insbesondere beim Spiel – keineswegs böse gemeinte, doch durchaus schmerzhafte Spuren an Händen und Armen seines Menschen. Der bestmögliche Anlass, dem Welpen die für seinen kompletten weiteren Lebensweg so wichtige Beißhemmung anzugewöhnen. Der Aufbau der Beißhemmung schützt kurzfristig gesehen vor den unangenehmen Schrammen, die beim Spiel oder beim sonstigen Kontakt mit dem stürmischen Welpen entstehen können. Mittel- und langfristig jedoch schützt eine „eingeprägte" und sorgfältig aufgebaute Beißhemmung – ohne pathetisch werden zu wollen – das Leben des Tieres und macht es zu einem sozial kompatiblen Teil unserer Umwelt. Ein weiterer praktischer Nebeneffekt entsprechender Erziehungsbemühungen besteht außerdem darin, dass das konsequente Setzen von Grenzen die menschliche Stellung festigt und somit hier ein wichtiger Baustein gelegt werden kann für den Weg zu einem rundherum gut erzogenen Vierbeiner, der nicht nur das „Knabbern" an menschlichen Körperteilen sein lässt, sondern auch kommt, wenn er gerufen wird, weil er seinen Menschen ernst nimmt.
Konkret heißt das, dass jegliches „Knabbern" oder spielerisches Schnappen des Hundes eine Reaktion des Menschen nach sich ziehen muss. Oberstes Lernziel ist ein Hund, der gelernt hat, dass die Reaktion des Menschen auf dieses Verhalten eine für ihn negative ist.

Warum Welpen „knabbern"

Doch betrachten wir die Situation genauer: Klassischerweise verhält sich ein junger Hund so wie in der beschriebenen Weise beim Spiel mit seinem Menschen. Er knabbert an Händen und Beinen, vergreift sich an der Kleidung, besonders wilde Rabauken nehmen auch schon mal mit Anlauf die Fersen ihrer Zweibeiner in Angriff. Warum tut der junge Kerl das? Vergessen Sie vermenschlichende Kategorien wie Boshaftigkeit und Hinterlist und werfen Sie stattdessen einen Blick auf Welpen oder Junghunde beim Spiel miteinander. Zwicken, spielerisches Schnappen, überhaupt jeglicher Körperkontakt mit dem Gegenüber sind die Regel. Wie sehen die Reaktionen der Hunde untereinander auf solches Verhalten aus? Wir beobachten lautes, spitzes Aufjaulen, das dem Menschen als Betrachter nebenbei bemerkt oft völlig übertrieben erscheint,

Gleiches wird mit Gleichem vergolten, sprich, es wird hemmungslos zurückgezwickt nach dem Motto: Wie du mir, so ich dir! Gelegentlich kann man auch beobachten, dass ein Welpe, der sich von einem anderen zu arg drangsaliert fühlt, diesem aus dem Weg geht und sich einem anderen Spielpartner zuwendet. Auf diese Art und Weise lernen die Kleinen, was im Spiel „erlaubt" ist – die Beißhemmung entsteht! Menschliche Haut ist jedoch um einiges empfindlicher, sodass die kleinen Vierbeiner lernen müssen, dass sie mit uns deutlich vorsichtiger umgehen müssen. Nun sind wir Menschen natürlich zivilisierter und werden unserem Welpen kaum kräftig ins Ohr beißen, weil dieser im Spiel über die Stränge geschlagen hat, doch mehrere Dinge können wir aus dem Verhalten der Tiere untereinander lernen: Es erfolgt im Allgemeinen immer eine Reaktion, die – und das ist von ungeheurer Bedeutung für unsere Erziehung – unmittelbar ist, d. h. sofort stattfindet: kein Welpe, der erst drei Minuten später schreit, nachdem er von einem anderen etwas zu heftig gezwickt wurde.

Im Spiel mit Artgenossen lernen die Welpen auch, wie weit sie gehen können.

Sofort reagieren

Daraus folgt für uns Regel Nummer 1: Unsere Reaktion muss sofort kommen und nicht erst nachdem wir das Verhalten des Hundes minutenlang geduldet haben, nun aber doch langsam eine etwas dünne Haut bekommen oder sich erste Schäden an unserer Kleidung abzeichnen. Eine solche Haltung wäre aus Sicht des Hundes reine Willkür.

Körperkontrolle üben.

Alte Socken sind kein gutes Spielzeug.

Wie man richtig reagiert

Nachdem wir die Notwendigkeit der Unmittelbarkeit und Regelmäßigkeit von Reaktionen herausgearbeitet haben, stellt sich nun selbstverständlich die Frage nach dem „Wie“ des Reagierens. Machen wir uns dazu zunächst einmal klar, was den Hund in dieser Situation zu seinem Verhalten bewegt: Er möchte vor allem eines, nämlich Lust empfinden. Das ist für ihn Sinn und Zweck seines Spiels, und sofern er ein normal entwickeltes Tier ist, von dem wir hier ausgehen, wird er danach streben, diese Lust zu erhalten. Das Prinzip ist nun Folgendes: Um eine zuverlässige Beißhemmung zu erlernen, ist es erforderlich, dieser Lust ein Ende zu setzen, sobald sich der Welpe knabbernd oder schnappend am Körper des Menschen „vergreift". Konkret kann dies auf unterschiedliche Arten geschehen, in allen Fällen ist Spielabbruch und damit Kontaktabbruch intendiert, damit der Hund unterscheiden lernt: Schnappen, Knabbern (auch spielerisch) etc. werden tabuisiert und führen zu dem, was er am wenigsten will: der Einstellung des Spiels. Regelhaftes, kontrolliertes Spiel führt zum Lustgewinn, zur Fortsetzung von Spiel.

Bei vielen jungen Hunden reicht es vollkommen, einen kurzen spitzen Schrei auszustoßen, um anzudeuten, dass Ihnen das nun wehgetan hat (denken Sie an unsere miteinander spielenden Welpen) und das Spiel sofort einzustellen. Halten Sie keine Moralpredigt, mit der der Hund ohnehin nichts anfangen kann. Hören Sie so abrupt wie möglich mit dem Spiel auf und ignorieren den Hund für einige Minuten. Vermeiden Sie Blickkontakt. Sollte der Hund an Ihnen hochspringen, um Sie zum Weiterspielen aufzufordern, so drehen Sie ihm den Rücken zu und blicken an die Decke. Wenden Sie sich ihm erst wieder zu, wenn er Ihren Kontaktabbruch akzeptiert hat. Sollten Sie einen ganz hartnäckigen Vertreter Ihr Eigen nennen, der auf den Spielabbruch mit den wildesten Gebärden und eventuell sogar vermehrtem Zwicken und Hochspringen reagiert, so kann es helfen, ihm (natürlich vor dem Spiel) eine kurze, dünne Hausleine anzulegen, auf die Sie nun treten können, und zwar so, dass der „kleine Wilde" in seiner Bewegung für einen Moment, bis er sich beruhigt hat, gehemmt wird. Die Leine sollte dabei so kurz fixiert werden, dass der Hund nicht mehr hochspringen kann. Einige junge Hunde, insbesondere sehr temperamentvolle, kommen erst durch die kurzfristige Einschränkung von Bewegungsfreiheit zur Ruhe. Schimpfen Sie nicht, vermeiden Sie Augenkontakt, setzen Sie den spielerischen „Kampfhandlungen" Spielabbruch und souveräne Ignoranz entgegen. Lediglich bei ganz hartnäckigen Fällen kann ein Schnauzgriff (Seite 127) zur Reglementierung dienlich sein. Doch dieser muss genauso schnell und abrupt erfolgen wie der oben beschriebene spitze Schrei mit Spielabbruch. Langes „in der Luft Herumfuchteln" auf der Suche nach der Schnauze des Hundes wird vom Welpen im Allgemeinen als Fortsetzung des Spiels gedeutet, was daran ablesbar ist, dass er in einer solchen „Spielphase" sein Verhalten keineswegs ändert.

Auszeit.

Nochmals: Im Vordergrund steht die schnelle und regelmäßig stattfindende Reaktion des Menschen auf das Knabbern und spielerische Schnappen in dessen Körperteile. Gelegentliche Reaktionen, die meistens dann erfolgen, wenn es mal besonders schmerzhaft war, sind zum Aufbau einer zuverlässigen Beißhemmung sinnlos. Machen Sie sich klar, dass Sie – sicherlich ohne das zu wollen – durch nicht erfolgende oder inkonsequente Reaktion dem Hund suggerieren, Schnappen wäre in Ordnung. Lassen Sie sich nicht davon blenden, dass dies nur im Spiel geschieht und deswegen ja nicht so schlimm sein kann. Über die Bedeutung des Spiels für das Erlernen sozialer Verhaltensweisen ist von Verhaltensforschern in den letzten Jahren ausführlich gearbeitet worden, und es gibt sogar die Auffassung, dass Spiel nie primär motiviert ist. Das bedeutet, dass jegliches Spiel ausschließlich dazu da ist, zu lernen, wie man sich in einer Gruppe zu bewegen hat, was man sich erlauben kann und was nicht. Die Erprobung des Ernstfalls sozusagen, ohne die

Stillhalten bei der Pfotensäuberung – auch das muss geübt werden.

ganz harschen Folgen (wie z. B. kompletter Gruppenausstoß usw.) eines solchen. Ob man diese Auffassung bis in ihre letzte Konsequenz teilen möchte oder nicht, gehört in einen Wissenschaftsdiskurs zum Thema und muss von uns hier nicht erörtert werden. Eines jedoch machen uns die Verhaltensforscher unmissverständlich deutlich: Das Spiel ist für das Tier lebensnotwendiges soziales Lernfeld. Grund genug für uns, den Hund auch im Spiel ernst zu nehmen.

Eine andere Situation, in der Welpen sich gelegentlich durch „in die Luft Schnappen" hervortun und die daher ebenso geeignet ist, Beißhemmung erlernen zu lassen, stellt die Körperpflege (Bürsten, Absuchen nach Zecken, Flöhen etc.) dar. Die Grundsituation unterscheidet sich von der zuvor beschriebenen. Hier geht es dem Hund eher darum, sich einer Situation zu entziehen, die jedoch aus hygienischen oder gesundheitlichen Gründen Teil seines Lebens werden sollte. Verhalten wir uns nun in der eben bereits beschriebenen Weise, sprich, lassen vom Hund ab, sobald er mit leichtem Zwicken dem Bürsten o. Ä. entkommen will, arbeiten wir dem Aufbau einer Beißhemmung entgegen, da der Welpe in diesem Fall lernt, dass sein Verhalten geeignet ist, Unlust zu vermeiden. Hier ist es nun sinnvoll, das Verhalten des Hundes zwar zu ignorieren, in seiner eigenen Handlung aber beständig und gelassen fortzufahren. Brechen Sie Ihre Handlung erst ab, wenn der Hund das von Ihnen gewünschte ruhige Verhalten zeigt. So hat der Welpe die Möglichkeit zu lernen, dass ihn sein Zwicken in dieser Situation nicht weiterbringt. Sie können dem Hund hier zuvor ein Halsband oder Geschirr anlegen, um ihn besser zu fixieren. Zum Aufbau einer zuverlässigen Beißhemmung ist die regelmäßige, konsequente Erfahrung, dass Schnappen schlicht und ergreifend keinen Erfolg bringt, unabdingbar.

Verstärken Sie Hochspringen nicht durch Blickkontakt.

Jetzt können Sie sich dem Hund wieder zuwenden.

Zur Verdeutlichung noch einmal die beiden Situationen im Vergleich: Im Falle des Spiels und des damit verbundenen spielerischen Zwickens oder Schnappens in menschliche Körperteile befindet sich der Hund in einer lustvollen Stimmung, er strebt in natürlicher Weise danach, diesen Zustand fortzusetzen. Spielabbruch beendet nun aber diesen Zustand. Der Hund lernt, dass die Fortdauer nur durch entsprechende Beißhemmung zu erreichen ist. Im zweiten geschilderten Fall möchte der Welpe Unlust vermeiden und soll lernen, dass das von ihm gewählte Mittel – spielerisches Schnappen – erfolglos ist.

Alleinbleiben

Wie bereits erwähnt, ist Einsamkeit für den Welpen sehr bedrohlich. In freier Wildbahn würde ein Alleinbleiben für den Welpen den sicheren Tod bedeuten. Natürlich muss und kann der Welpe trotzdem lernen, auch einmal einige Zeit allein zu sein.

Alleinbleiben trainieren

Beginnen Sie mit dem Training erst, wenn der Welpe mindestens zwei Wochen bei Ihnen ist und Sie das Gefühl haben, dass er sich schon gut eingelebt hat und Ihnen vertraut. Haben Sie einen erwachsenen Hund übernommen, sollten Sie genau wie in der Welpenerziehung vorgehen.

Auch hier kommt die Kiste wieder zum Einsatz. Warten Sie, bis Ihr Welpe satt und müde ist, und setzen Sie ihn in die Kiste. Verlassen Sie nun den Raum für wenige Minuten. Kommen Sie auf jeden Fall erst dann zurück, wenn der Welpe ruhig ist.
Sollte er jammern oder heulen, reden Sie auf keinen Fall beruhigend, tröstend oder schimpfend auf ihn ein. Durch jede dieser Aktionen verstärken Sie sein Verhalten nur. Trösten Sie ihn, fühlt er sich bestätigt und/oder gelobt. Schimpfen Sie mit ihm, bekommt er noch mehr Angst und hat nun erst recht Grund zu jammern.
Klappt das Alleinbleiben in einem Zimmer, üben Sie auch, das Haus zu verlassen. Genauso müssen Sie vorgehen, um dem Hund das Warten im Auto beizubringen.
Steigern Sie sein Alleinbleiben nun Woche für Woche um einige Minuten bis zu ca. zwei Stunden. Wenn der Hund etwa ein halbes Jahr alt ist, können Sie beginnen, ihn bis zu vier Stunden allein zu lassen. Wesentlich länger (max. sechs Stunden) sollte auch der erwachsene Hund nur in Ausnahmefällen allein sein.

Auch geduldiges Warten will gelernt sein: Anbindeübung im Welpenspiel.

Übungsplan für Welpen

Was?	Täglich	Wöchentlich
Kommen auf Zuruf	Erziehungsspaziergang in unbekannter Umgebung (inklusive Versteckspiel und Richtungswechsel).	**KOMM mit Hilfsperson.**
Umwelt-sozialisation	Täglich Personen- und Hundekontakt, jeden zweiten Tag einen Aspekt der Tabelle „Umweltsozialisation" wahrnehmen!	**Welpenspielstunde, Besuch eines Wildparks.**
SITZ	Täglich mindestens zehnmal.	**Ablenkung steigern.**
PLATZ	Täglich mindestens zehnmal.	**Ablenkung steigern.**
NEIN	Täglich mehrmals.	
Spielen	Täglich im Anschluss an **SITZ**- und **PLATZ**-Übungen und während des Spaziergangs.	
Leinen-führigkeit	IMMER beachten!	
Alleinbleiben	Täglich einige Minuten steigern.	
FUSS-Training	Wenn gewünscht, täglich drei bis fünf Minuten üben.	
Körperkon-trolle	Täglich einmal	

Ihr Hund kommt auf Ruf freudig angerannt – das ist das Ziel. Ein so freudiges Kommen muss immer belohnt werden.

Kommen auf Zuruf

Das zuverlässige Kommen auf Zuruf (oder Pfiff) ist sicher das wichtigste Hörzeichen in der Hundeerziehung.
Je nachdem, wie alt Ihr Hund bei Beginn der Erziehung ist, gilt es, verschiedene Wege einzuschlagen.

Für alle Altersgruppen

Grundsätze fürs Kommen (ab Seite 83).

Welpen und Junghunde

Welpenbesitzer (ca. 8. bis 14. Woche) fahren mit dem Abschnitt „Praktische Übungen für Welpen“ fort.
Ist Ihr Hund ca. 15 bis 20 Wochen alt, gehen Sie ebenfalls zunächst nach diesem Abschnitt vor. Haben Sie mit den dort beschriebenen Übungen nach ca. zwei bis drei Wochen keine großen Fortschritte erzielt, müssen Sie zusätzlich mit den Übungen für Junghunde und erwachsene Hunde (ab Seite 98) beginnen.
Ist Ihr Hund älter als 20 Wochen, beginnen Sie sofort mit den praktischen Übungen für Junghunde und erwachsene Hunde.

Grundsätze fürs Kommen

Leckerchen

Viele Hundebesitzer weigern sich, Leckerchen in der Hundeerziehung einzusetzen, da sie dies als Bestechung betrachten. Machen Sie sich von solchen vermenschlichenden Gedanken frei. Wir möchten den Hund nicht bestechen, sondern belohnen!

Immer ein Leckerchen fürs Kommen!

Immer, wenn Ihr Hund auf Ihr Rufen reagiert, geben Sie ihm ein Leckerchen. Der Hund tut etwas für Sie, dafür bekommt er etwas. Daran ist nichts verwerflich. Der Hund soll lernen, dass es sich lohnt zu kommen. Auch wir Menschen denken nicht im Traum daran, Dinge zu tun, die sich nicht für uns lohnen, wobei es ganz gleich ist, welcher Art die Belohnung ist: finanzieller oder ideeller Art.

Betrachten Sie eine solche Reaktion auf Ihr Rufen nie als selbstverständlich.

Hüten Sie sich, die Leckerchen für das Kommen zu schnell abzubauen. In den ersten Monaten soll der Hund immer sein Leckerchen bekommen. Erst dann sollten Sie beginnen, die Leckerchen langsam abzubauen. Jedoch nur, wenn Sie mit dem Herankommen des Hundes in jeder Situation zufrieden sind, ansonsten ist es für einen Abbau noch zu früh.
Keinesfalls sollten die Leckerchen gänzlich gestrichen werden, ab und zu gibt es immer noch mal eines. Für besonders schnelles Herankommen in schwierigen Situationen, z. B. wenn der Hund durch andere Hunde abgelenkt ist, darf es sogar ruhig einmal einen „Jackpot" geben, d. h. eine ganze Hand voll Leckerchen.

Dieser Hund fühlt sich durch die Körperhaltung des Menschen sichtlich unwohl. Vermeiden Sie eine derart „beeindruckende" Körperhaltung.

Der Hund muss ganz nah zu Ihnen kommen

Viele Hunde neigen dazu, sich Ihr Leckerchen so schnell wie möglich abzuholen, um dann wieder „abzuflitzen". Dies ist nicht Sinn der Sache. Gehen Sie in die Hocke, sobald der Hund auf Sie zuläuft, und feuern Sie ihn begeistert an. Wenn Sie zusätzlich mit Pfeife trainieren möchten, dann pfeifen Sie in dem Moment, in dem der Hund auf Sie zuläuft. Das Leckerchen halten Sie dicht am Körper in der Hand, keinesfalls strecken Sie es ihm entgegen (oder gehen dem Hund gar den letzten Schritt entgegen!). Ist der Hund bei Ihnen angekommen, greifen Sie ihn am Halsband, geben ihm gleichzeitig seine Belohnung, streicheln und loben ihn. Erst wenn Sie der Meinung sind, dass er wieder weg darf, geben Sie ihn mit dem Hörzeichen **LAUF** frei.

Ein weiterer Vorteil dieser Methode ist, dass der Hund lernt, die Hand, die nach ihm greift, als etwas Selbstverständliches zu betrachten und nicht als etwas, was seine Bewegungsfreiheit einschränkt. Sicherlich kennen Sie aus eigener Anschauung viele Vierbeiner, die zwar herankommen, jedoch sofort abdrehen, sobald ihre Besitzer die Hand ausstrecken. Diese Hunde haben in der Regel Folgendes verknüpft: „Sobald der Mensch die Hand ausstreckt, werde ich gegriffen, angeleint, und der Spaß ist vorbei." Das kann vermieden werden, indem der Hund wie beschrieben

Animieren Sie Ihren Hund durch Rückwärtsbewegung näher heranzukommen.

beim Herankommen jedes Mal am Halsband gefasst wird, gleichzeitig sein Leckerchen bekommt und die kurze Einschränkung der Bewegungsfreiheit somit positiv besetzt wird.

Lob und Stimme

Der Hund soll lernen, gern zu Ihnen zu kommen. Eine wichtige Rolle spielt hier der Ton, der bekanntlich die Musik macht. Weder ein gelangweiltes, gleichgültiges „Komm mal her" wird Ihren lustbetonten Hund zunächst veranlassen können, sich in Ihre Richtung zu bewegen, noch ein genervtes „Jetzt aber schnell hierher!" Im Kapitel „Stimmungsübertragung" können Sie nachlesen, wie Ihre Stimme in etwa klingen soll. Sobald der Hund beginnt, sich in Ihre Richtung zu bewegen, sollte Ihr Lob mit freudiger Begeisterung einsetzen und seinen Höhepunkt erreichen, wenn Ihr Vierbeiner bei Ihnen angelangt ist. Sie können zur Begrüßung des Hundes auch in die Hocke gehen, dies ist besonders bei Welpen sehr beliebt. Vermeiden Sie es, sich zu stark von oben über den Hund zu beugen und ihn dabei zu knuddeln; viele Hunde empfinden dies nämlich eher als Belästigung, was man häufig an entsprechenden Beschwichtigungsgesten, wie z. B. über die Schnauze lecken, ablesen kann. Den meisten Vierbeinern ist verhaltenes Streicheln lieber.

Bei kleinen oder unsicheren Hunden empfiehlt es sich, in die Hocke zu gehen.

Praktische Übungen für Welpen (8.–20. Woche)

Lernziel

Ihr Welpe soll lernen, immer und jederzeit auf Zuruf sofort zu Ihnen zu kommen. Das erscheint Ihnen utopisch? Schließlich ist er ja noch so klein? Versuchen Sie es, und erhöhen Sie Ihre Erwartungen!

Voraussetzungen und Hilfsmittel

Schleppleine

Leider schleichen sich bereits in der Welpenerziehung bezüglich des Hörzeichens **KOMM** häufig eine solche Vielzahl an Fehlern ein, dass der Einsatz einer Schleppleine von Anfang an sinnvoll ist. Die Schleppleine für den Welpen sollte möglichst 10 Meter lang, sehr dünn und leicht sein, damit der Hund sich ihrer möglichst wenig bewusst ist (keine Roll-Leine!). Das Ende der Leine sollte sich zu Beginn in Ihrer Hand befinden; der Rest locker über den Boden schleifen. So können Sie Ihre Erziehungsspaziergänge (siehe Seite 90) unternehmen, als wäre die Schleppleine gar nicht vorhanden. Begegnen Ihnen Spaziergänger, Radfahrer, Jogger etc., so können Sie in unmittelbarer Nähe des Hundes auf die Leine treten, um zu verhindern, dass Ihr Welpe auf die Passanten zuspringt. Zeigt der Hund gar kein Interesse an dem Genannten, so sollten Sie locker und ruhig an den potenziellen Reizquellen vorbeilaufen, um nicht das Gefühl aufkommen zu lassen, es könne sich hier um etwas Besonderes handeln.

Richtungswechsel an der 10-Meter-Leine.

Mit Hilfe der Schleppleine können Sie vermeiden, dass Ihr neuer Hausgenosse bereits in den ersten Tagen die Lernerfahrung macht, dass das Hörzeichen **KOMM** keine Bedeutung hat und ignoriert werden kann. Hier ein kleiner „Aufschrei" unsererseits: Bitte bedenken Sie, dass sich Ihr junger Hund zum jetzigen Zeitpunkt in einer Lebensphase befindet, in der sich ihm alles Gelernte buchstäblich einprägt und Lernerfahrungen nie wieder in dieser Tiefe stattfinden können. Das bedeutet aber auch, dass er menschliche Inkonsequenz nun besonders gut speichert. Daher unser Appell:
Es nützt rein gar nichts, wenn Sie dem Hund alle zwei Tage zum Spaziergang für 20 Minuten die Schleppleine anlegen und in der in den nächsten Kapiteln beschriebenen Weise üben. Dieses Hilfsmittel ist nur dann für das Kommen auf Zuruf sinnvoll, wenn es immer, d. h. auf jedem Spaziergang eingesetzt wird. Nur so können vergebliche Hörzeichen vermieden werden. Vergebliche Hörzeichen – und als solche sind auch die Hörzeichen zu werten, die mehrfach gegeben werden müssen – sind der „Horror" eines jeden Hundetrainers. Wir kennen aufgrund unserer Erfahrung genau deren verheerende Wirkung und können nicht drastisch genug darauf hinweisen, dass jedes vergebliche Hörzeichen ein kleiner, leider alltäglicher erzieherischer Supergau ist! Bitte verzeihen Sie uns diese deutlichen Worte in Ihrem eigenen Interesse.
Ein kleines Beispiel aus unserem Alltag mag die negativen Folgen von vergeblichen Hörzeichen veranschaulichen:
Eine unserer Kundinnen, die sich buchstabengetreu an den konsequenten Einsatz der Schleppleine auf allen Spaziergängen hielt, kam trotz fleißigen Einsatzes nicht weiter. Eine Überprüfung im Hausstand ergab, dass der Hund sich mehrere Stunden am Tag im Garten aufhielt und hierbei auch aus unterschiedlichen Gründen mehrfach am Tag gerufen wurde. Da der Garten für ihn ein attraktiver Aufenthaltsort war, dachte er nicht daran, beim ersten Zuruf zu seinen Besitzern zu kommen. Innerhalb von wenigen Wochen hatte der junge Kerl auf einprägsamste Weise gelernt, dass er keineswegs immer kommen muss, wenn er gerufen wird.

Belohnen Sie jedes erfolgreiche Rufen.

Dieses Beispiel zeigt auch, dass es absolut keine Rolle spielt, wo der Hund Hörzeichen ignoriert, die negativen Folgen sind immer dieselben. Ob auf dem Spaziergang, im Garten oder im Hausflur, die Erfahrung, dass das Befolgen der menschlichen Hörzeichen beliebig ist, ist für den Hund unabhängig von der Umgebung dieselbe. Für den Alltag bedeutet das, dass der Hund auch im Garten die Schleppleine tragen sollte, was selbstverständlich nur unter Aufsicht möglich ist. Die Alternative, die auch für die Wohnung in Frage kommt, besteht darin, den Hund nicht zu rufen, solange man sich nicht sicher ist, ob er auch kommt. Besser ist es dann, ruhig und gelassen auf ihn zuzugehen, ihn freundlich am Halsband zu nehmen und dahin zu führen, wo man ihn haben möchte.

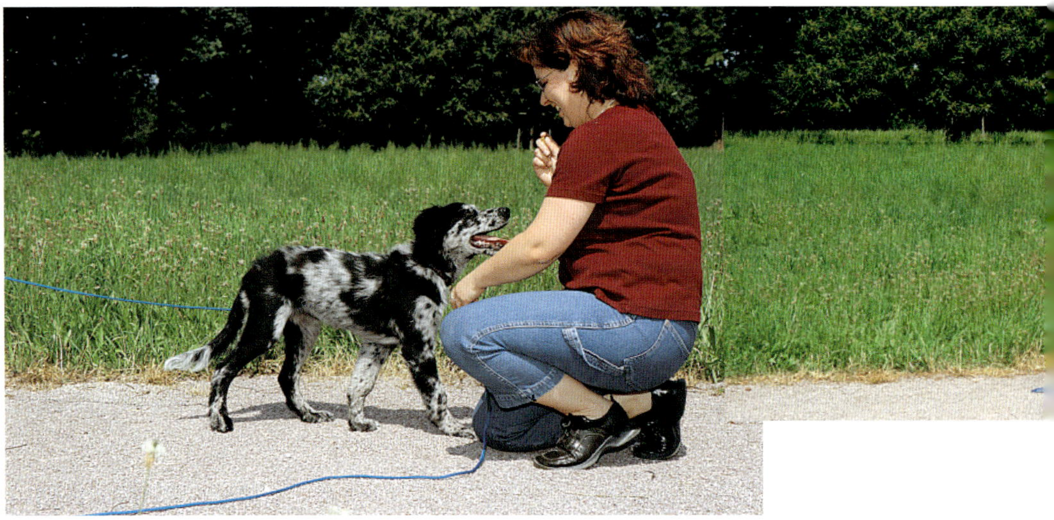

Nehmen Sie ein Leckerchen, halten es vor Ihr Gesicht und sagen freundlich mit hoher Stimme GUCK MAL.

Blickkontakt einüben

Das Einüben von Blickkontakt wird Ihnen eine gute Hilfe sein, wenn Sie den Hund nicht rufen möchten, weil noch keine Sicherheit besteht, ob er auch kommt. Auch sonst wird Ihnen diese Übung gute Dienste leisten. Dabei können Sie wie folgt vorgehen: Nehmen Sie sich eine Hand voll Leckerchen, Ihren möglichst hungrigen Hund und begeben sich in ablenkungsfreie Umgebung. Halten Sie nun ein Leckerchen vor Ihr Gesicht und sagen Sie ein sehr freundliches, möglichst hohes **GUCK MAL**. Sobald der Hund Ihren Blick erwidert, erhält er sofort ein Leckerchen. Üben Sie dies mehrfach hintereinander im Verlauf von einigen Tagen. Ihr **GUCK MAL**, dem immer ein Leckerchen folgen sollte, wird Ihnen in vielen Situationen, in denen vergebliches Rufen vermieden werden soll, hilfreich sein. Gehen Sie davon aus, dass Sie häufig üben müssen, bevor der Hund die Verknüpfung **GUCK MAL** oder **SCHAU** mit dem Aufnehmen von Blickkontakt zu Ihnen verknüpfen kann und auch unter Ablenkung ausführt.

Hör- und Sichtzeichen

Verwenden Sie als Hörzeichen fürs Kommen nicht ausschließlich den Namen Ihres Welpen. Überlegen Sie sich einmal, wie oft Sie den Namen Ihres Hundes im Alltag nennen. Die Wahrscheinlichkeit, dass der Hund dies als zuverlässig zu befolgendes Hörzeichen annimmt, ist sehr gering. Verwenden Sie zusätzlich ein Wort wie **HIER** und **HIERHER**. Ein eigenes Sichtzeichen ist nicht unbedingt nötig, wichtiger ist eine freundliche Haltung. Zusätzlich können Sie einen Pfiff verwenden, wenn Sie möchten.

Hier funktioniert GUCK MAL auch schon unter Ablenkung.

Info
„Hilfe, mein Welpe will nicht aus dem Haus!"

Dieses Problem kennen viele Hundebesitzer. Es ist relativ leicht zu erklären und zu beheben. Das wölfische Erbe unserer Hunde beschert diesen als Welpen eine enge Lagerbindung. Um ihr Leben nicht zu gefährden und sich bei drohender Gefahr schnell zurückziehen zu können, müssen die Welpen in der ersten Zeit in unmittelbarer Nähe ihrer Wurfhöhle oder des Rastplatzes bleiben, auch wenn der Rest des Rudels das Lager verlässt, um auf Jagd zu gehen. Viele Hundewelpen verhalten sich analog, wenn sie in den ersten Tagen ihren neuen Aufenthaltsort nicht verlassen wollen. Daher ist es sinnvoll, den Hund auf den Arm zu nehmen – möglichst bevor er Angst zeigt und ohne ihn zu bedauern –, zum Auto zu tragen und von der Wohnung aus weg zu fahren. Soll der Hund nur zum Lösen kurz das Haus verlassen, können Sie ebenso verfahren und den Hund zur nächstgelegenen Wiese tragen. In der Regel verliert sich das Verhalten nach wenigen Wochen von selbst.

Erziehungsspaziergänge in unbekannter Umgebung

Mindestens einmal am Tag sollten Sie einen Spaziergang in unbekannter Umgebung mit Ihrem Welpen machen. Die meisten Welpenbesitzer laufen mit dem Hund an der Leine vom Haus weg, um diesen dann auf dem Feldweg o. Ä. abzuleinen. Der Hund kennt so die nähere Umgebung der Wohnung nach spätestens vier bis fünf Spaziergängen in- und auswendig. Wir empfehlen daher, in den ersten Wochen möglichst wenig Spaziergänge vom Haus weg zu unternehmen. Setzen Sie den Hund wenigstens einmal am Tag ins Auto und fahren Sie mit ihm in unbekanntes Gebiet. Dieses Gebiet darf ruhig unübersichtlich strukturiert sein, damit der Welpe eine gesteigerte Aufmerksamkeit zeigt. Sie werden sofort bemerken, dass sich der Welpe wesentlich stärker an Ihnen orientiert, als dies in bekannter Umgebung der Fall ist. Diese Erziehungsspaziergänge in unbekannter Umgebung brauchen nicht ewig zu dauern. Sie müssen sich auch nicht jeden Tag einen neuen Platz aussuchen.

Wichtig

1. Lernziel

- Der Welpe bleibt in der Nähe des Menschen und vollzieht Richtungsänderungen ohne jegliches Rufen des Menschen mit.
- Übung hierzu: Stumme Richtungswechsel.

2. Lernziel

- Der Welpe lässt sich aus jeder Situation heraus erfolgreich heranrufen.
- Übung hierzu: Kommen auf Zuruf.

Wird beides im Welpen- und Junghundalter ausreichend geübt und gefestigt, geht dies dem Hund so in „Fleisch und Blut" über, dass er es auch jenseits der Pubertät im Freilauf zeigen wird. Dazu ist es jedoch unbedingt erforderlich, dass beide Übungen täglich mehrfach bei jedem Spaziergang konsequent angewendet werden. Beide Lernaufgaben stehen gleichberechtigt nebeneinander.

Die Leine schleift locker über den Boden.

Jogger, Radfahrer: Fuß auf die Leine stellen!

Frauchen trifft hier den richtigen Ton.

Übung für Lernziel 1

Stumme Richtungswechsel

Ihr Welpe läuft an der 10-Meter-Schleppleine, die locker über den Boden schleift. Das Ende halten Sie in der Hand.
Wie sieht ein stummer Richtungswechsel aus? Drehen Sie sich vom Hund weg und gehen wortlos in die entgegensetzte Richtung weiter. Nun gibt es zwei Möglichkeiten, wie Ihr Welpe darauf reagiert:

1. Möglichkeit

Er bemerkt Ihren Richtungswechsel und folgt Ihnen nach. Dies ist zwar Grund zur Freude für Sie, jedoch sollten Sie dies Ihrem Hund nicht zeigen. Warum? Unser Ziel ist es, dass es für den Hund zur Selbstverständlichkeit wird, Ihnen im wahrsten Sinne des Wortes „zu folgen". Daher sollten Sie sich auch jetzt schon so verhalten, als ob dies bereits selbstverständlich wäre.

2. Möglichkeit

Der Hund bemerkt Ihr Weggehen nicht, sodass sich die Leine schließlich strafft. Bleiben Sie jetzt wortlos stehen, die Leine ist leicht gespannt. Nehmen Sie keinen Blickkontakt auf, beobachten Sie ihn nur aus dem Augenwinkel. Spätestens jetzt wird Ihr Welpe

Ganz nah heran soll er kommen. Dann folgt die Belohnung.

Frauchen entscheidet, wann er weg darf.

durch den Zug auf der Leine bemerken, wie weit Sie bereits von ihm entfernt sind. Folgt er jetzt nach, gehen Sie – immer noch wortlos – ruhig weiter. Folgt er hingegen nicht, erhöhen Sie durch einen kleinen weiteren Schritt vom Hund weg die Spannung auf der Leine. In der Regel wird der Welpe sich aus dieser für ihn unbequemen Situation dadurch befreien, dass er hinter Ihnen herläuft. Ein wichtiger Lernschritt!

Ein guter Zeitpunkt für einen unangekündigten Richtungswechsel.

Schnell hinterher.

Freudiger Empfang.

Wann sollten die stummen Richtungswechsel erfolgen?

1. Situation
Sie sind bereits seit einigen Minuten geradeaus gelaufen. Der stumme Richtungswechsel zum jetzigen Zeitpunkt dient dazu, den Hund zu aktiver Aufmerksamkeit zu erziehen.

2. Situation
Der Welpe macht einen unaufmerksamen Eindruck, seine Umgebung interessiert ihn gerade sehr, so ist er beispielsweise damit beschäftigt, eine spannende Geruchsstelle zu untersuchen. Ein Richtungswechsel in diesem Moment erzieht den Hund zur Aufmerksamkeit auch unter Ablenkung.

3. Situation
Die Leine strafft sich, weil der Welpe zu weit vorausläuft. Da wir weder einen Hund möchten, der lernt, an der Leine zu ziehen noch einen, der sich beim Spaziergang zu weit entfernt, ist dies der richtige Zeitpunkt für einen weiteren Richtungswechsel. Bleibt der Welpe jedoch so weit zurück, dass sich die Leine ebenfalls strafft, kehren Sie natürlich nicht um. Wir möchten schließlich, dass der Welpe lernt, aktiv zu folgen. Wie oben beschrieben, machen Sie es dem Hund nun durch einen weiteren Schritt von ihm weg etwas unbequem und warten wortlos, bis er Ihnen folgt.
Alle Situationen beachtend, führen Sie also bei jedem Spaziergang sehr häufig Richtungswechsel durch!

Übung für Lernziel 2

Kommen auf Zuruf in jeder Situation

Der Welpe lernt das Hörzeichen
Zunächst einmal muss der junge Hund die Bedeutung des Hörzeichens **HIER** lernen. Gehen Sie wie folgt vor. In den ersten Tagen des Zusammenlebens passen Sie jede Situation ab, in der Ihr Welpe von sich aus auf Sie zuläuft. Erst wenn Sie das bemerken, rufen Sie

mit freundlicher Stimme das gewählte Hörzeichen, z.B. **HIER**. Natürlich erfolgt sofort Lob und Belohnung durch Leckerchen, was wiederum bedeutet, dass Sie ab sofort rund um die Uhr mit Leckerchen „bewaffnet" sein sollten. Nutzen Sie unbedingt auch die Fütterungssituation, um dem Hund das Erlernen des **KOMM**-Signals zu ermöglichen. Ein Familienmitglied sollte hierbei den Welpen wortlos festhalten, während Sie das Futter vorbereiten. Erst wenn Ihr Hörzeichen ertönt, wird der Hund freigegeben und erhält bei Ihnen zur Belohnung seinen Napf.
Während dieser ersten Lernschritte (einige Tage genügen völlig) verwenden Sie das gewählte Hörzeichen ausschließlich dann, wenn der Welpe tatsächlich bereits auf dem Weg zu Ihnen ist. Vermeiden Sie unbedingt vergebliches Rufen! Denken Sie nicht, dass der Welpe nur das lernt, was Sie ihm beibringen möchten. Gerade im vergeblichen Rufen liegt die größte Fehlerquelle. Was bedeutet das? Wird der Welpe erfolglos gerufen, bedeutet auch dies für ihn eine Lernerfahrung, nämlich die, dass man Hörzeichen keine Bedeutung schenken muss. Auf Ihren Spaziergängen praktizieren Sie daher (wohlgemerkt, die ersten Tage) ausschließlich stumme Richtungswechsel.
Haben Sie ansonsten täglich mehrere Situationen ausgenutzt, um das Hörzeichen **HIER** zu etablieren, können Sie davon ausgehen, dass der Welpe die grundsätzliche Bedeutung erst einmal verstanden hat. Nun können Sie zum nächsten Lernschritt übergehen.

Wann wird gerufen

Auch wenn Ihr Welpe die Bedeutung des Hörzeichens **HIER** begriffen hat, kann man zum jetzigen Zeitpunkt selbstverständlich noch kein zuverlässiges Befolgen in jeder Situation erwarten. Dies ist Ihr nächstes Lernziel. Nach wie vor gilt: Vermeiden Sie vergebliches Rufen. Üben Sie das Herankommen in ruhiger Umgebung. Unbewegte Umweltreize und Gerüche reichen zur Ablenkung zunächst völlig aus.
Begegnet Ihnen in dieser Lernphase stärkere Ablenkung wie beispielsweise Radfahrer so empfehlen wir, den Hund nicht zu rufen. Treten Sie auf die Schleppleine und gehen (immer auf die Leine tretend) in Richtung Hund. So verhindern Sie, dass er dem Radfahrer in den Weg laufen kann. Ist der Passant vorbei, geben Sie den Hund mit Hörzeichen **LAUF** frei und gehen weiter.
Nun ist es Ihre Aufgabe, die Anforderungen an Ihren Hund in den nächsten Wochen kontinuierlich zu steigern.

Zur Verdeutlichung einige Beispiele mit steigendem Schwierigkeitsgrad (von leicht bis schwer):
Gerüche (ohne erkennbares Objekt), unbewegte Objekte, Passanten (Jogger, Fahrradfahrer etc.) in einiger Entfernung, bewegte Objekte (fliegende Blätter), interessante Objekte (z. B. benutzte Taschentücher), Passanten in unmittelbarer Nähe, Hunde in einiger Entfernung, fressbarer Müll, Pferdeäpfel etc., Aas, Wild (auch Schmetterlinge, Vögel), Hunde in unmittelbarer Umgebung. Natürlich ist dies nur eine pauschale Aufzählung. Jeder Hund hat seine eigenen Vorlieben, die Sie als Hundebesitzer sehr schnell kennen lernen werden. Daran gilt es, sich zu orientieren und einen individuellen Lernplan zu erstellen.

Versteckspiel mit einer Hilfsperson.

Wie sieht der Ablauf der KOMM-Übung aus?

Der Ablauf des Herankommens sollte immer der gleiche sein: Sie rufen und /oder pfeifen nach Ihrem Welpen und gehen gleichzeitig in die entgegensetzte Richtung. Hierbei haben Sie bei jedem Rufen in den ersten Wochen die Schleppleine in der Hand. Schauen Sie beim Weggehen über die Schulter: Sobald der Welpe beginnt, Ihnen zu folgen, sollte Ihr überschwängliches Lob einsetzen. Gehen Sie nun in die Hocke und strecken dem Hund die Hand samt Leckerchen entgegen. Ziehen Sie die Hand nun dicht an Ihren Körper zurück. So können Sie gewährleisten, dass der Hund ganz nah zu Ihnen herankommt. Erst jetzt greifen Sie mit der anderen Hand nach dem Halsband des Welpen, gleichzeitig erhält er sein Leckerchen. Nacdem Sie den Hund kurz und herzlich gelobt haben, wird er mit Hörzeichen **LAUF** wieder freigegeben.

Hilfe, er kommt nicht!

Keinesfalls sollten Sie jetzt den Fehler begehen und das Hörzeichen mehrmals wiederholen. Nachdem Sie sich von Ihrer ersten Überraschung erholt haben, wiederholen Sie das Hörzeichen einmal und entfernen sich gleichzeitig vom Hund. Folgt Ihr Hund nun, empfangen Sie ihn wie oben beschrieben.
Zeigt sich Ihr Hund trotz Ihres Weggehens immer noch ignorant, kann der Zug an der Leine etwas erhöht werden. Auch wenn der Welpe dieser nachdrücklichen Aufforderung bedarf, ist der Empfang und das Lob trotzdem überschwänglich und freundlich.

Versteckspiel

Eine weitere, ganz ausgezeichnete Möglichkeit, dem Hund zuverlässiges und freudiges Kommen beizubringen, ist das Versteckspiel. Auch hier ist eine gute Beobachtungsgabe unerlässlich. Nutzen Sie die Unaufmerksamkeit des Hundes geschickt aus. Sobald der Welpe nicht nach Ihnen schaut, lassen Sie die Schleppleine unbemerkt fallen und springen hinter den nächstbesten Baum, Holzstoß o. Ä. Sie müssen jedoch noch die Möglichkeit haben, den Welpen zu beobachten. Die meisten Welpen merken sehr schnell, dass sie plötzlich allein da stehen, und suchen kreisend nach ihrem Rudel. Lassen Sie den Welpen ruhig kurze Zeit suchen. So lernt er, dass es für ihn äußerst unangenehme Konsequenzen hat, wenn er nicht nach Ihnen schaut. Dann rufen Sie den Hund, möglichst soll er Sie „finden". Fällt ihm dies zu schwer, treten Sie aus Ihrem Versteck und helfen ihm so bei der Suche. Das Wiedersehen erfolgt selbstverständlich überschwänglich und mit Belohnung.
Reagiert Ihr Welpe zu kopflos, sobald er den „Verlust" bemerkt, müssen Sie natürlich sofort aus Ihrem Versteck kommen. Das Gleiche gilt auch, wenn Sie das Gefühl haben, dass es den Hund überhaupt nicht interessiert, dass Sie weg sind. Dies kommt bei jungen Welpen jedoch höchst selten vor und ist in der Regel ein untrügliches Zeichen dafür, dass in der Mensch-Hund-Beziehung etwas nicht stimmt. Leistet sich Ihr Welpe bereits so viel Ignoranz, dass er prinzipiell überhaupt keine Anzeichen erkennen lässt, Sie zu suchen, so sollten Sie dringend fachliche Erziehungshilfe in Anspruch nehmen und – falls der Welpe auch sonst eventuell sehr stoisch wirkt – auch eine gründliche tierärztliche Untersuchung vornehmen lassen. Es mag für Sie leichter erscheinen, den Hund ständig an der Flexileine zu führen, doch der Begriff der „modernen Kettenhundhaltung", wie er für „Flexileinenhunde" in einer bekannten Hundezeitschrift geprägt wurde, sollte abschreckend genug sein: Dies ist eine Zumutung für den Hund.

Wichtig
Auf Sicherheit achten!

Beide Übungen an der 10-Meter-Leine (Stumme Richtungswechsel und Kommen auf Zuruf) sollten Sie aus Sicherheitsgründen nur im freien Feld oder im Wald durchführen. Im Straßenverkehr sollte Ihr Hund sich stets an einer kurzen Leine befinden.

Sie werden merken, dass Ihr Welpe Ihnen nach einigen erfolgreichen Versteckspielen gar nicht mehr die Möglichkeit lässt, sich zu verstecken. Schließlich hat er etwas gelernt. Auch das Versteckspiel sollte keinesfalls eine einmalige Angelegenheit bleiben. Nutzen Sie die erzieherische Wirkung dieses Spiels beim Welpen regelmäßig auf jedem Erziehungsspaziergang.

Achtung!
Bei allen diesen Übungen dürfen Sie die notwendige Umweltsozialisation nicht vergessen. Das heißt, Sie sollten zusätzlich einmal täglich dort spazieren gehen, wo Ihr Welpe auf andere Leute und Hunde trifft. Machen Sie nicht den Fehler, die genannten Übungen zu früh unter Ablenkung auszuführen. Sonst lernt Ihr Hund womöglich nur, dass er angesichts anderer Hunde nicht auf Sie achten muss!

Wie lange soll die Schleppleine angewendet werden?

Während der ersten Übungstage sollte die sich Schleppleine prinzipiell in Ihrer Hand befinden. Sobald Sie bemerken, und keinesfalls früher, dass der Welpe sich innerhalb des 10-Meter-Radius zuverlässig an Ihnen orientiert und Richtungswechsel – ohne dass sich die Schleppleine anspannt – ohne jedes Rufen mitvollzieht, können Sie die Leine aus der Hand geben und über den Boden schleifen lassen. Möchten oder müssen Sie den Welpen rufen, so nehmen Sie vorher die Schleppleine sicherheitshalber wieder auf. Reagiert der Welpe nämlich nicht auf Ihren Zuruf, so haben Sie so immer noch die Möglichkeit, durch schnelles Sich-Wegbewegen-vom-Hund diesen zum Kommen zu veranlassen. Bevor Sie ganz auf die Schleppleine verzichten können, muss gewährleistet sein, dass der Welpe auch an schleifender Schleppleine zuverlässig auf Ihr Rufen reagiert.

Wenn der Welpe bei schleifender Schleppleine zuverlässig auf Ihren Ruf reagiert, können Sie die Schleppleine abbauen.

Übungsplan »KOMM« für Welpen

	Wie wird's gemacht?	Wo?	Wie oft üben?	Hilfe, es klappt nicht!	Lernziel
Schritt 1	Erziehungsspaziergang in fremder Umgebung. Mit dem Auto von zu Hause wegfahren, Spaziergang mit der Schleppleine in der Hand.	Unübersichtliches Gelände (für Welpen) wählen: bewaldet, hügelig, keine großen offenen Flächen, möglichst wenig Ablenkung durch andere Hunde und Menschen.	Mindestens einmal täglich je nach Konzentrationsfähigkeit 15–20 Minuten, ca. vier bis sechs Wochen, wenn nötig länger.		Der Welpe lernt, sich ohne Worte am Menschen zu orientieren.
Schritt 2	Richtungswechsel. **Variante 1:** Stumme Richtungswechsel: Wechseln Sie ohne Worte die Richtung. **Variante 2:** Wechseln Sie die Richtung ebenfalls ohne verbale Ankündigung. Erst wenn der Welpe schon hinter Ihnen herläuft, rufen Sie ihn, gehen in die Hocke. Wenn der Welpe ankommt, Leckerchen geben, gleichzeitig am Halsband festhalten, loben. Dann mit **LAUF** freigeben.	Wie bei Schritt 1.	Beide Varianten mindestens zehn- bis zwanzigmal pro Spaziergang (je nach Konzentrationsfähigkeit des Welpen).	Folgende Faktoren überprüfen: Evtl. Ablenkung zu groß? Stillere Orte aufsuchen! Wird zu wenig oder zu viel geübt? Gesundheitscheck, Sinne prüfen lassen! Ist der Welpe evtl. überfüttert, müde? Stimmen äußere Bindungsfaktoren? Ist der Welpe zu viel allein?	Der Welpe lernt Hörzeichen **KOMM** bzw. **HIER**.
Schritt 3	Versteckspiel. Sobald der Welpe nicht auf Sie achtet, springen Sie hinter einen Baum, Holzstapel o. Ä. Findet er Sie, loben und weitergehen.	Im Wald oder auf Feldwegen – immer noch ohne große Ablenkung.	Bei JEDER Gelegenheit. Wenn Sie es richtig machen, haben Sie nach einigen Tagen kaum noch Gelegenheit, sich zu verstecken.	Unbedingt Haltung und Bindung des Welpen überprüfen! Evtl. fachmännische Hilfe aufsuchen.	Der Welpe hält einen 10-Meter-Radius um Sie herum ungefähr ein.
Schritt 4	**KOMM** mit Hilfsperson. Eine Hilfsperson (kein Familienmitglied) hält den Welpen am Halsband fest, ohne ihn weiter zu beachten. Sie entfernen sich und rufen ihn dabei aufgeregt und freudig. Wenn Sie einige Meter weg sind (je nach Alter des Welpen steigern) und Ihr Hund zu Ihnen möchte, lässt die Hilfsperson den Hund los. Sie rufen ihn und empfangen ihn wie gewohnt.	Ohne Ablenkung!	Mehrmals wöchentlich.	Wie bei Schritt 3.	Der Welpe lernt, schnell zu Ihnen zu kommen.

Übungen für Junghunde und erwachsene Hunde

Die Arbeit mit der Schleppleine

Was Sie brauchen

Sie benötigen zunächst zweierlei Leinen

1. Eine 10-Meter-Schleppleine mit einem stabilen Karabiner am Ende (im Zoofachhandel erhältlich). Diese Leine sollte aus Kunststoffseil (Polypropylen) bestehen und nicht zu dick sein (für Welpen oder kleine bis mittelgroße Rassen max. 6 mm Durchmesser, sonst 8 bis 10 mm). Andere Materialien sind zu empfindlich und reißen leicht. Die Schleppleine darf für kleine und junge Hunde nicht zu schwer sein, damit sich der Hund der Leine möglichst wenig bewusst ist. Eine Roll-Leine ist daher ungeeignet, denn der Hund spürt an dieser immer, dass Sie ihn an der Leine haben. Die Roll-Leine hat noch weitere Nachteile. Der Hund lernt, dass er mit dem Ziehen an der Leine Erfolg hat, da er durch eigenständiges Ziehen seinen Radius automatisch erweitern kann. Er lernt somit ein Verhalten, das den Menschen an anderer Stelle ganz gewaltig stört. Außerdem neigt die Roll-Leine leider dazu, im ungeeignetsten Moment ihren Dienst zu versagen und nicht einzurasten, was nicht ungefährlich ist. Kurzum, für unsere Zwecke ist sie völlig unbrauchbar.

2. Eine 5-Meter-Leine. Diese sollte wesentlich stabiler und dicker sein als die Schleppleine. Sie muss eine gut gearbeitete Handschlaufe besitzen und ebenfalls aus reißfestem Material bestehen.

Wann werden die Leinen eingesetzt?

- Ihr Hund kommt nicht, wenn er gerufen wird.
- Er verfolgt Jogger, Radfahrer, Autos etc. oder belästigt fremde Personen.
- Sie können den Hund nicht greifen, weil er immer wieder wegspringt.
- Der Hund verlässt Sie bei Spaziergängen, um eigene Wege zu gehen (auch ohne jagdliche Motivierung).
- Der Hund entfernt sich regelmäßig von Ihnen, weil er jagdlich motiviert ist.
- Der Hund wildert bereits seit mehreren Wochen oder sucht intensiv nach Spuren.
- Der Hund hat bereits Beutebestätigung erfahren, d. h. es ist ihm gelungen, ein Tier zu fangen.

Gut erzogene Hunde genießen mehr Freiheit. Die Schleppleine ist dabei ein äußerst effektives Hilfsmittel.

Grundsätze bei der Arbeit mit Schleppleine

Die Arbeit an der Schleppleine bzw. an der 5-Meter-Leine ist äußerst effektiv, wenn man genügend Ausdauer und Konsequenz mitbringt und sie gleichzeitig in eine prinzipielle Verhaltensumstellung des Menschen bezüglich Konsequenz im Alltag, Manipulationsverhalten, Bindungsförderung durch Spiel, Gehorsamstraining etc. einbaut.

Die lange Leine muss immer benutzt werden, und zwar so lange, bis der Hund sie nicht mehr benötigt, d. h. immer kommt, wenn er gerufen wird. Immer bedeutet, sobald Sie mit dem Hund Ihre Wohnung verlassen und er sich nicht an der kurzen Führleine befindet. Immer heißt auch beim Freispiel mit anderen Hunden, im Garten (unter Aufsicht) etc.

Beim erwachsenen Hund haben wir leider das Phänomen, dass er häufig über einen reichen Erfahrungsschatz im Nicht-Kommen verfügt. Er hatte i. d. R. Monate oder gar Jahre Zeit, die für den Menschen so negative Erfahrung zu machen, dass er selbst entscheiden kann, wann er kommen möchte und wann nicht. Diese Erfahrung kann nur mit hundertprozentiger Konsequenz durchbrochen werden. Daher kann ein nur gelegentlicher Einsatz der langen Leine unmöglich erfolgreich sein. Einige Wochen Einsatz sind das absolute Minimum. Wir möchten an dieser Stelle nochmals auf unsere Ausführungen über die „Katastrophe" vergeblicher Hörzeichen auf den Seiten 87 bzw. 97 hinweisen, die in der dort geschilderten Deutlichkeit genauso hier gelten.

Schritt 1: Arbeit an der 5-Meter-Leine

Halten Sie die Leine aufgewickelt in der einen, die Endschlaufe der Leine hingegen in der anderen Hand, und zwar so, dass der Hund nach vorn etwa einen Spielraum von maximal einem halben Meter hat. Ausnahmsweise ist das Ziehen an der Leine erlaubt.
Laufen Sie los, mit dem Hund an Ihrer Seite (welche Seite Sie wählen, bleibt ganz Ihnen überlassen). Nachdem der Hund einige Meter nach vorn gezogen hat, lassen Sie den aufgewickelten Teil fallen und entfernen sich schnell in die entgegengesetzte Richtung von Ihrem Hund. Die Endschlaufe bleibt dabei fest in der anderen Hand.

Die erste Übung an der 5-Meter-Leine – Ausgangsposition.

Die ersten Schritte.

Lassen Sie den aufgewickelten Teil der Leine fallen ...

Der Hund wird zu Beginn der Übung nicht auf Ihre Wendung achten und erhält so am Ende der Leine einen kleinen Ruck. Sollte er nach drei bis vier Wiederholungen ohne jegliche Ablenkung immer noch nicht auf Ihre Wendungen Acht geben, so erhöhen Sie Ihr Tempo und rennen vom Hund weg. Diese Übung wiederholen Sie nun so oft, bis der Hund über einige Tage hinweg zuverlässig jeden noch so abrupten Richtungswechsel mitvollzieht, ohne dass er dabei in das Leinenende läuft. Üben Sie mindestens fünf- bis sechsmal täglich mehrere solcher Richtungswechsel an unterschiedlichen Plätzen. Steigern Sie die Ablenkung hierbei schrittweise. In dieser Phase darf der Hund auf dem Spaziergang keinesfalls ohne lange Leine laufen.
Sobald der Hund durch diese Übung eine so gute Fixierung zeigt, dass er direkt nach Ihrer Körperwendung Kontakt zu Ihnen aufnimmt, loben Sie ihn mit freudiger Stimme. Auf die Verunsicherung durch die schnellen Richtungswechsel folgt Sicherheit und Lob bei Ihnen.
Ihre Spaziergänge in dieser Phase sollen ausschließlich an der schleifenden, in der Hand gehaltenen 5-Meter-Leine stattfinden. Wechseln Sie auf diesen Spaziergängen häufig wortlos die Richtung, in jedem Fall sollte ein Richtungswechsel dann stattfinden, wenn der Hund an der Leine zieht, sprich den 5-Meter-Radius überschreiten möchte. Übrigens hat es keinerlei biologische oder sonstige Gründe, warum wir für diese Übung eine 5-Meter-Leine gewählt haben. Fünf Meter stellen lediglich einen akzeptablen Kompromiss zwischen guter Handhabbarkeit, geringer Verletzungsgefahr und trotzdem vorerst ausreichender Bewegungsmöglichkeit für den Hund dar.

… und entfernen sich schnell in die entgegengesetzte Richtung.

Laufen Sie unbeirrt weiter.

Der Hund nimmt Kontakt auf, nun darf gelobt werden.

Ständige Kontrolle bedeutet ab sofort auch, dass der Hund – außer natürlich er ist an der kurzen Leine, die im Straßenverkehr selbstverständlich nach wie vor eingesetzt werden sollte – auch bei Hundebegegnungen etc. an der 5-Meter-Leine bleibt. Während der ersten Übungstage sollten Sie – wie bereits erwähnt – ruhige Gebiete aufsuchen, d. h. nicht gerade das ortsübliche Hundeauslaufgebiet wählen. Erst nach einigen Tagen, wenn sich Ihr Hund gut an Ihnen orientiert und Richtungswechsel immer seltener nötig werden, können Sie die Ablenkung steigern. In der Zwischenzeit muss Ihr Hund mit etwas eingeschränktem Hundekontakt auskommen. Vielleicht haben Sie ja die Möglichkeit, ihn in einem eingezäunten Gebiet mit Artgenossen toben zu lassen. Vermeiden Sie aber auch hier unbedingt, ihn vergeblich zu rufen!
Bei Aufenthalten im heimischen Garten haben Sie zwei Möglichkeiten: Entweder trägt Ihr Hund die 5-Meter-Leine auch im Garten (nur unter Aufsicht!) oder er darf sich ohne Leine im Garten aufhalten. Allerdings sollten Sie dann strikt darauf achten, dass er nicht gerufen, sondern geholt wird, oder Sie rufen ihn nur dann, wenn Sie sich wirklich absolut sicher sind, dass er Ihrem Wunsch auch nachkommen wird. Diese Freiheit sollten Sie ihm aber gerade in der ersten Trainingsphase nur in Ausnahmefällen gewähren. Wichtig ist, dass Sie auch gerade im heimischen Territorium an der langen Leine üben, ihn erfolgreich heranzurufen.

Übungen für Hunde, die Radfahrer oder Jogger hetzen

Voraussetzung für diese Übungen ist, dass der Hund durch die oben beschriebenen Maßnahmen so weit ist, dass er ohne große Ablenkung jede Ihrer Körperwendungen mitmacht, ohne einen Ruck zu erhalten, weil er unaufmerksam war.
Nun benötigen Sie eine oder besser mehrere Hilfspersonen (keine Familienmitglieder). Suchen Sie eine möglichst realistische Örtlichkeit auf, jedoch ohne andere Personen zu gefährden. Bereiten Sie die 5-Meter-Übung vor, und gehen Sie los. Ihre Hilfsperson sollte auf jeden Fall von hinten kommen und entweder an Ihnen vorbeijoggen oder auf dem Fahrrad vorbeifahren; je nachdem, worauf der Hund eben reagiert.
Sobald die Hilfsperson weit genug entfernt ist (mehr als fünf Meter), lassen Sie die Leine in der gewohnten Art fallen (nur den aufgewickelten Teil, die Schlaufe bleibt in der Hand) und gehen in die entgegengesetzte Richtung schnell davon. Zeigt sich der Hund mit Blick auf das sich von ihm entfernende Objekt hiervon unbeeindruckt, so müssen Sie Ihr Tempo beim Weglaufen erhöhen.
Normalerweise wird es nötig sein, die Übung mit möglichst vielen, wechselnden Hilfspersonen an unterschiedlichen Orten zu wiederholen. Haben Sie hiermit Erfolg, so können Sie den Ernstfall wagen und sich an entsprechend frequentierte Orte begeben. Achten Sie hierbei jedoch immer auf den nötigen Sicherheitsabstand von mindestens fünf Metern.

Der Dalmatiner orientiert sich stark an seiner Besitzerin und reagiert auf jede Körperwendung.

Spaziergang an der 5-Meter-Leine.

Möchten Sie am Jagdtrieb Ihres Vierbeiners arbeiten, so sollten Sie sich nach einer kurzen Phase in ablenkungsfreier Umgebung für diese Übung Plätze oder Wege suchen, auf denen erfahrungsgemäß mit Wild zu rechnen ist, bzw. solche Orte, an denen in der Vergangenheit bereits Kontakt (sei es auch nur auf Sicht) stattgefunden hat. Sie müssen nicht warten, bis Ihnen ein Hase oder ein anderes Tier über den Weg läuft, um die Übung durchzuführen. Für den Hund kommt es zunächst auf die Erfahrung an, dass er auch an Orten, die in seiner Erinnerung anders besetzt sind, auf den Menschen achten muss.

Schritt 2: Arbeit an der 10-Meter-Leine

Sobald die Übungen an der 5-Meter-Leine Erfolg zeigen, können Sie zur 10-Meter-Schleppleine übergehen. Erfolg heißt, der Hund vollzieht die Körperwendungen und Richtungswechsel an der 5-Meter-Leine (deren Endschlaufe aber in Ihrer Hand bleibt!) mit, ohne dass er in das Leinenende rennt. Bevor die nächsten Schritte beschrieben werden, hier zunächst einige Sicherheitshinweise: Wie bereits erwähnt, soll die 10-Meter-Leine dünn und leicht sein, was durchaus einige Gefahren bergen kann. Daher ist es unbedingt erforderlich, dass der Hund zunächst an der stabileren und kürzeren 5-Meter-Leine gelernt hat, auf seinen Menschen zu achten und einen gewissen Radius einzuhalten. Gerade bei größeren, temperamentvollen Hunden ist dies außerordentlich wichtig, damit die Schleppleine nicht zur „Stolperschnur" für alle Beteiligten wird. Wir warnen ausdrücklich davor, ohne die oben genannten Übungen direkt oder zu früh zur Arbeit an der 10-Meter-Leine überzugehen. Höchstens bei sehr weichen, sensiblen und/oder kleinen Hunden kann darauf verzichtet werden.

Trotz fleißiger Vorarbeit empfehlen wir auf den Spaziergängen Handschuhe zu tragen, im Sommer sind Fahrradhandschuhe eine gute Alternative.

Jetzt kann man den Hund vorsichtig am Halsband fassen.

Wenn sich der Hund schlecht greifen lässt: Die Hand mit den Leckerchen wird dicht an den Körper gezogen.

Der Hund läuft von nun an auf jedem Ihrer Spaziergänge an der 10-Meter-Leine. Die Schlaufe bleibt in Ihrer Hand. In dieser Phase sollten Sie Spaziergänge mit großer Ablenkung meiden. Für die ersten Lernschritte tun sowohl Sie als auch Ihr Hund sich auf einem ruhigem Feld- oder Waldweg leichter. Sobald der Hund seine normalen Bedürfnisse erledigt hat, sollten Sie darauf achten, dass das Tempo des Spaziergangs von Ihnen bestimmt wird. Der Hund hat innerhalb des Leinenradius ausreichend Gelegenheit zu schnuppern etc., und zwar auch dann, wenn Sie nicht jedes Mal stehen bleiben, sobald der Hund dies fordert. Laufen Sie ein gleichmäßiges, bequemes Tempo.

Info
Wenn der Hund sich schlecht greifen lässt

Viele Hunde haben gelernt, dass der Griff des Menschen ans Halsband unangenehm oder zumindest eine deutliche Einschränkung ihrer Bewegungsfreiheit mit sich bringt. Unter Umständen kann es auch bei ängstlichen oder sehr sensiblen Hunden einfach nur die Körperbewegung des Menschen nach vorn (auf den Hund zu) sein, diesen zögern lässt. Wagt Ihr Hund es nicht, ganz dicht an Sie heranzukommen, können Sie wie folgt vorgehen:
Während Sie ihn rufen, halten Sie ihm das Leckerchen mit ausgestrecktem Arm entgegen. Kommt er bei Ihnen an, erhält er das Leckerchen jedoch nicht sofort, d. h. in Distanz zu Ihnen, sondern Sie ziehen Ihre Hand mit dem Leckerchen dicht an sich heran, sodass Sie den Hund bequem am Halsband greifen können. Eventuell müssen Sie sich an diesen Idealzustand langsam herantasten und zu Beginn besonders attraktive Leckerchen wählen.

Nun haben Sie bzw. Ihr Vierbeiner zwei Lernaufgaben. Zum einen soll die bereits eingeleitete Orientierung ohne Worte am Menschen weiter verstärkt werden. Dies bedeutet regelmäßige, unangekündigte Richtungswechsel, die ohne jegliches Rufen oder Ansprechen stattfinden sollen. Als ungefähren Richtwert können Sie sich zu Beginn ca. zehn Richtungswechsel in zehn Minuten vornehmen. Dies ist wie gesagt nur ein ungefährer Richtwert. Konzentriert sich Ihr Hund sehr gut auf Sie und läuft ohne Ablenkung so gut wie gar nicht in das Leinenende, darf die Anzahl der Richtungswechsel durchaus reduziert werden. Ist der Hund hingegen unaufmerksam, ist eine Reduzierung nicht sinnvoll.

Schritt 3: Kommen auf Zuruf an der 10-Meter-Leine

Die zweite Lernaufgabe stellt ein promptes und schnelles Kommen auf Zuruf dar. Dazu gehen Sie folgendermaßen vor: Die Schleppleine in der Hand haltend rufen Sie Ihren Hund freundlich, aber verbindlich. Während des Rufens bewegen Sie sich schnell von ihm weg. Diese Gleichzeitigkeit ist von enormer Wichtigkeit. Warum? Viele Hundebesitzer machen den Fehler, den Hund zu rufen, fatalerweise sogar häufig noch mehrmals, und mit der Leine in der Hand auf eine Reaktion ihres Tieres zu warten. Somit erhält der Hund die Gelegenheit, selbst zu entscheiden, ob und wann er sich in Bewegung setzen möchte. Erfolgt das Rufen hingegen zeitgleich mit einer schnellen Bewegung weg vom Hund, so hat dieser keine Möglichkeit, mit seiner Reaktion zu zögern. Die schnelle Bewegung dabei vom Hund weg hat noch einen weiteren positiven Effekt. Insbesondere lauffreudige, temperamentvolle Hunde animiert die Bewegung ihrer Menschen sehr stark. Das zwar kurze, doch gemeinsame Laufen oder Rennen (je nach menschlicher Fittness) wirkt motivierend und hat für viele Hunde bereits Belohnungscharakter.

Übung an der 10-Meter-Leine. Der Hund wird freundlich gerufen, gleichzeitig bewegt man sich schnell von ihm weg. Durch die schnelle Bewegung wird der Hund zum Folgen animiert.

Übungsplan »Schleppleinentraining«

	Wie wird's gemacht?	Wo?	Wie oft üben?	Hilfe, es klappt nicht!	Lernziel
Schritt 1	Hund trägt breites Halsband (kein Ketten-, kein Zughalsband). 5-Meter-Leine aufwickeln. Aufgewickelten Teil in linker, Schlaufe in rechter Hand halten, loslaufen. Nach einigen Metern aufgewickelten Teil loslassen, Schlaufe bleibt in rechter Hand, umdrehen, schnell in entgegengesetzte Richtung laufen. Kommt Hund schnell hinterher, stehen bleiben. Hund loben, Leckerchen geben; doch nur, wenn er Kontakt aufnimmt. Bleibt er ignorant oder läuft an Ihnen vorbei, gibt's nichts. Nach den Übungen Spaziergang an der schleifenden 5-Meter-Leine fortsetzen, Leine bleibt in der Hand. Richtungswechsel ohne Worte durchführen, v. a. dann, wenn Hund an Leine zieht.	Auf ruhigen, wenig frequentierten Spazierwegen ohne Ablenkung. Zu Beginn und während des Spaziergangs.	Mindestens fünf- bis sechsmal täglich mehrere kleine Einheiten. Richtungswechsel an unaufgerollter Leine bei jedem Spaziergang häufig und bei jedem Ziehen des Hundes. Sobald Hund Wendungen problemlos mitvollzieht, kann Ablenkung langsam gesteigert werden. Ca. ein bis zwei Wochen, evtl. länger.	Unbedingt Übungen auf zehn- bis zwanzigmal täglich steigern. Tempo in der Übung beim Weglaufen vom Hund erhöhen. Bei starker Ignoranz des Hundes Kapitel Manipulationsverhalten, Konsequenz im Alltag beachten. Futter reduzieren.	Der Hund orientiert sich an der 5-Meter-Leine gut an Ihnen, vollzieht die Richtungswechsel ohne Ablenkung gut bis sehr gut mit, ohne in das Leinenende zu rennen. Auf den Spaziergängen hält er den Radius der Leine ohne großes Gezerre ein.
Schritt 2	Zur 10-Meter-Leine wechseln (erst, wenn Lernziel Schritt 1 erreicht ist!). Zunächst ohne Ablenkung. Leinenende in der Hand behalten. Wortlose Richtungswechsel zur Orientierungsfestigung. Für das Hörzeichen **HIER**, Hund rufen und gleichzeitig schnell von ihm weglaufen. Hund dicht herankommen lassen, am Halsband fassen, Leckerchen geben, mit **LAUF** freigeben.	Bei jedem Spaziergang, auf ruhigen Wald- und Feldwegen.	Bei jedem Spaziergang, mehrmals täglich. Hund darf in dieser Phase keinesfalls ohne Schleppleine laufen! Mehrere Wochen lang.	Womöglich sind Sie zu schnell vorgegangen und müssen noch etwas länger an Schritt 1 arbeiten. Häufiger üben. Ansonsten siehe Schritt 1. Evtl. Orte mit weniger Ablenkung aufsuchen.	In Umgebung mit geringer Ablenkung reagiert der Hund schnell sowohl auf Zuruf als auch auf Richtungswechsel. Er hält den Radius der 10-m-Leine gut ein.
Schritt 3	Mit Schleppleine in der Hand langsam (!) Ablenkung steigern. Z. B. den Hund abrufen, wenn er an etwas schnuppert oder etwas am Horizont sieht (Spaziergänger etc.). Auch wortlose Richtungswechsel vermehrt unter Ablenkungsreizen durchführen. Ansonsten wie oben.	Auf Spaziergängen an etwas mehr frequentierten Orten, im Garten (an Schleppleine denken!), bei jeder Gelegenheit.	Täglich mindestens zwanzigmal rufen und zwanzigmal wortlose Richtungswechsel. Mehrere Wochen lang.	Evtl. zu schnelles Vorgehen. Noch länger ohne Ablenkung üben. Übungen an 5-Meter-Leine einige Tage verstärkt wieder aufnehmen. Ansonsten siehe Schritt 1 und 2.	Hund lässt sich bei mittlerer Ablenkung mit der Schleppleine in der Hand problemlos und prompt abrufen. Bei Richtungswechseln läuft er sofort hinterher, ohne dass Sie ziehen oder rufen müssen.
Schritt 4	Zunächst ohne Ablenkung Leine aus der Hand fallen und am Boden schleifen lassen (Hund muss 10-Meter-Radius gut einhalten). Weiter üben wie gehabt, reagiert Hund nicht prompt, sofort Leine aufnehmen und vom Hund wegbewegen. Dann langsam mit am Boden schleifender Leine mit mehr Ablenkung üben. Klappt es mehrere Wochen gut, darf Schleppleine schrittweise gekürzt werden.	Auf jedem Spaziergang. Ablenkung schrittweise steigern.	Mehrere Wochen. Mindestens zwanzigmal täglich. Ist Ihr Hund gerade in der Pubertät, deren Ende abwarten, bevor man mit dem Kürzen der Leine beginnt.	Zu schnell vorgegangen? Wieder verstärkt mit Leine in der Hand üben, evtl. unter geringerer Ablenkung. Fütterung und Alltagsregeln prüfen. Ist Konsequenz Ihrerseits gegeben, kann der Einsatz von Abbruchsignalen unter fachlicher Anleitung erwogen werden.	Sie können Ihren Hund auch aus schwierigen Situationen heraus problemlos rufen.

Sobald sich Ihr Hund in Bewegung setzt, sollten Sie ihn schon auf dem Weg zu Ihnen durch freudiges Lob anfeuern. Lassen Sie ihn ganz nah herankommen. Das Leckerchen, das Sie bitte schon beim Rufen bereithalten und nicht erst aus der Tasche „kramen“, wenn der Hund vor Ihnen steht, bekommt er erst ganz nah an Ihrem Körper, während Sie ihn sanft am Halsband fassen. Auch hier ist das Prinzip der Gleichzeitigkeit wichtig: Erfolgen Leckerchen und Griff ans Halsband zum selben Zeitpunkt, so wird der Hund den Griff nach ihm kaum negativ besetzen. Sind Sie der Meinung, dass der Hund sich lange genug bei Ihnen aufgehalten hat, so geben Sie ihn mit Hörzeichen **LAUF** wieder frei.
Seien Sie variabel in der Wahl der Belohnung. Reagiert der Hund gut auf Leckerchen, so mischen Sie auch besonders Attraktives in Ihren Belohnungsbeutel (z. B. Trockenfutter gemischt mit Fleischwurst, Käse etc.). Haben Sie einen spielverrückten Vierbeiner, so belohnen Sie auch mit kurzen Spieleinheiten, die von Ihnen beendet werden.

So können Sie den Hund absichern.

SITZ an der Schleppleine ohne Ablenkung.

Achten Sie darauf, den Hund während der ersten Tage bis Wochen nur dann zu rufen, wenn er nicht oder nur wenig abgelenkt ist, damit Ihre Bemühungen möglichst erfolgreich sind. Diese Übung sollte bei einem etwa dreißigminütigen Spaziergang ca. zwanzigmal durchgeführt werden.

Schritt 4: Schwierigkeitsgrad erhöhen

Haben Sie nach einiger Zeit mit den beiden beschriebenen Übungen guten Erfolg, so erhöhen Sie den Schwierigkeitsgrad, indem Sie nun in mittlerer Ablenkungslage trainieren. Die Schleppleine bleibt dabei immer noch in Ihrer Hand. Wortlose Richtungswechsel werden nach wie vor durchgeführt, hierbei nun verstärkt in solchen Situationen, in denen der Hund abgelenkt ist, weil z. B. am Horizont etwas auftaucht, was ihn in seiner Aufmerksamkeit fesselt, weil er einen interessanten Geruch ausgemacht hat etc. Auch das Rufen wird nun schrittweise und vermehrt – jedoch nicht ausschließlich – in anspruchsvolleren Situationen geübt. Der Hund soll nicht das Gefühl bekommen, dass der Mensch ihn nur dann ruft, wenn etwas für ihn Interessantes auftaucht. Dies kann nämlich schnell zu ungewollten Verknüpfungen führen und die Motivation des Hundes zu kommen, senken. Rufen in ablenkungsfreien sowie in ablenkungsrelevanten Situationen sollte sich während der kompletten Schleppleinenphase die Waage halten. Belohnt wird in dieser Phase nach jedem Rufen.

Schritt 5: Lassen Sie los!

Der nächste Schritt kann erfolgen, wenn auf dem beschriebenen, mittleren Ablenkungsniveau gute Fortschritte zu vermelden sind: Der Hund läuft kaum in das Ende der Leine, vollzieht kooperativ die Richtungswechsel mit erhöhter Aufmerksamkeit, auf das Rufen des Menschen reagiert er in mittlerer Ablenkung prompt und schnell, er hält den Radius von zehn Metern ordentlich ein. Sodann können Sie es wagen, zunächst ohne Ablenkung, die Schleppleine aus der Hand auf den Boden fallen zu lassen. Dies aber bitte erst, wenn die oben genannten Voraussetzungen auch tatsächlich gegeben sind. Ganz wichtig ist hierbei, dass der Hund zu diesem Zeitpunkt gelernt hat, den 10-Meter-Radius einzuhalten, sodass Sie jederzeit die Möglichkeit haben, auf die Leine zu treten oder diese aufzunehmen.

Verlangen Sie SITZ nur, wenn es auch unter Ablenkung schon gut klappt.

Ihre Übungen machen Sie wie gehabt weiter. Sollte der Hund auf Ihre Richtungswechsel oder auf Ihr Rufen nicht prompt reagieren, so nehmen Sie die Leine so schnell wie möglich auf und bewegen sich vom Hund weg, um durchzusetzen, dass er Ihnen sofort folgt. Müssen Sie sich zu häufig nach der Leine bücken, weil der Hund keine schnelle Reaktion zeigt, müssen Sie wieder einen Schritt zurückgehen und noch eine Weile mit der Schleppleine in der Hand arbeiten. Haben Sie hingegen mit der Leine am Boden ohne oder mit wenig Ablenkung guten Erfolg, so soll nun langsam und schrittweise wieder mehr Ablenkung gesucht werden. Gehen Sie auf keinen Fall zu schnell vor! Die Leine muss auch weiterhin innerhalb des eintrainierten Radius für Sie greifbar bleiben, sodass im Falle eines Falles reagiert werden kann. Keinesfalls darf der Hund erneut die Erfahrung machen, dass er Ihr Rufen ignorieren kann. Wie schnell Sie das Stadium erreichen, dass der Hund bei am Boden schleifender Schleppleine gut auf Ihr Rufen und auf Ihre Körperwendungen reagiert, hängt von so vielen Faktoren ab, dass selbst eine grobe Faustregel schwer anzugeben ist. Es gibt Hunde, die benötigen Wochen, andere hingegen Monate. Manche Hunde haben erst eine kurze Lebensphase hinter sich, in der sie gelernt haben, nicht zu hören. Andere hingegen haben womöglich schon einen reichen Erfahrungsschatz gesammelt. Dann gibt es Hundebesitzer, die durch eine massive Verhaltensumstellung ihrerseits im Alltag dem Hund gegenüber eine solche Souveränität erlangen, dass die Schleppleine bereits nach kurzer Zeit überflüssig wird. Anderen hingegen gelingt es nicht, dem Hund im Alltag weniger „Verwöhnaroma“ zukommen zu lassen, was alle ihre Bemühungen mit der Schleppleine und sonstigen Hilfsmitteln zunichte macht.

Schritt 6: Abbau der Schleppleine

Sind Sie nun mit dem Verhalten des Hundes an der Schleppleine zufrieden, so können Sie dazu übergehen, diese schrittweise zu verkürzen, d. h. Woche für Woche ca. 50 cm abzuschneiden. Lassen Sie sich möglichst nicht verleiten, die Leine von heute auf morgen einfach komplett wegzulassen. Ihr Hund ist nicht dumm, er hat die verstärkte Kontrolle ihrerseits in den letzten Wochen durchaus bemerkt und mit einem gewissen Gewicht, das an seinem Hals baumelt, verknüpft. Daher sollte der Abbau der langen Leine möglichst unbemerkt vonstatten gehen. Es empfiehlt sich insbesondere bei schwierigeren Kandidaten einen letzten Rest der Leine hängen zu lassen (ca. 1 bis 2 m), um dem Hund das Gefühl der ständigen Kontrolle zu geben.

Neben den bislang beschriebenen Maßnahmen gibt es noch die Möglichkeit, so genannte Abbruchsignale einzusetzen, um den Hund zum Ablassen einer Handlung und zum Herankommen zu bewegen, wie z. B. ein konditioniertes **NEIN**, Disk- oder Sprühhalsbandeinsatz. Während ein konditioniertes **NEIN** (siehe Seite 116) vom Hundebesitzer selbst eingeführt werden kann, sollten andere Abbruchsignale ausschließlich mit fachlicher Unterstützung angewandt werden.
Hat Ihr Hund bereits regelmäßig gewildert, egal ob mit oder ohne Beutebestätigung, so werden Sie höchstwahrscheinlich mit den beschriebenen Übungen keinen hundertprozentigen Erfolg haben und sollten professionelle Hilfe in Anspruch nehmen.

Gemeinsame Spaziergänge sind jetzt wieder möglich.

Achtung, der Hund hat sich in der Schleppleine verheddert. Jetzt darf darf man keinesfalls Zug ausüben, sondern muss den Hund befreien.

Allgemeine Regeln für das Kommen auf Zuruf

Immer Leckerchen geben

Ab sofort bekommt Ihr Hund immer ein Leckerchen, wenn er auf Ihr Rufen reagiert hat, auch dann, wenn Sie mit der Schleppleine etwas nachgeholfen haben. Der richtige Zeitpunkt, die Leckerchen einzustellen, ist dann gekommen, wenn Sie mit dem Herankommen des Vierbeiners zufrieden sind. Auch dann sollte jedoch weiterhin eine gelegentliche, unregelmäßige Belohnung erfolgen, damit die Erwartungshaltung des Hundes gleichmäßig hoch bleibt.

Keine Strafe bei verspätetem oder nicht erfolgtem Herankommen

Den Hund zu strafen, wenn er kommt, muss absolut tabu sein. Auch wenn es Ihnen so vorkommen mag: Das angebliche schlechte Gewissen des Hundes ist reines Beschwichtigungsverhalten, mit dem der Hund versucht, Strafe zu vermeiden. Er tut dies, weil er unseren Ärger riechen kann (kein Scherz!), auch ohne dass wir eine Miene verziehen oder weil er sich an andere Strafaktionen ähnlicher Art erinnert. Wenn Strafe für nicht erfolgtes Herankommen sinnvoll wäre, müsste sie auch ein sinnvolles Ergebnis nach sich ziehen. Das Herankommen des Hundes müsste sich nach einigen Strafen deutlich bessern. Das tut es aber nicht, und wenigstens diese Tatsache sollte überzeugend genug sein.

Nicht nur zum Anleinen rufen

Sofern Sie sich von unserer Argumentation überzeugen lassen und fleißig mit der Schleppleine arbeiten, werden Sie kaum in die Verlegenheit geraten, den Hund nur zum Anleinen heranzurufen, da er ja ohnehin angeleint ist. Aber schließlich soll es auch noch ein „Leben nach der Schleppleine“ geben, und hierbei ist darauf zu achten, dem Hund das Herankommen nicht dadurch zu verleiden, dass er nur gerufen wird, um an die Leine genommen zu werden.

Kein ständiges oder mehrfaches Rufen

Ständiges Rufen verführt den Hund zur Unaufmerksamkeit, da sein Gehör ihn problemlos wissen lässt, wo wir uns gerade befinden, ohne dass er auch nur den Kopf heben muss. Rufen Sie Ihren Hund mehrfach, bis Sie eine Reaktion erwarten, so lernt er lediglich, dass beim ersten Rufen immer noch lange genug Zeit ist, sich in Bewegung zu setzten.

Nie vergeblich rufen

Mit dem richtigen Einsatz der Schleppleine werden Sie kaum in die Verlegenheit kommen, den Hund vergeblich rufen zu müssen. Machen Sie sich jedoch klar, dass es sehr wohl auch von Bedeutung ist, wenn Sie den Hund an anderer Stelle als auf dem Spazierweg vergeblich zu sich rufen. Holen Sie den Hund, wenn es sein muss, lieber ruhig ein, ohne ihm hinterherzurennen.

Unter erwachsenen Hunden gut möglich: Ein Hund läuft frei, der andere rennt an der Schleppleine.

Info

Kann der Hund nur Kommen lernen?

Immer wieder wenden sich Kunden mit dem Anliegen an uns, der Hund solle nur kommen, wenn er gerufen werde, und auch das genüge ihnen völlig in schwierigen Situationen. Begleitet wird diese Aussage häufig mit dem Zusatz, alles andere sei nicht wichtig, man wolle schließlich keinen Zirkusclown. Dazu muss man sich klar machen, dass der Hund, wenn er auf Zuruf zu uns kommt, sehr häufig gegen seine eigenen Interessen handelt. Zumindest dann, wenn er zugunsten des Hörzeichens „Komm/Hier" darauf verzichtet, einen Jogger, Hasen o. Ä. zu verfolgen, zu einem Artgenossen zu rennen oder eine interessante Geruchsstelle links liegen lässt etc. In der Regel ist der Verzicht auf Eigeninteresse zu Gunsten eines menschlichen Hörzeichens für den Hund nur dann machbar, wenn er seinen Menschen im Alltag als souveräne Führungspersönlichkeit erlebt, und das bedeutet Arbeit. Arbeit an der eigenen Persönlichkeit, die viel lieber verwöhnen als reglementieren möchte, Arbeit an der eigenen Konsequenz, weil man viel lieber ignorieren würde, dass der Hund noch nicht einmal Platz macht, sobald er minimal abgelenkt ist. Um ein solches Ziel wie zuverlässiges Herankommen zu erreichen, gibt es keine „Hundeerziehung light". Betrachten Sie dies im positiven Sinn als persönliche Herausforderung.

Kein Hörzeichen SITZ entgegenrufen

Läuft Ihr Hund freudig auf Sie zu, so sollten Sie ihm kein **SITZ** entgegenrufen. Die meisten Hunde empfinden ein erneutes Hörzeichen auf dem Weg zum Besitzer kaum als Belohnung, sondern im Gegenteil als Belästigung. Hingegen ist es durchaus möglich, nonverbal über Körpersprache (Leckerchen über die Nase halten) ein Sitzen des Hundes zu provozieren, um mehr Ruhe in die Übung zu bekommen.

Situationen geschickt ausnutzen

Läuft Ihr Hund ohnehin gerade freudig auf Sie zu (und nicht freudig an Ihnen vorbei!), so unterstützen Sie dies ruhig gelegentlich mit dem entsprechenden Hörzeichen. So können Sie eine optimale Verknüpfung insbesondere in der Lernphase unterstützen.

Keine Spaziergänge mit unerzogenen Hunden

Hunde aller Altersstufen lassen sich häufig durch Artgenossen zu Verhaltensweisen animieren, die ihnen allein nicht unbedingt in den Sinn gekommen wären. Ein schlechtes Vorbild ist jedoch das Letzte, was man brauchen kann, wenn man den eigenen Hund auf die „richtige Spur“ bringen möchte.

Spaziergänge in wildreichen Gegenden

Diese sollten Sie in der ersten Übungsphase vermeiden. Begeben Sie sich in wildreiches Gebiet, so sollte dies vor allem zu Übungszwecken in fortgeschrittenem Stadium sein.

Lassen Sie Ihren Hund nicht abseits der Wege stöbern.

RAUS DA!

Nicht vom Weg abkommen

Etwas Konsequenz und Fleiß vorausgesetzt, kann jeder Hund lernen, auf dem Weg zu bleiben und nicht in hohen Wiesen oder im Unterholz zu stöbern. Dies hat mehrere entscheidende Vorteile:

- Sie haben Ihren Hund immer im Blick.
- Die Gefahr, dass der Hund Wild aufstöbert, ist wesentlich geringer.
- Wild und andere Tiere werden nicht belästigt.

Idealerweise sind Sie noch im Anfangsstadium des Schleppleinentrainings und können den Hund auf den Weg ziehen. Ohne Schleppleine sollten Sie dieses Training nicht beginnen, da der Hund so womöglich nur lernt, dass Sie sich nicht durchsetzen können.
Jedes Mal wenn Ihr Hund den Weg verlässt, sagen Sie **RAUS DA** oder etwas Ähnliches. Verwenden Sie aber stets das gleiche Hörzeichen. Sobald der Hund eine Pfote wieder auf den Weg zurücksetzt, loben Sie ihn mit freundlicher Stimme. Der Hund soll also nicht bis zu Ihnen kommen, sondern nur wieder auf den Weg gehen. Unterstützend zeigen Sie ihm, dass auf **RAUS DA** ein Leckerchen auf dem Weg kullert. Rufen Sie den Hund nicht mit **KOMM** oder seinem Namen.

Der Hund reagiert sofort und kommt auf den Weg zurück. Jetzt müssen Sie ihn loben!

AUS oder NEIN?

Aufbau des Hörzeichens NEIN

Die Unterscheidung von NEIN und AUS

Ein sinnvolles, alltagstüchtiges Hörzeichen ist das **NEIN**, das wir vom **AUS** unterscheiden wollen.

Wozu diese Unterscheidung? Machen wir uns zunächst einmal klar, was wir von dem Hund im Alltag so alles wollen. Einen bestimmten Raum soll er nicht betreten, seinen Ball soll er herausgeben und erst recht den unappetitlichen Müll, den er vom Komposthaufen gemopst hat. Des Weiteren soll er an niemandem hochspringen, die Schaufel von Nachbars Kleinkind herausrücken und so weiter und so fort. Eine ganze Menge Anforderungen, die sich vor allem durch eines unterscheiden: Einmal soll der Hund dazu aufgefordert werden, eine bestimmte Handlung zu unterlassen: „**NEIN**, das sollst du nicht tun!“ Ein anderes Mal soll er etwas, was er in seinem Fang hat, herausgeben: **AUS** (Aufbau des Hörzeichens **AUS** Seite 122).

Die kleine Aufzählung von Situationen, die sich endlos fortsetzen ließe, reicht sicherlich aus, um die große Bedeutung gerade des Hörzeichens **NEIN** herauszustellen: Ständig werden wir im Alltag damit konfrontiert, den Hund zur Unterlassung einer bestimmten Handlung aufzufordern.

Der Hund muss lernen, was NEIN bedeutet

Wie bei allen anderen Hörzeichen auch, ist es zunächst oberste Handlungsmaxime, dem Hund beizubringen, was mit **NEIN** gemeint ist. Viele wohlmeinende Hundebesitzer zäumen das Pferd von hinten auf: Der Hund tut etwas, was er nicht darf, knabbert beispielsweise am neuen Perserteppich, worauf er zum ersten Mal in seinem Leben ein empörtes **NEIN** zu hören bekommt. Möglicherweise erkennt er am Ton der Stimme, dies jedoch nur bei entsprechend energischen Menschen, dass er etwas Verbotenes tut. Wahrscheinlicher ist ein erstauntes, verständnisloses Aufblicken; mit etwas Glück wendet sich der Hund einer anderen Sache zu, um kurze Zeit später wieder den Teppich zu bearbeiten. In der beschriebenen Situation hatte der Hund noch nicht die Gelegenheit zu lernen, was **NEIN** überhaupt bedeutet, er kann dieses für ihn bedeutungslose Wort noch nicht mit Inhalt füllen.
Geben wir ihm also zunächst die Möglichkeit zu lernen, dass der Inhalt folgender ist: „Unterlasse, was du gerade tust oder zu tun beabsichtigst!“

Schritt 1: Aufbau des Hörzeichens NEIN mit Leckerchen

Bewährt hat sich der Aufbau zum Erlernen dieses Hörzeichens mit Hilfe eines Leckerchens. Dieses sollte nicht zu klein sein, ein mittelgroßer Hundekuchen erfüllt hier gut seinen Zweck. Begeben Sie sich mit Ihrem Vierbeiner zunächst in ablenkungsfreie Umgebung. Die Ruhe Ihres Wohnzimmers ist hierfür gerade recht. Setzen Sie sich zu dem Hund auf den Boden, halten Sie den Hundekuchen auf Ihrer geöffneten Handfläche (in erreichbarer Nähe). Der Hund wird nun versuchen, das Futter zu nehmen, aber im gleichen Moment ertönt Ihr strenges und deutliches **NEIN** und Ihre Hand schließt sich um den Hundekuchen, sodass der Hund nicht daran gelangen kann. Da davon auszugehen ist, dass sich der Hund bis zum jetzigen Zeitpunkt der Bedeutung dieses Hörzeichens noch nicht klar ist, wird er versuchen, den Hundekuchen zu bekommen, indem er beispielsweise an Ihrer Hand leckt oder gar herumkratzt. Ignorieren Sie dies und warten Sie ruhig ab, bis er aufgibt. Nun wiederholen Sie die Übung. Jetzt kommt es auf das richtige Timing an: Just in dem Moment, in dem die Schnauze des Hundes in Richtung Leckerchen geht, sollte ein erneutes, energisches **NEIN** ertönen. Warten Sie mit dem Hörzeichen nicht, bis Ihr Liebling bereits mit der Schnauze am Hundekuchen angelangt ist, und decken Sie sicherheitshalber wieder mit der Hand das Objekt der Begierde ab. Fatal wäre es, wenn der Hund in dieser Lernphase schneller wäre als Sie und Ihr **NEIN** in dem Moment erfolgen würde, in dem der Hund sich den Hundekuchen schmecken lässt. Hier gilt das, was für alle anderen Hörzeichen in der Hundeerziehung

So wird das Hörzeichen NEIN mit Leckerchen aufgebaut.

ebenso Gültigkeit hat und nicht oft genug wiederholt werden kann, da es leider aus unserer Sicht einer der gravierendsten Fehler überhaupt ist, mit dem wir in unserer täglichen Praxis konfrontiert sind: Erfolglos (aus Sicht des Menschen) gegebene Hörzeichen werden bagatellisiert und in ihren Auswirkungen auf den Erziehungsstand des Hundes völlig unterschätzt. Dies gilt sowohl für die Lernphase als auch für die Festigungs- und Sicherungsphase. Ein mehrfach gegebenes **NEIN**, um zu erreichen, dass der Hund eine Handlung unterlässt, ein fünfmaliges **SITZ**, um zu erreichen, dass der Hund an der Ampel nicht auf die Straße tritt, ein zehnfaches **KOMM**, weil man den Spaziergang abbrechen möchte oder muss, ist leider als Siebenmeilenstiefel in Richtung „unerzogener Hund" zu werten. Speziell bezogen auf unsere Übungsssituation heißt das, dass erstens der Hund den Hundekuchen unter keinen Umständen erhaschen darf, wenn Ihr **NEIN** ertönt ist. Zweitens bedeutet das, dass Sie das Hörzeichen im Ernstfall auf keinen Fall verwenden dürfen, solange Sie sich nicht sicher sind, dass es auch befolgt wird, bzw. der Hund so kontrolliert werden kann, dass eine Missachtung unmöglich ist. Zugegeben, keine einfache Aufgabe, aber mit lohnenswertem Resultat.

Nach einigen Wiederholungen versuchen die meisten Hunde nicht mehr, an das Leckerchen zu gelangen. Dies ist der richtige Zeitpunkt, um dem nun frustrierten kleinen Kerl den Hundekuchen mit einem deutlichen **NIMM'S** zu reichen.

Der Hund hat NEIN nach einigen Wiederholungen akzeptiert und versucht nicht mehr an das Leckerchen zu kommen.

Schritt 2: An verschiedenen Plätzen zu unterschiedlichen Zeiten üben

Zur weiteren Festigung des Hörzeichens ist eine regelmäßige Wiederholung der Übung nötig. Üben Sie an verschiedenen Plätzen Ihrer Wohnung zu unterschiedlichen Zeiten. Des Weiteren legen Sie den Hundekuchen nicht mehr auf Ihre Hand, sondern vor sich auf den Boden. Bereits beim Hinlegen des Leckerchens machen Sie mit einem **NEIN** Ihren Besitzanspruch auf das Objekt deutlich. Sobald der Hund Ihr **NEIN** akzeptiert hat, wenn der Hundekuchen unmittelbar vor Ihnen liegt, legen Sie ihn wenige Zentimeter von sich weg, immer mit dem Hörzeichen **NEIN**. Achten Sie darauf, dass Sie immer die Kontrolle behalten und jedem Versuch des Hundes zuvorkommen können. Dehnen Sie die Übung nie zu lange aus, sobald Sie das Gefühl haben, der Hund hat das **NEIN** akzeptiert, brechen Sie die Übung ab und stecken den Hundekuchen weg.

Jetzt darf er das Leckerchen mit dem Hörzeichen NIMM'S von der Hand fressen.

Schritt 3: Schwierigkeitsgrad steigern

Sind Sie sehr erfolgreich, so können Sie auch mal vor den Fütterungszeiten üben, dies aber bitte erst im fortgeschrittenen Stadium. Vergessen Sie dann bitte nicht, für die Bereitstellung des Futters ein deutliches **NIMM'S** zu etablieren, damit der Hund unterscheiden lernt.

Sie können die Festigung des Hörzeichens nach einiger Weile des (erfolgreichen!) Übens noch dahingehend steigern, dass Sie den Hund nach Ihrem **NEIN** scheinbar nicht mehr ständig im Blick behalten, sondern so tun, als wären Sie mit etwas anderem beschäftigt, z. B. dem Lesen einer Zeitschrift. Dennoch sollte der Hundekuchen auch hier in Ihrem unmittelbaren Einwirkungsbereich liegen, sodass Sie zur Not immer noch den Fuß darauf stellen können. Bedenken Sie immer die Fatalität sinnlos gegebener Hörzeichen für den kompletten Erziehungserfolg!
Zur spannenden Frage, ab wann man erwarten kann, ob der Hund denn auch im Ernstfall das tut, was wir uns wünschen, wenn wir **NEIN** sagen, nämlich eine Handlung unterlassen, müssen wir vor allem auf die Kapitel „Konsequenz im Alltag" sowie „Unterbindung des Manipulationsverhaltens" verweisen. Nur durch die dort beschriebenen Maßnahmen ist es bei einer Vielzahl von Hunden zu erreichen, dass bestimmte Übungen wie **SITZ**, **PLATZ**, **AUS**, **NEIN** etc. ihren Übungscharakter verlieren und für den Hund durch unsere Alltagssouveränität und Konsequenz zum tatsächlichen Bestandteil ihres Verhaltens werden.
Zum Schluss dieses Kapitels soll darauf hingewiesen werden, dass die beschriebene Übung zur Etablierung des Hörzeichens **NEIN** nicht bei futteraggressiven Hunden angewendet werden darf.

AUS

Lernziel

Der Hund soll lernen, auf das Hörzeichen **AUS** sofort fallen zu lassen, was sich gerade in seinem Maul befindet.

Hörzeichen
AUS

Als Hörzeichen hat sich **AUS** bewährt. Sie haben mehrere Möglichkeiten, dies mit Ihrem Hund zu üben.

Die Tauschmethode mit Leckerchen

Die erste Möglichkeit besteht darin, dem Hund sozusagen im Tausch ein Leckerchen anzubieten. Der Vorteil dieser Methode ist, dass sie gewaltfrei ist, der Nachteil, dass sie nur durchgesetzt werden kann, wenn sich der Hund in Ihrem direkten Einflussbereich befindet. Ist der Hund einige Meter von Ihnen entfernt, z. B. beim Spaziergang und nimmt unterwegs irgendetwas auf, wird es Ihnen schwer fallen, schnell genug mit dem Leckerchen in der Hand bei Ihrem Hund anzukommen.

Wenn Sie das Hörzeichen AUS geben, soll der Hund sein Spielzeug sofort fallen lassen.

Sinnvoll ist die Tauschmethode, um dem Hund z. B. beizubringen, sein Spielzeug herzugeben. Können Sie den Hund mit seinem Spielzeug nicht zu sich rufen, sollten Sie an der Leine mit ihm spielen (bitte lesen Sie im entsprechenden Kapitel nach). So kann sich der Hund nicht entziehen, und Sie können im Spiel **AUS** mit Leckerchen üben.

Schritt 1: Hörzeichen im nachhinein geben

Halten Sie dem Hund das Leckerchen direkt vor die Nase. In den ersten Tagen Ihres Trainings sagen Sie erst **AUS**, wenn der Hund das Maul geöffnet hat, bitte nicht vorher. Geben Sie ihm die Möglichkeit, erst einmal zu lernen, was Sie von ihm wollen, bevor Sie Hörzeichen geben, die der Hund möglicherweise nicht befolgt, sonst lernt der Hund blitzschnell, Hörzeichen zu ignorieren, statt sie zu befolgen. Das Timing muss stimmen.

Das Leckerchen wird über die Nase des Hundes gehalten. Sobald er sein Spielzeug fallen lässt, geben Sie das Hörzeichen **AUS**. Um zu erreichen, dass der Hund zuverlässig lernt, darauf zu reagieren, ist Fleiß unbedingt erforderlich. Bei drei- bis viermaligem Üben in der Woche wird der Hund kaum lernen, zuverlässig sein Spielzeug fallen zu lassen.

Schritt 2: AUS fordern!

Nach einigen Tagen fleißigen Übens können Sie davon ausgehen, dass der Hund begriffen hat, worum es hier geht, und Sie können beginnen, **AUS** auch ohne Leckerchen zu fordern. Reagiert er möglicherweise nicht auf Ihr Hörzeichen, obwohl Sie fleißig geübt haben, wenden Sie den Schnauzgriff an. Lässt der Hund das Spielzeug dann immer noch nicht fallen, nehmen Sie es ihm aus dem Maul und brechen das gemeinsame Spiel sofort ab.

Tauschmethode mit Spielzeug.

Tauschmethode mit Spielzeug

Als Alternative zur Tauschmethode mit Leckerchen können Sie auch ein zweites, identisches Spielzeug wählen, das Sie dem Hund über die Nase halten. Ansonsten ist die Vorgehensweise die gleiche wie oben, ebenso die Vorteile, leider auch die Nachteile.

Die Haltemethode

Eine ausgezeichnete Methode, dem Hund beizubringen, Stöckchen oder Spielzeug herzugeben, ist die Haltemethode. Auch hier muss sich der Hund in Ihrem direkten Einflussbereich befinden. Für Fressbares ist diese Methode allerdings nicht geeignet.

Die Haltemethode.

Fassen Sie dem Hund mit dem einen Arm unter den Bauch, mit dem anderen vor die Brust. Ziehen Sie ihn dabei ruhig und fest an sich, sodass er stehen bleiben muss. Halten Sie ihn so ruhig wie möglich. Sprechen Sie ihn nicht an, sondern strahlen Sie einfach nur so viel Ruhe wie möglich aus. Der Hund wird nach einiger Zeit sein Spielzeug fallen lassen. Es gibt Hunde, bei denen es nur wenige Sekunden dauert, bis sie sich so entspannen, dass ihnen das Spielzeug automatisch aus dem Maul fällt. Andere jedoch haben wir schon bis zu mehreren Minuten in der beschriebenen Weise gehalten, ehe sie bereit waren, ihr Spielzeug fallen zu lassen. Hierbei handelte es sich jedoch immer um erwachsene Hunde, die ohnehin alles ungern oder gar nicht hergaben. Die weitaus meisten Hunde jedoch, egal ob jung oder alt, lassen das Spielzeug nach kürzester Zeit fallen.
Auch hier gilt: Geben Sie kein Hörzeichen, bevor der Hund das gewünschte Verhalten zeigt. Diese Methode ist überraschend einfach und zuverlässig. Man kann immer darauf zurückgreifen, wenn der Hund einmal sein Spielzeug gar nicht hergeben will. Genauso gut kann man einem Hund mit dieser Methode zuverlässig **AUS** beibringen. Dann muss man jedoch schrittweise vorgehen und darf die Handlung per Hörzeichen erst dann einfordern, wenn man sicher ist, dass der Hund das Hörzeichen sofort befolgt.

So sieht ein korrekter Schnauzgriff aus.

Zehnmaliges Einfordern nach dem Motto „**AUS**, lass jetzt! **AUS**, gib's endlich!“ usw. ist, wie überall in der Hundeerziehung, kontraproduktiv, da der Hund hierbei lernt, den Menschen und seine Wünsche zu ignorieren.

Beide Methoden nebeneinander anwenden

Die beschriebenen Varianten können durchaus nebeneinander angewandt werden, sofern sie bei Ihrem Hund generell funktionieren. Ist Ihr Hund z. B. überhaupt nicht an Leckerchen interessiert, dann lassen Sie die Leckerchenvariante weg.

Der Schnauzgriff

Beim Schnauzgriff umfassen Sie von oben die Schnauze Ihres Hundes. Drücken Sie die oberen Lefzen des Hundes gegen seine Zähne, bis der Hund sein Maul öffnet. Dies stellt eine strengere Form der Korrektur dar und eignet sich z. B., wenn der Hund etwas zum Fressen im Maul hat. Loben Sie ihn, wenn er den Gegenstand fallen lässt.

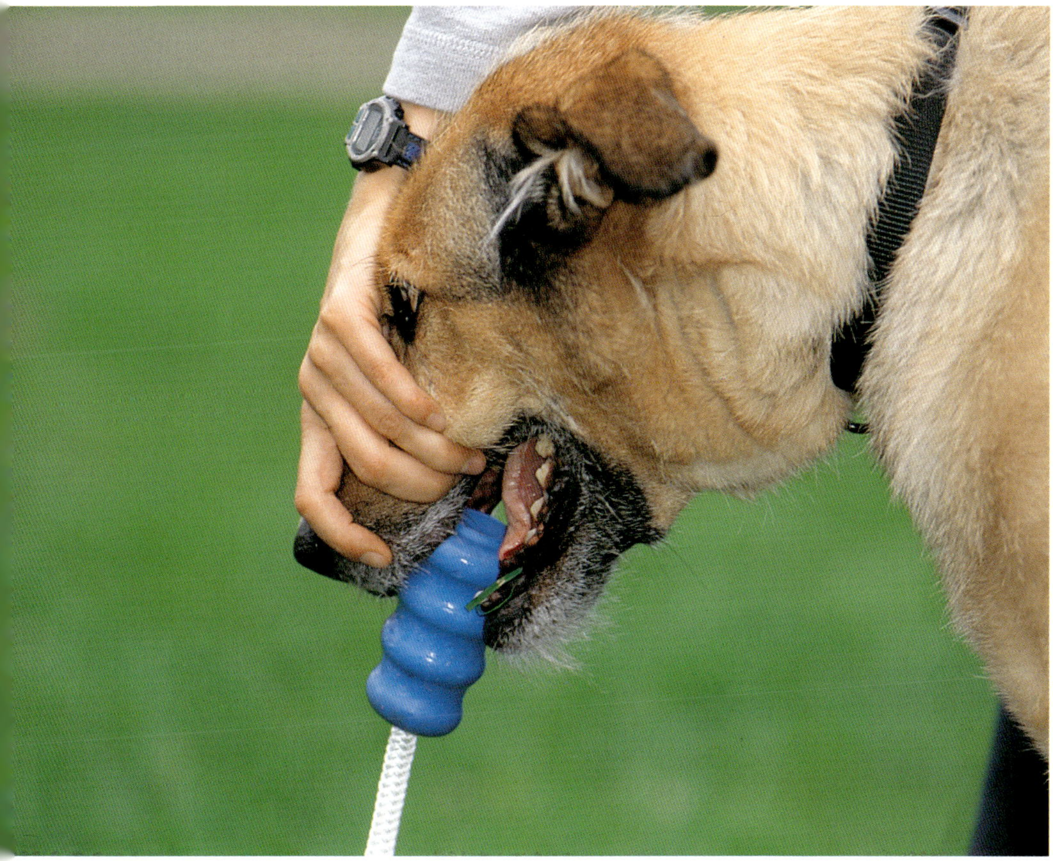

Wichtig
Bei Aggressionsproblemen

Weder die Haltemethode noch der Schnauzgriff dürfen bei Hunden mit Aggressionsproblemen angewandt werden.

Wozu SITZ, wozu PLATZ?

Zuverlässiges Kommen auf Ruf ist sicher der wichtigste Punkt in der Hundeerziehung. Trotzdem sollte man vermeiden, alles andere zu vernachlässigen.

Gerade Übungen wie **SITZ** und **PLATZ** sind hervorragende Gehorsamsübungen, da sie bei sorgfältigem Aufbau sehr gut kontrolliert werden können. Je öfter Sie erfolgreich Hörzeichen geben können, umso besser wird Ihr Hund gehorchen.

Allerdings sind wir der Meinung, dass **SITZ** bzw. **PLATZ** nur dann sinnvoll sind, wenn der Hund lernt, dass er diese Hörzeichen nicht selbst aufheben darf. Ein zwar leidlich ausgeführtes Hörzeichen ist völlig zwecklos, wenn der Hund im nächsten Moment wieder aufspringt.

Selbstverständlich ist Erziehung, die vollständig auf **SITZ** oder **PLATZ** verzichtet, möglich. Das Training gibt Ihnen jedoch die Möglichkeit, sich im richtigen Timing und in der Verstärkung im richtigen Moment zu üben und ein Gefühl für konsequentes Verhalten zu entwickeln. Gleichzeitig geben diese konkreten Übungen die Möglichkeit, Kontrolle über den Hund auszuüben. Damit es sich um tatsächliche Kontrolle handelt, ist auf einen sorgfältigen Aufbau mit langsam steigender Ablenkung zu achten, damit es nicht so endet: „Sitz, Sitz, Sitz, mach endlich Sitz, du sollst jetzt endlich ..., ach, mach doch, was du willst!“

Leckerchen und Sichtzeichen. Das Leckerchen wird über die Nase des Welpen gehalten. Der Welpe sitzt. Nun darf er das Leckerchen fressen.

SITZ

Lernziel

Der Hund soll sich auf ein einmaliges Hör- und/oder Sichtzeichen hin setzen und so lange auch unter Ablenkung sitzen bleiben, bis er die Erlaubnis bekommt, wieder aufzustehen.

SITZ mit Sichtzeichen und Spielzeug. Hier wird kein Leckerchen, sondern ein Spielzeug über die Nase gehalten.

Voraussetzungen und Hilfsmittel

SITZ kann bereits der ganz junge Welpe lernen, aber auch jeder ältere Hund ist dazu in der Lage. Selbst wenn Ihr Hund bereits **SITZ** beherrscht, sollten Sie noch einmal ganz von vorn anfangen, es sei denn, Ihr Hund bleibt auch unter stärkster Ablenkung (Futter oder anderer Hund) zuverlässig sitzen.
In den ersten Trainingswochen benötigen Sie ein Halsband und eine gewöhnliche Leine (ca. 2 m), danach eine längere Leine (5 bis 10 m), damit Sie den Abstand zum Hund steigern können.

Hör- und Sichtzeichen

SITZ

Als Hörzeichen bietet sich natürlich **SITZ** an. Ausgesprochen wird es freundlich und sehr lang gezogen, also **SIIETZ**. Dies dient zur besseren Unterscheidung zum **PLATZ**.
Als Sichtzeichen hat sich der erhobene Zeigefinger bewährt. Der klassische Weg, einem Hund **SITZ** beizubringen, ist, das Hörzeichen zu geben und ihn gleichzeitig hinten nach unten zu drücken.

Schritt-für-Schritt-Anleitung

Schritt 1: In ablenkungsfreier Umgebung

Wir möchten einen anderen Weg gehen. Wir gehen davon aus, dass der Hund mindestens ca. 8 bis 10 Wochen alt ist. Wir beginnen in reizarmer Umgebung (z. B. zu Hause im Wohnzimmer oder auf einer ruhigen Wiese). Der Hund sollte nicht abgelenkt sein.
Nehmen Sie ein Leckerchen zur Hand – dies sollte möglichst klein sein – und halten es dem Hund über die Nase. Jeder nur halbwegs verfressene Hund wird sich setzen, um Sie und das Leckerchen besser sehen zu können. Just in dem Moment, in dem der Hintern am Boden ankommt, geben Sie das Hör- und Sichtzeichen **SITZ** und das Leckerchen dazu, gleichzeitig loben Sie tüchtig mit der Stimme und geben das Hörzeichen **LAUF.** So lernt der Hund gleich zusätzlich ein weiteres Hörzeichen kennen, das wir später noch benötigen werden.

Fehler vermeiden

Ihr Hund mag keine Leckerchen

Hat Ihr Hund kein Interesse an Leckerchen, sollten Sie zum einen dringend die Fütterungssituation kontrollieren. Der Hund darf keinesfalls den ganzen Tag Futter zur freien Verfügung haben, da dies sowohl die Erziehung zur Stubenreinheit als auch die notwendige Futtermotivation in der Erziehung erschwert oder gar unmöglich macht (siehe Seite 40). Zum anderen müssen möglichst attraktive Leckerchen gewählt werden. Die meisten Hunde, auch solche, die etwas wählerischer sind, lieben Lachskekse. Probieren Sie es aus!

Mit Spielzeug ausprobieren

Fruchtet dies immer noch nicht, nehmen Sie das Lieblingsspielzeug des Hundes und halten es ihm in der oben beschriebenen Weise über die Nase. Zur Belohnung gibt es wieder Lob, sofortiges Hörzeichen **LAUF** und fröhliches Spiel.
Dies sollten Sie mehrere Male am Tag üben, zu Beginn jeweils in reizarmer Umgebung, sprich in der Wohnung oder im Garten, sofern der Hund hier nicht zu sehr abgelenkt ist.
Zusätzlich sollten Sie vor jeder Fütterung dem Hund den Napf über den Kopf halten – sobald er sitzt, geben Sie Hör- und Sichtzeichen **LAUF** und stellen zur Belohnung seinen Napf nach unten.

SITZ-Übung unter Ablenkung. Nach erfolgreicher Übung gibt es das Leckerchen, während der Hund noch sitzt.

SITZ noch nicht verlangen, sondern hervorrufen!

Nochmals zur Verdeutlichung: Ihr Hörzeichen **SITZ** wird am Anfang der Erziehung keinesfalls gegeben, um zu erreichen, dass der Hund sich setzt, sondern wir arbeiten genau umgekehrt. Wir bemühen uns, durch die oben angegebenen Aktionen den Hund zum Sitzen zu verleiten, geben das Hörzeichen aber erst, wenn er auch tatsächlich sitzt. Der Vorteil dieser Methode ist zum einen, dass unnötiger Druck vermieden wird, zum anderen, dass der Hund nicht die Ersterfahrung macht, Hörzeichen ignorieren zu können. Täuschen Sie sich nicht, der Hund lernt dies tatsächlich, wenn man es falsch anstellt.

Keine vergeblichen Hörzeichen geben!

Bereits bei Welpenbesitzern kann man dieses Verhalten häufig beobachten. Der Welpe erhält das Hörzeichen **SITZ** o. Ä. und reagiert nicht. Bei dem Versuch, den Hund nach unten zu drücken, gelingt es diesem womöglich noch, sich zu entziehen, indem er wegläuft. Die Konsequenzen sind wesentlich weitreichender als nur eine verpatzte Übung. Der Hund macht die Ersterfahrung, dass Hörzeichen ignoriert werden können, und wird unter Umständen später mit lebenslanger Leinenpflicht dafür „belohnt“.

SITZ

- → Leckerchen oder Spielzeug über Nase halten.
- → Gleichzeitig Sichtzeichen.
- → Wenn Hund sitzt, Hörzeichen **SIIETZ** (NICHT vorher!).
- → Sofort loben.
- → Wenn Hund aufsteht, Hörzeichen **LAUF**.

Schritt 2: Tägliche Wiederholung

In der beschriebenen Weise sollte ein bis zwei Wochen geübt werden. Zehn- bis zwanzigmal, über den ganzen Tag verteilt, sollten Sie unbedingt mit Ihrem Hund trainieren.

Schritt 3: SITZ verlangen

Bei eifrigem Üben bemerken Sie nach einigen Tagen, dass sich Ihr Hund hinsetzt, sobald Sie ein Leckerchen in der einen und den erhobenen Zeigefinger in der anderen Hand ins Spiel bringen. Dass dies in Situationen mit viel Ablenkung noch nicht der Fall ist, soll Sie nicht irritieren. Nun können Sie beginnen, mit dem Hund zielgerichtet **SITZ** zu üben, das heißt: Sie können **SITZ** verlangen!

Nehmen Sie den Hund an die Leine, gehen Sie in den Garten oder üben in der Wohnung. Die Leine ist für die nächsten Wochen beim Üben immer anzulegen. Nur so können Sie definitiv vermeiden, dass der Hund sich Ihrem Einfluss entzieht. Haben Sie sich für die ersten zwei Wochen an die oben genannten Ratschläge gehalten, wird dies jedoch eine reine Vorsichtsmaßnahme sein. Der Hund wird kaum versuchen sich zu entziehen, schließlich hat er bislang mit **SITZ** nur die angenehmsten Erfahrungen gemacht.

Nun beginnen Sie mit der Leine in der einen, dem Spielzeug und/oder Leckerchen in der anderen Hand kurze Übungseinheiten. Geben Sie das Hörzeichen **SITZ** zusätzlich mit dem dem Hund schon bekannten Sichtzeichen, wiederum Leckerchen über die Nase. Sitzt der Hund, folgen überschwängliches Lob, Hörzeichen **LAUF**, kurzes Belohnungsspiel.

Diese Übung sollten Sie keinesfalls durchführen, wenn Ihr Hund müde ist, da er sich dann hinlegen wird. Diese Fehlerquelle kann so leicht vermieden werden.

SITZ auf Entfernung an der langen Leine.

Schritt 4: SITZ im Alltag anwenden

Weiterhin üben Sie bei jeder Fütterung und bei jedem Anleinen. Sie werden merken, dass der Hund oft schon sitzt, noch bevor Sie den Mund aufgemacht haben. Daran merken Sie, dass Sie fleißig genug waren. Geben Sie trotzdem jedes Mal noch Hör- und Sichtzeichen **SITZ** dazu, um die Verknüpfung, so gut es geht, abzusichern. Können Sie das **SITZ** problemlos in reizarmer oder reizgeringer Umgebung einfordern, können Sie es wagen, an Orten mit mehr Ablenkung zu üben, aber bitte keinesfalls vorher. Gehen Sie immer nach der Maxime vor, nichts zu fordern, was nicht zum gewünschten Ergebnis führt. Das Hörzeichen **LAUF** sollte am Ende nicht vergessen werden.

Schritt 5: SITZ absichern

Nach einigen Tagen können Sie beginnen, das Sitzen abzusichern. Das heißt, der Hund soll nun lernen, sich nicht nur zu setzen (dies muss er schon gut beherrschen, bevor mit der Absicherung begonnen wird), sondern auch sitzen zu bleiben, sobald Sie das Hörzeichen **SITZ** geben.

Beginnen Sie wiederum in einer Umgebung ohne starke Ablenkung, geben Sie Hör- und Sichtzeichen **SITZ** und loben Ihren Hund. Zur Sicherheit sollten Sie die Leine in der Hand halten. Nach kurzer Zeit wird der Hund der Meinung sein, lange genug gesessen zu haben und wird aufstehen. Sprechen Sie ein Korrekturwort, z. B. **NEIN** oder **FALSCH**, nehmen Sie die Leine und führen Sie ihn an die Stelle, an der er ursprünglich gesessen hat. Erneutes Hör- und Sichtzeichen **SITZ**, freundliches Lob.

Hier klappt es schon gut, auch unter Ablenkung.

Damit der Hund überhaupt erkennt, dass er korrigiert wird, muss die Korrektur schnell erfolgen und der Hund muss an derselben Stelle wieder zum Sitzen gebracht werden. Der Ton Ihres **NEIN** muss der Situation angemessen sein, d. h., es muss sich stimmlich sowohl vom Lob als auch vom relativ neutralen Ton des Hörzeichens **SITZ** unterscheiden.

Beachten Sie, dass gerade Welpen schnell ermüden und noch nicht lange sitzen können. Ein **SITZ** von wenigen Sekunden ist in den ersten Wochen völlig ausreichend. Auch für Hunde, die dem Welpenalter schon entwachsen sind, ist ein längeres Sitzen anstrengend. Mehr als einige Minuten sollten Sie auch vom erwachsenen Hund nicht verlangen.

Schritt 6: Ablenkung steigern

Sind Sie in reizarmer Umgebung immer erfolgreich, beginnen Sie die Ablenkung beim Üben ganz allmählich zu steigern. Die Leckerchen der ersten Wochen werden nun abgebaut, jedoch nicht gänzlich gestrichen. Ab und zu, möglichst in für den Hund nicht vorhersehbaren Situationen, belohnen Sie ihn noch mit einem Leckerchen. Ihr freundliches Lob hingegen sollten Sie nie abstellen.

Eine Übung für Fortgeschrittene: Hinter dem sitzenden Hund vorbeigehen.

Fehler vermeiden

Die Übung korrekt aufheben

Schon zu Beginn haben wir unserem **SITZ** sofort das Hörzeichen **LAUF** hinzugefügt. Auf dieses Hörzeichen greifen wir nun zurück, um dem Hund zu gestatten, sich aus dem **SITZ** zu erheben. Das Sitzen muss in jedem Fall mit einem Hörzeichen aufgehoben werden, da der Hund sonst unnötig verwirrt wird. Unzuverlässiges Gehorchen des Hundes wird die logische Konsequenz sein. Achten Sie nun immer konsequent darauf, dass Sie diese Übung beenden und nicht der Hund.

Oft kommt es vor, dass sich der Hund hinlegt, nachdem das Hörzeichen **SITZ** gegeben wurde. Ziehen Sie ihn in einem solchen Fall sanft an der Leine nach oben, und geben Sie Ihrem Hörzeichen **SITZ** einen freundlichen Klang. Bei grober Zurechtweisung wird er erst recht nicht mehr aufstehen, da er Angst bekommt. Wenn Sie möchten, können Sie hier in den ersten Wochen unterstützend auch noch ein Leckerchen über die Nase des Hundes halten. Dann entlassen Sie ihn mit **LAUF**.

Wichtig ist in jedem Fall, dass Sie und der Hund die Übungen mit einem Erfolgserlebnis beenden. Ein Belohnungsspiel im Anschluss an die Übung sollte selbstverständlich sein.

SITZ – Absicherung

- → Hund ist im **SITZ**.
- → Sobald der Hund ohne Erlaubnis aufsteht, strenges Hörzeichen **NEIN**.
- → Hund wieder mit Hör- und Sichtzeichen in gleiche Position (an gleicher Stelle!) bringen (wenn das nicht ausreicht, Hund sanft in **SITZ**-Position drücken).
- → Sobald Hund wieder sitzt, LOBEN!
- → Nach einigen Sekunden ruhigen Sitzens darf der Hund mit **LAUF** wieder aufstehen.
- → Langsames Entfernen einüben.
- → Dauer, Entfernung und Ablenkung langsam steigern (bei Welpen nicht zu schnell vorgehen!).

Der Hund reagiert bereits auf die deutliche Körpersprache.

Übungsplan »SITZ«

	Wie wird's gemacht?	Wo?	Wie oft üben?	Hilfe, es klappt nicht!	Lernziel
Schritt 1	Hund an Leine! Leckerchen oder Spielzeug über Nase halten. Gleichzeitig Sichtzeichen (erhobener Zeigefinger). Wenn der Hund sitzt, loben und Leckerchen geben oder: loben und Spielzeug werfen. Sobald der Hund aufsteht, **LAUF** sagen, Belohnungsspiel.	Wohnung oder stille Wiese (Wiese nur, wenn Hund nicht abgelenkt ist – vorher schnüffeln und laufen lassen!).	Täglich mindestens zehnmal.	Mögliche Problemquellen: Hund hat keinen Appetit: Fütterung kontrollieren! Hund ist zu sehr abgelenkt: Nur in Wohnung üben. Hund ist zu zappelig: Erst üben, wenn Hund sich ausgetobt hat. Hund legt sich hin: Evtl. ist er zu müde, kurz korrigieren, Übung dann mit **LAUF** abbrechen.	Hund setzt sich auf Sichtzeichen sofort hin.
Schritt 2	Wie bei Schritt 1. jedoch mit leichter Ablenkung.	Wohnung: Familienmitglieder gehen vorbei. Wiese: Personen in weiter Entfernung, Hunde nur in sehr weiter Entfernung.	Täglich mindestens zehnmal.	Mögliche Problemquellen: Wie bei Schritt 1.	Hund setzt sich auf Sichtzeichen auch unter leichter bis mittlerer Ablenkung sofort hin.
Schritt 3	Hund an Leine! Gleichzeitig Sicht- und Hörzeichen **SITZ** geben. Hund sitzt: Loben und Leckerchen geben. **LAUF** sagen und Hund ermuntern aufzustehen. Belohnungsspiel.	Zu Beginn wieder ohne Ablenkung, dann Ablenkung steigern.	Täglich mindestens zehnmal.	Hund setzt sich nicht hin: Jetzt können Sie es verlangen, indem Sie ihn hinten sanft hinunterdrücken – loben!	Hund setzt sich auf Hör- und Sichtzeichen sofort hin.
Schritt 4	Hund an Leine nehmen. **SITZ** verlangen, loben. Mit Leine in der Hand kleinen Schritt nach hinten oder zur Seite treten, Moment abwarten, zum Hund zurückgehen und loben! **LAUF** und Belohnungsspiel.	Zu Beginn wieder ohne Ablenkung, dann Ablenkung steigern.	Täglich mindestens zehnmal.	Hund bleibt nicht sitzen: Korrekturwort **NEIN** oder **FALSCH** (streng!), Hund an gleiche Stelle zurückbringen, **SITZ** verlangen und loben! Es kann durchaus vorkommen, dass Ihr Hund dies häufig austestet. Konsequent bleiben!	Hund bleibt für einige Sekunden sitzen.
Schritt 5	Hund an Leine nehmen. **SITZ** wie bei Schritt 4, aber einige Schritte entfernen. Später auch Kreise um Hund laufen, immer mit Leine in der Hand! Leckerchen zur Belohnung jetzt weglassen! **LAUF** und Belohnungsspiel.	Auch in mittlerer Ablenkung üben!	Täglich mindestens fünfmal.	Steht Ihr Hund immer noch häufig auf, dann sind Sie zu schnell vorgegangen oder korrigieren nicht energisch genug.	Hund bleibt etwas länger sitzen, auch unter größerer Ablenkung.
Schritt 6	Hund an lange Leine nehmen, Schritt 5 in allen möglichen Situationen wiederholen!	Starke Ablenkung (andere Hunde unmittelbar daneben). Futter von Fremden vor Nase halten lassen.	Täglich.	Sie üben nicht oft genug.	Hund bleibt auch unter stärkster Ablenkung sitzen. Haben Sie dies erreicht, können Sie auch ohne Leine üben.

PLATZ

Lernziel

Der Hund soll sich auf ein einmaliges Sicht- und/oder Hörzeichen hin sofort hinlegen und so lange, auch unter Ablenkung, liegen bleiben, bis ihm erlaubt wird aufzustehen.

Hör- und Sichtzeichen

PLATZ

Als Sichtzeichen verwenden wir die flache Hand, die vor dem Hund zu Boden geführt wird. Das Hörzeichen **PLATZ** unterscheidet sich im Ton vom Hörzeichen **SITZ**. Wir geben unserer Stimme einen entschiedenen, etwas energischeren Ton.

Schritt-für-Schritt-Anleitung

Schritt 1: Wie fange ich es an?

Nun soll der Hund lernen, was das Hörzeichen **PLATZ** bedeutet. Er soll lernen, es auf Ihren Wunsch hin zu befolgen, und er soll lernen, dass die Übung nicht von ihm aufgehoben werden darf. Hierbei gehen wir wie immer schrittweise vor.
Der Hund muss zunächst einmal verstehen, welche Körperhaltung wir von ihm erwarten. Hierzu gibt es mehrere Möglichkeiten:

Variante 1: Der „Tunnel"

Üben Sie zunächst in ablenkungsfreier Umgebung. Der Hund muss hungrig sein. Die letzte Mahlzeit sollte also mehrere Stunden zurückliegen.

Vorbereitung zum Tunnel.

PLATZ-Sichtzeichen mit Leckerchen.

PLATZ – der „Tunnel“

- → Mit Beinen „Tunnel“ bilden oder Stuhl verwenden.
- → Leckerchen mit Daumen unter flacher Hand festklemmen.
- → Hund damit in „Tunnel“ locken.
- → Sobald der Hund liegt, Hörzeichen **PLATZ**, Hand herumdrehen und Leckerchen geben, dabei loben.
- → Wenn der Hund aufsteht, Hörzeichen **LAUF**.

Das Leckerchen wird unter der flachen Hand „festgeklemmt“ und der Hund in den Tunnel gelockt.

Sobald der Hund liegt, geben Sie das Hör- und Sichtzeichen PLATZ.

Knien Sie sich erst hin, dann stellen Sie ein Bein aufrecht, sodass eine Art Tunnel entsteht. Machen Sie Ihren Hund nun mit freudigen Lauten darauf aufmerksam, dass sich in Ihrer Hand ein Leckerchen befindet, doch geben Sie es ihm zunächst nicht. Sobald er auf das Leckerchen aufmerksam geworden ist und Interesse daran zeigt, locken Sie ihn damit und mit aufmunternder Stimme unter Ihr angewinkeltes Bein. Im Idealfall befindet er sich nun genau unter Ihnen. Sie haben Ihre Position bislang nicht geändert.
Jetzt kommt das Sichtzeichen für **PLATZ** zum Einsatz, auf ein Hörzeichen verzichtet man zunächst.
Die Hand mit dem Leckerchen legen Sie flach auf den Boden vor den Hund. Das Leckerchen haben Sie dabei unter der flachen Hand mit dem Daumen versteckt (siehe Foto S. 137).
Je nach Größe des Hundes verkleinern Sie den „Tunnel“ nun derart, dass der Hund sich legen muss, um an Ihre flache Hand mit dem Leckerchen zu kommen. Verkleinern Sie jedoch erst, wenn der Hund sich unter Ihnen befindet, sonst könnte er von vornherein zögern, unter Ihrem Bein durchzukriechen. Bei sehr kleinen Hunden setzen Sie sich einfach auf den Boden und winkeln beide Beine vor sich an.
Sobald Ihr Hund liegt, sagen Sie **PLATZ** und öffnen die flache Hand, sodass er das Leckerchen nehmen kann. Gleichzeitig loben Sie überschwänglich mit der Stimme. Geben Sie Hörzeichen **LAUF**, stehen auf und versuchen es erneut.

Bleiben Sie beharrlich, auch wenn der Hund andere Verhaltensweisen anbietet.

Nun darf der Hund das Leckerchen aus der Hand fressen.

Variante 2: Der Stuhl

Genauso gut können Sie bei einem größeren oder mittelgroßen Hund einen Stuhl zu Hilfe nehmen und den Hund mit Leckerchen unter den Stuhl locken. Befindet er sich dort, legen Sie die Hand mit dem Leckerchen flach auf den Boden. Sobald der Hund liegt, geben Sie erneut das Hör- und Sichtzeichen **PLATZ**.

Variante 3: Leckerchen zwischen den Vorderbeinen

Es gibt auch Hunde, bei denen es ausreicht, ein Leckerchen unter der flachen Hand direkt zwischen den Vorderbeinen des Hundes zu Boden zu führen. Zuvor müssen Sie den Hund natürlich darauf aufmerksam gemacht haben, dass sich in Ihrer Hand etwas Gutes befindet.

Fehler vermeiden

Keine Ablenkung beim Üben

Achten Sie zunächst strengstens auf eine ablenkungsfreie Umgebung. Keinesfalls sollten zu Beginn sämtliche Familienmitglieder oder Freunde anwesend sein, da der Hund so möglicherweise sich völlig widersprechende Signale erhält, die ihn zu stark ablenken und verwirren. Dies gilt im Übrigen für alle Erziehungsübungen in gleichem Maße, und zwar so lange, bis der Hund begriffen hat worum es geht. Sind Ihre Familienmitglieder einsichtig genug, den Hund zwar zu beobachten während Sie üben, ihn jedoch völlig zu ignorieren, sobald er sich an sie wendet, ist gegen eine Anwesenheit nichts einzuwenden.

Haben Sie Geduld

Erwarten Sie nicht, dass ein Hund, der **PLATZ** noch nicht gelernt hat, sich sofort zu Boden wirft, sobald Ihre Hand inklusive Leckerchen auf dem Boden ankommt.

Bei allen Varianten ist Geduld gefragt. Wahrscheinlicher ist, dass der Hund zunächst sein ganzes Repertoire anwenden wird, mit dem er üblicherweise an seine Ziele gelangt: Er wird bellen, winseln, jammern, er wird Sie anstoßen, die Pfote geben usw. Zeigen Sie sich völlig unbeeindruckt und haben Sie Geduld. Sobald er liegt, keinesfalls vorher, geben Sie das Hörzeichen **PLATZ**, öffnen die Hand, und gleichzeitig zu seinem Leckerchen erhält der Hund ein begeistertes Lob. Daraufhin folgen Hörzeichen **LAUF** und ein erneuter Versuch.

Häufig wiederholen

Auch wenn es Ihnen schon zu den Ohren herauskommt, weisen wir an dieser Stelle noch einmal darauf hin: Der Hund braucht häufige Wiederholungen.

Wenn es mit sanften Methoden nicht klappt

Es soll keinesfalls verschwiegen werden, dass es Hunde gibt, bei denen die bereits beschriebenen sanften Methoden nicht funktionieren. Es wäre vermessen bei der Vielzahl von Hundecharakteren drei oder vier Methoden zu beschreiben und zu behaupten, dass diese immer und bei allen Hunden anwendbar sind.

Variante 3: Hier wird das Leckerchen unter der flachen Hand zwischen den Beinen des Hundes nach vorne geführt.

Es gibt Hunde, die sich überhaupt nicht für Ihre Besitzer interessieren, egal was diese ihnen anbieten und aus welchen Gründen auch immer, ebenso Hunde, die durch Spielzeug nicht zu motivieren sind. Es gibt Hunde, die sich trotz konsequenter Futterkontrolle nicht im Geringsten für den leckeren Trockenfisch interessieren, für den sich andere Hunde „umbringen". Die Überprüfung, warum sich der entsprechende Hund so starke Ignoranz leistet, sollte mit fachlicher Hilfe erfolgen.

Wichtig

PLATZ nicht nur aus dem SITZ heraus üben!

Seien Sie bei dieser Übung flexibel und trainieren Sie **PLATZ** mit dem Hund nicht nur aus der **SITZ**-Position. In Ihrem späteren „Hundealltag" werden Sie **PLATZ** in allen möglichen Situationen gut gebrauchen können und in den wenigsten wird sich der Hund vorher im **SITZ** befinden. Üben Sie daher von Anfang an variabel!

Erst wenn der Hund richtig liegt, bekommt er seine Belohnung.

Deutliche Sichtzeichen sind für den Hund sehr wichtig.

Schritt-für-Schritt-Anleitung

Schritt 2: Hörzeichen PLATZ voranstellen

Ihr Hund hat nun begriffen, sich hinzulegen, sobald die flache Hand vor ihm – immer noch in reizarmer Umgebung – zu Boden geführt wird. Davon können Sie ausgehen, wenn Sie den Hund ca. eine Woche lang täglich durch häufige Wiederholung zum Hinlegen gebracht und anschließend das Hörzeichen **PLATZ** gegeben haben.

Der nächste Schritt ist, das Hörzeichen **PLATZ** einzufordern. Mit der Leine in der einen und dem Leckerchen in der anderen Hand geben Sie ein deutliches Hör- und Sichtzeichen **PLATZ**. Die Deutlichkeit des Sichtzeichens ist dabei sehr wichtig. Hunde orientieren sich stark an nonverbalen Zeichen. Reagiert der Hund, bekommt er sein Leckerchen, wird ausführlich gelobt und erhält das Hörzeichen **LAUF**.

Aus dem PLATZ ins SITZ. Körperhaltung und Sichtzeichen sind deutlich und damit für den Hund verständlich.

Auch beim **PLATZ** kann es bei aller Sorgfalt und Geduld Situationen geben, in denen der Hund versucht, Ihr Hörzeichen zu ignorieren und damit zu testen, wie wichtig Ihnen die Ausführung tatsächlich ist. Haben Sie dem Hund zu Beginn genügend Zeit zur Verknüpfung gegeben, und haben Sie die Ablenkung, mit der Sie üben, nicht zu schnell gesteigert, wird der Druck, den Sie anwenden müssen, um sich durchzusetzen, gering sein. Doch gestatten Sie Ihrem Hund keinesfalls, Sie zu ignorieren.

Schritt 3: PLATZ und Liegenbleiben

Mit der Absicherung des Liegenbleibens beginnen Sie, sobald der Hund bei mittlerer Ablenkung zuverlässig und schnell auf das erste Hörzeichen **PLATZ** reagiert. Wenn er liegt, wird er selbstverständlich gelobt.
Geben Sie dem Hörzeichen stimmlich einen verbindlichen Charakter, das erleichtert das Verständnis für den Hund. Transportieren Sie durch Ihren Tonfall an dieser Stelle ein zu freundliches „Würdest du bitte freundlicherweise an dieser Stelle liegen bleiben?“, müssen Sie auch akzeptieren, dass der Hund Ihnen antwortet: „Nein, würde ich nicht!“ Zuverlässiges **PLATZ** und Liegenbleiben ist eine Übung, die Fleiß und Autorität voraussetzt. Schreien sollen Sie selbstverständlich nicht, doch geben Sie Ihrer Stimme einen energischen, selbstbewussten Klang.

Platzübung auf Distanz und mit Ablenkung.

Schritt 4: Ablenkung steigern

Schrittweise beginnen Sie nun, die Ablenkung zu erhöhen. Suchen Sie wechselnde Orte zum Üben auf. Während Sie zu Beginn nur zwei bis drei Schritte vom Hund wegtreten, sollten Sie nach einiger Zeit schon mehrere Meter weggehen können. Bleiben Sie jedoch immer in Sichtweite, anders können Sie Ihren Hund nicht schnell genug korrigieren. Außerdem ist es für den Alltag völlig überflüssig, dass der Hund im **PLATZ** bleibt, sobald er Sie nicht mehr sieht. Üben Sie nicht ohne Leine, damit der Hund leicht korrigierbar bleibt, und zwar so lange, bis Sie sich wirklich sicher sind, dass er sich nicht mehr durch Weglaufen entzieht.

In den ersten Wochen sollten Sie **PLATZ** nicht über **LAUF** aufheben. Es ist besser, den Hund zunächst ins **SITZ** zu holen und dann mit **LAUF** zu entlassen. Bei vielen Hunden steigt so die Hemmschwelle, aus dem **PLATZ** aufzuspringen und davonzurennen. Hierbei muss Folgendes beachtet werden:

PLATZ – Absicherung

- Hund ist im **PLATZ**. Sobald er ohne Erlaubnis aufsteht, strenges Hörzeichen **NEIN**.
- Hund wieder mit Hör- und Sichtzeichen in gleiche Position (an gleicher Stelle!) bringen.
- Sobald Hund wieder liegt, loben!
- Nach einigen Sekunden ruhigen Verweilens im **PLATZ** Hund mit freundlichem **SIIETZ** in **SITZ**-Position bringen (mit Leckerchen locken oder sanft nach oben ziehen), dann mit **LAUF** aufstehen lassen.
- Langsames Entfernen einüben. Dauer, Entfernung und Ablenkung langsam steigern (bei Welpen nicht zu schnell vorgehen!).

Lassen Sie sich immer Zeit beim Aufheben der **PLATZ**-Übung. Nähern Sie sich langsam und gelassen der Leine, schleichen Sie sich nicht an den liegenden Hund heran! Greifen Sie die Leine und warten Sie noch einige Sekunden. Verhält sich der Hund ruhig, loben Sie ihn tüchtig, geben ein freundliches Hörzeichen **SIIETZ**, helfen ihm mit der Leine und/oder Leckerchen nach oben und loben erneut. Danach freundliches **LAUF** und Belohnungsspiel. Durch dieses Prozedere wird vom Hund eine Menge Geduld verlangt, denn er möchte eigentlich gern aufstehen und sich mit interessanteren Dingen beschäftigen.

Holen Sie Ihren Hund jedoch nur ab, wenn er tatsächlich ruhig und gelassen bleibt. Achten Sie darauf, den Hund nie aus dem **PLATZ** zu holen, wenn er gerade unruhig ist, jammert, winselt oder bellt. Zeigt er diese Verhaltensweisen, so achten Sie lediglich darauf, dass er das **PLATZ** nicht selbstständig aufhebt.

Korrigieren Sie, wenn es sein muss. Alles andere ignorieren Sie hartnäckig. Verhält sich der Hund ruhig, so entlassen Sie ihn aus der Übung. Machen Sie sich klar, dass Sie Ungeduld, Gewinsel o. Ä. beim Hund belohnen, wenn Sie ihn im falschen Moment abholen.

Keine Angst vor Fehlern des Hundes

Es gibt immer wieder Schüler und Schülerinnen in unserer Hundeschule, die beim **PLATZ** unsicher und in geduckter Haltung um den Hund herumschleichen und vor lauter Angst, dieser könne aufstehen, ständig Hörzeichen **PLATZ** geben, obwohl der Hund noch keine Anstalten macht aufzustehen. Haben Sie keine Angst vor Fehlern des Hundes. Steht er auf, wird er eben korrigiert. Daran ist nichts Schlimmes und es gibt keinen Grund, unsicher zu sein. Geben Sie Ihrem Hund nicht das Gefühl, die Situation nicht unter Kontrolle zu haben. Hunde nutzen Unsicherheit und Angst ihrer Menschen oft schamlos aus, und sie wären dumm, wenn sie es nicht täten. Eine erfolgreiche Korrektur ist immer besser als eine „hingepfuschte" Übung!

Hundepfeife

Wenn der Hund sich ohne oder bei mittlerer Ablenkung zuverlässig hinlegt, können Sie zusätzlich ein Pfeifensignal einführen (z. B. Triller). Pfeifen Sie den Triller, gleichzeitig geben Sie das Sichtzeichen **PLATZ**.
Wenn das nicht ausreicht, korrigieren Sie den Hund mit Hörzeichen wie oben beschrieben. Im Allgemeinen verknüpft der Hund nach einigen Wiederholungen wie gewünscht. Für ein zuverlässiges Befolgen des Pfiffes ist ebenfalls eine konsequente Absicherung wie beschrieben notwendig.

Hinweis für Welpenbesitzer:
Gehen Sie mit dem Welpen nicht zu schnell vor. Es ist völlig ausreichend, wenn Sie bei Schritt 4 ankommen, wenn der Hund ca. fünf bis sechs Monate alt ist.

Hinweis für Besitzer älterer Hunde:
Je älter Ihr Hund ist, umso schneller können Sie vom Hund mehr verlangen, vorausgesetzt, Sie üben wirklich mehrmals täglich!

Zwischendurch immer wieder Belohnungsspiel einbauen!

Sichtzeichen und Trillerpfiff werden gleichzeitig ausgeführt, bis sich der Hund hingelegt hat.

Übungsplan »PLATZ«

	Wie wird's gemacht?	Wo?	Wie oft üben?	Hilfe, es klappt nicht!	Lernziel
Schritt 1	Hund an Leine! Sichtzeichen: Flache Hand zu Boden führen, noch KEIN Hörzeichen verwenden! Wenn Hund liegt, loben und Leckerchen geben oder: loben und Spielzeug werfen. Sobald Hund aufsteht, **LAUF** sagen. Belohnungsspiel.	Wohnung oder stille Wiese (Wiese nur, wenn Hund nicht abgelenkt ist, vorher schnüffeln und laufen lassen!).	Täglich mindestens zehnmal.	Mögliche Problemquellen: Hund hat keinen Appetit: Fütterung kontrollieren. Hund ist zu sehr abgelenkt: Nur in Wohnung üben. Hund ist zu zappelig: Erst üben, wenn Hund sich ausgetobt hat.	Hund legt sich auf Sichtzeichen sofort hin.
Schritt 2	Hund an Leine! Sobald sich Ihr Hund auf das Sichtzeichen hin hinlegt, können Sie vorher auch das Hörzeichen **PLATZ** geben.	Wohnung: Leichte Ablenkung einbauen: Familienmitglieder gehen vorbei. Wiese: Personen in weiter Entfernung, Hunde nur in sehr weiter Entfernung.	Täglich mindestens zehnmal.	Mögliche Problemquellen: Wie bei Schritt 1. Üben Sie häufiger.	Hund legt sich auf Sichtzeichen auch unter leichter Ablenkung sofort hin.
Schritt 3	Hund an Leine nehmen, **PLATZ** verlangen, loben. Mit Leine in der Hand kleinen Schritt nach hinten oder zur Seite treten, einen Moment abwarten, zum Hund zurückgehen und loben! **LAUF** und Belohnungsspiel.	Zu Beginn wieder ohne Ablenkung, dann Ablenkung steigern.	Täglich mindestens zehnmal.	Hund bleibt nicht liegen: Korrekturwort **NEIN** oder **FALSCH** (streng!), Hund an gleiche Stelle zurückbringen, **PLATZ** verlangen und loben! Es kann durchaus vorkommen, dass Ihr Hund dies häufig austestet, konsequent bleiben!	Hund bleibt für einige Sekunden liegen.
Schritt 4	Hund an Leine nehmen, **PLATZ** wie bei Schritt 3, aber einige Schritte entfernen. Später auch Kreise um Hund laufen, immer mit Leine in der Hand. Leckerchen zur Belohnung jetzt weglassen! Aufheben ab sofort über **SITZ**, **LAUF** und Belohnungsspiel.	Auch in mittlerer Ablenkung üben!	Täglich mindestens fünfmal.	Steht Ihr Hund immer noch häufig auf, dann sind Sie zu schnell vorgegangen oder korrigieren nicht energisch genug.	Hund bleibt etwas länger liegen (bis zwei Minuten), auch unter größerer Ablenkung.
Schritt 5	Hund an lange Leine nehmen, Schritt 4 unter allen möglichen Situationen wiederholen!	Starke Ablenkung (andere Hunde unmittelbar daneben!), Futter von Fremden vor Nase halten lassen. Spielzeug vorbeirollen.	Täglich.	Sie üben nicht oft genug.	Hund bleibt auch unter stärkster Ablenkung liegen. Zeitdauer steigern (bis fünf Minuten!), Haben Sie dies erreicht, können Sie auch ohne Leine üben.

Für Fortgeschrittene – Variationen der PLATZ-Übung

Um sich selbst und Ihren Hund nicht zu langweilen, sollten Sie verschiedene Varianten der **PLATZ**-Übung in Ihr Trainingsprogramm einbauen. Darüber hinaus ist Abwechslung beim Lernen von großer Bedeutung für die Erfolgssteigerung.
Abwechslung beim Lernen kann jedoch auch problematisch werden, wenn man zu schnell vorgeht und die Dinge durcheinander wirft. Gehen Sie schrittweise vor. Überfordern Sie weder den Hund noch sich selbst.
In den ersten Tagen üben Sie bitte lediglich die bislang erklärte Variante. Haben Sie erreicht, dass Ihr Hund sich relativ schnell auf Ihr erstes Hörzeichen hinlegt und schon kurze Zeit (ca. zwei bis drei Minuten bei geringer/mittlerer Ablenkung) liegen bleibt, ohne dass eine Korrektur nötig ist, beginnen Sie zu variieren.

Diese Entfernung kann erst mit dem „PLATZ-Profi" geübt werden.

Variante 1: PLATZ und Bleiben

Schritt 1: Vor dem Hund stehend üben

Zunächst geben Sie dem Hund das Hörzeichen **SITZ** und stellen sich direkt vor ihn. Schauen Sie ihn an. Steht er auf oder legt sich hin, wird er korrigiert.
Geben Sie das Hörzeichen **PLATZ** zeitgleich mit dem entsprechenden Sichtzeichen. Liegt der Hund, loben Sie ihn.
Um die Übung neu aufzubauen, nehmen Sie die Leine wieder auf und warten einen kleinen Moment in entspannter, aufrechter Körperhaltung. Dieses kurze Warten ist ausgesprochen wichtig. Es lehrt den Hund, geduldig zu sein und nicht sofort aus der **PLATZ**-Position aufzuspringen, sobald Sie sich der Leine nähern.

Schritt 2: Langsam entfernen

Haben Sie kurz gewartet, und Ihr Hund hat sich in der gewünschten Form geduldig verhalten, geben Sie das Hörzeichen **SITZ** in möglichst freudiger Stimmlage und helfen dem Hund sanft, an der Leine zu sitzen. Auch dafür gibt es selbstverständlich ein Lob.

Entfernen Sie sich im nächsten Schritt der Übung langsam mit Blickrichtung zum Hund, für den Anfang jedoch nicht weiter als ein bis zwei Schritte. Geben Sie das Hörzeichen **PLATZ** mit der gewohnten Körperhilfe.
Reagiert der Hund sofort nach dem ersten Hörzeichen, loben Sie überschwänglich. Reagiert er nicht, machen Sie einen schnellen Schritt in seine Richtung und deuten wortlos, aber unmissverständlich in Richtung Boden, solange bis der Hund sich hingelegt hat. Beginnen Sie nun langsam, die Entfernung zum sitzenden Hund zu vergrößern, und trainieren Sie diese Variante regelmäßig.

PLATZ unter starker Ablenkung: Der Hund muss liegen bleiben, während sein Mensch in einem Bogen um ihn herum läuft.

Dieser Hund gehorcht schon so zuverlässig, dass er aus dem PLATZ herangerufen werden kann.

PLATZ beim Spaziergang. Achten Sie auf eine eindeutige Körpersprache.

Fehler vermeiden

Die folgenden Fehler können sich bei dieser Übung einschleichen und sollten vermieden werden.

Entfernung nicht zu schnell steigern

Vergrößern Sie die Entfernung zum sitzenden Hund erst dann, wenn der Hund das Hörzeichen auf die momentane Entfernung beim ersten **PLATZ** befolgt.

Hörzeichen nur einmal geben

Geben Sie das Hörzeichen nur einmal. Reagiert Ihr Hund nicht, machen Sie einen schnellen Schritt in seine Richtung und geben ihm so lange wortlos das Sichtzeichen für **PLATZ**, bis er liegt.

Richtig korrigieren

Der Hund soll lernen, sich an der Stelle hinzulegen, an der er sich befindet, wenn das Hörzeichen ertönt. Viele Hunde stehen bei dieser Übung auf und laufen auf ihre Besitzer zu. Nehmen Sie den Hund in diesem Fall an der Leine, und legen Sie ihn an der ursprünglichen Position wieder hin.

Haben Sie einen Hund, der auf Sie zuläuft, anstatt sich hinzulegen, verkleinern Sie erneut die Entfernung zu ihm und machen beim nächsten Versuch zeitgleich zum Hörzeichen einen großen Ausfallschritt in seine Richtung, verbunden mit einem überdeutlichen

Sichtzeichen (Hand auf den Boden) direkt vor seiner Nase, sodass der Hund keinen Raum mehr hat, um auf Sie zuzulaufen.

Deutliche Sichtzeichen

Mangelnde Körpersprache verleitet ebenfalls viele Hunde zu Fehlern. Mit einer deutlichen Körpersprache helfen Sie dem Hund, Sie besser zu verstehen und vermeiden dadurch Missverständnisse.

Nicht den Namen rufen

Vermeiden Sie es, den sitzenden Hund, bevor Sie das Hörzeichen **PLATZ** geben, beim Namen anzusprechen. Das Nennen des Hundes beim Namen in dieser Situation ist kontraproduktiv, da es den Hund verleitet, aufzustehen und zu Ihnen zu laufen. Er macht dabei noch nicht einmal einen Fehler, denn häufig nennt man den Hund beim Namen, um ihn zu rufen oder auf sich aufmerksam zu machen.

Zu häufige Wiederholungen

Üben Sie diese Variante ca. fünf- bis sechsmal am Tag hintereinander, möglichst nicht öfter, außer es liegen einige Stunden zwischen den Übungseinheiten. Es langweilt den Hund und Sie wahrscheinlich auch. Lassen Sie sich beim Neuaufbau viel Zeit, so wie es oben beschrieben ist.

Variante 2: PLATZ aus der Bewegung

Diese Übung sollten Sie einführen, sobald Ihr Hund sich prinzipiell bei der klassischen Übungsvariante schnell hinlegt und schon ohne Korrektur länger liegen bleibt.

Lassen Sie Ihren Hund mit dem Hörzeichen **LAUF** an das Ende der Leine, und bewegen Sie sich mit ihm im Spaziergehtempo in die von Ihnen gewünschte Richtung. Geben Sie dem Hund keine Hörzeichen, beachten Sie ihn nicht (scheinbar!), und korrigieren Sie lediglich sein Ziehen an der Leine, wie im Kapitel Leinenführigkeit (Seite 156) beschrieben.

Beobachten Sie Ihren Hund genau. Haben Sie das Gefühl, er ist gerade besonders abgelenkt und achtet gar nicht auf Sie, geben Sie das Hörzeichen **PLATZ** und machen einen Ausfallschritt in seine Richtung in Verbindung mit dem Sichtzeichen.

Reagiert der Hund sofort, wird er gelobt. Reagiert er nicht auf das erste Hörzeichen, so verbleiben Sie wortlos in gebückter Körperhaltung, bis der Hund liegt. Danach loben Sie ihn. Achten Sie darauf, dass Ihr Hund sich genau an der Stelle legt, an der er sich befindet, wenn Ihr Hörzeichen erfolgt. Andernfalls korrigieren Sie ihn, indem Sie ihn möglichst schnell an diese Stelle führen und dort ablegen.

Lassen Sie ihn einen Moment liegen, und heben Sie dann das Hörzeichen wie oben beschrieben auf: langsames Aufnehmen der Leine, freundliches aufmunterndes **SITZ**. Sie können durchaus an dieser Stelle ein längeres Ablegen von mehreren Minuten einbauen (dies gilt natürlich auch für Variante 1). Für das Wiederholen dieser Übung gilt dasselbe wie bei Variante 1. Lassen Sie sich Zeit beim Neuaufbau, wiederholen Sie nicht öfter als fünf- bis sechsmal hintereinander.
Klappt die Übung gut bis sehr gut an der normalen Führleine, können Sie den Schwierigkeitsgrad erhöhen, indem Sie dem Hund eine längere Leine anlegen.

Variante 3: PLATZ auf Entfernung

Mit dieser Übung können Sie optimale Aufbauarbeit für das **PLATZ** auf Entfernung leisten. **PLATZ** auf Entfernung bedeutet, dass der Hund sich auch auf eine Distanz von ca. 10 bis 20 Metern zuverlässig auf das erste Hörzeichen hin ins **PLATZ** begibt. Zunächst wird, um dieses Ziel zu erreichen, ausschließlich wie eben beschrieben an der kurzen Führleine trainiert. Diese sollte höchstens ein bis zwei Meter lang sein. Erst wenn der Hund sich in allen Situationen an dieser Leine sofort bereitwillig hinlegt, kann man zu einer längeren Leine übergehen. Die 5-Meter-Leine ist hier gut geeignet. Zunächst sollte man aber keinesfalls die vollen fünf Meter ausnutzen, sondern die Leine so fassen, dass nun lediglich mit einer Distanz von ca. einem Meter mehr geübt wird. Reagiert der Hund bei dieser Entfernungsvergrößerung nicht mehr auf das erste Hörzeichen, so muss so lange wieder fleißig an der kurzen Leine geübt werden, bis der Hund an der längeren Leine die gewünschte prompte Reaktion zeigt.
Sind Sie bei einer schnellen Reaktion des Hundes etwa bei einer Distanz von drei Metern angelangt, können Sie die Entfernung um einen weiteren halben oder ganzen Meter vergrößern. Kann hier von einer zuverlässigen Ablage des Hundes gesprochen werden, darf die Entfernung ein weiteres Mal um 50 Zentimeter bis einen Meter erhöht werden, bis Sie die 5-Meter-Leine schließlich ganz am Ende halten und der Hund sich innerhalb dieses Radius sofort hinlegt, sobald das Hörzeichen **PLATZ** erfolgt.
Wenn Sie genügend Geduld und Ausdauer mitbringen, können Sie nun an der 10-Meter-Leine weiter in der bereits eingeführten Weise üben, die Distanz noch weiter zu erhöhen, bis Sie auch dort am Ende angekommen sind.
Oberste Prämisse beim Aufbau dieser Übung ist es ganz langsam,

Tipp
Ablenkungsreize steigern

Legen Sie beim Üben von PLATZ auf Entfernung zunächst mehr Wert darauf, die Ablenkung zu steigern. Die Distanz kommt dann von allein.

wenn es sein muss buchstäblich zentimeterweise, vorzugehen. Die schrittweise Erhöhung der Distanz darf erst dann erfolgen, wenn das **PLATZ** auf Entfernung in der gerade aktuell trainierten Entfernung sofort vom Hund ausgeführt wird. Es kann während der einzelnen Phasen durchaus nötig sein, die Distanz kurzzeitig wieder zu verringern, weil der Hund sich möglicherweise ignorant verhält. Außerdem muss in jeder „Entfernungsphase" – auch wenn die tatsächliche Distanz zwischen Mensch und Hund zunächst nur einen Meter beträgt – die Ablenkung, in der geübt wird, behutsam gesteigert werden. Natürlich können Sie das Training bis auf mehrere Meter Distanz auch in kompletter Abgeschiedenheit trainieren, müssen dann aber in leicht gesteigerter Ablenkung wieder mit einer Minidistanz anfangen und in dieser Umgebung alle weiteren Entfernungen einüben. Nach diesem Muster können Sie weiter verfahren, bis Sie auf einem hohen Ablenkungslevel angelangt sind, auf dem Sie natürlich zunächst auch wieder mit einer ganz geringen Distanz beginnen müssen, die behutsam gesteigert werden sollte.

PLATZ aus der Bewegung heraus.

Variante 4: PLATZ aus dem freien Spiel heraus

Bevor Sie mit dieser Übung beginnen, müssen alle anderen Varianten gut klappen. Der Hund soll sich schon zuverlässig mehrere Minuten ohne Korrektur ablegen lassen. Außerdem sollten Sie das Prinzip des Spiels mit dem Hund verinnerlicht haben, wie im entsprechenden Kapitel beschrieben.

So wird's gemacht

Nehmen Sie die Leine des Hundes in die eine, das Spielzeug in die andere Hand. Leiten Sie das Spiel mit dem Hund in der beschriebenen Weise ein, spielen Sie mehrere Sekunden mit vollem Einsatz, achten Sie darauf, dass Sie das Spiel zu diesem Zeitpunkt so gestalten, dass der Hund das Spielzeug nicht fassen kann. Wenn der Hund möglichst erregt ist, geben Sie das Hörzeichen **PLATZ** sowie mit der freien Hand das entsprechende Sichtzeichen dazu. Achten Sie darauf, dass Sie zu Beginn wirklich nur wenige Sekunden, dafür jedoch mit vollem Einsatz spielen, bevor Sie das Hörzeichen geben.
Der Hund sollte auf dem Höhepunkt der Begeisterung sein. Anfangs ist es nicht leicht, dieses Verhalten in die Länge zu ziehen. Zählen Sie, sobald der Hund liegt, in Gedanken bis drei (nicht zu schnell), geben Sie Hörzeichen **LAUF** und leiten eine zweite Spielrunde ein. Diesmal lassen Sie den Hund das Spielzeug fassen.
Haben Sie einige Tage in dieser Form trainiert und bemerken eine steigende Begeisterung und Freude beim Hund, können Sie die Anzahl der kurzen Spielrunden, in denen der Hund das Spielzeug nicht fassen soll, Sie jedoch **PLATZ** verlangen, auf drei bis vier Runden erhöhen. Machen Sie dies bitte nicht zu früh. Hält sich die Begeisterung und die Konzentration des Hundes noch in Grenzen, lassen Sie den Hund noch in jeder zweiten Runde das Spielobjekt fassen.

Hier ist eine überdeutliche Körpersprache unbedingt erforderlich.

Gehorchen macht Spaß!

Innerhalb dieser Variante erfolgt nach dem Hörzeichen kein längeres Abliegen. Abgebrochen wird diese Übung immer damit, dass Sie das Spiel beenden und das Spielzeug wegstecken. Beenden Sie also hier nie mit **PLATZ**, sondern lediglich mit Spielabbruch.
Das **PLATZ** soll hier immer durch Spielaktivität belohnt werden. Übrigens: Sofern Sie „richtig" spielen, beginnt das Spiel für den Hund nicht erst, wenn er sein Spielzeug im Maul hält.

Das praktische Ziel dieser Übung ist, ein schnelles, freudiges Abliegen des Hundes zu erreichen. Das ideelle Ziel ist, dem Hund zu vermitteln, dass es lustvoll ist, unsere Hörzeichen zu befolgen. Deshalb ist es unabdingbar, dass der Hund in einer der Spielrunden (in jedem Fall in der letzten) das Spielobjekt erhält.
Variieren Sie die beschriebenen Übungsvarianten, vernachlässigen Sie jedoch keinesfalls das lange Abliegen. Steht eine der anderen zuvor beschriebenen **PLATZ**-Varianten am Ende Ihrer täglichen Übungseinheit, lassen Sie als Belohnung zum Schluss selbstverständlich ebenfalls Spiel folgen.

Kurzes Stillhalten – dann geht es weiter.

Der Hund folgt der Körpersprache des Menschen prompt.

Leinenführigkeit

Ziehen ist selbstbelohnend

Ein ordentliches An-der-Leine-Gehen ohne Ziehen und Zerren zu erreichen, ist eines der schwierigeren Ziele in der Hundeerziehung. Unser normales Gehtempo entspricht fast nie dem natürlichen Tempo eines Hundes, sodass der Hund gezwungen ist, für seine Begriffe sehr langsam zu laufen. Dies fällt jungen und temperamentvollen Hunden verständlicherweise sehr schwer!
Außerdem ist Ziehen selbstbelohnend: Der Hund zieht, weil er vorwärts möchte. Mit jedem Schritt, den Sie an gespannter Leine tun und den der Hund vorwärts kommt, verstärken Sie das Ziehen. Erlauben Sie Ihrem Hund auch nicht, an der kurzen Leine mit anderen Hunden zu spielen, denn auch hier wird Ziehen an der Leine belohnt.

Der Hund zieht.

Abruptes Stehenbleiben ist die Reaktion des Menschen.

Der Hund lockert die Leine.

Wege zum leinenführigen Hund

Um eine gute Leinenführigkeit zu erreichen, ist auch hier Konsequenz und sehr sorgfältiges Vorgehen gefragt. Es gibt verschiedene Methoden, um dem Hund klar zu machen, dass er nicht an der Leine ziehen soll. Sie können sogar gemischt werden, dürfen aber nicht nachlässig oder gar nur manchmal angewandt werden. Allen Methoden gemein ist, dass bei jedem (!) Ziehen an der Leine sofort reagiert werden muss. Sofort reagieren heißt, dass Sie innerhalb von zwei bis drei Sekunden nach Anspannen der Leine eine der drei beschriebenen Methoden anwenden müssen. Gehen Sie erst einmal einige Schritte oder gar Meter mit angespannter Leine, dann können Sie von Ihrem Hund nicht erwarten, dass er versteht, dass Sie damit nicht einverstanden sind.

Jetzt können Sie weitergehen.

Variante 1: Stehenbleiben

Bereits ein leichtes Anspannen der Leine muss Sie zur sofortigen Reaktion veranlassen. Sie bleiben abrupt stehen. Solange Ihr Hund weiter an der Leine zieht, reagieren Sie gar nicht. Wendet er sich zu Ihnen um und lockert dabei die Leine, gehen Sie mit einem freundlichen Lob weiter.

Vielleicht kommen Sie nun nur zwei Schritte voran, und schon zieht er wieder, also: stehen bleiben! Prinzip ist hier: Zieht der Hund, erreicht er sein Ziel vorwärts zu kommen nicht!

Diese Methode ist absolut gewaltfrei und (theoretisch) leicht durchzuführen. Doch Sie brauchen sehr viel Geduld! Sehr schwierig wird es, wenn Sie dringend irgendwohin müssen und Ihr Hund zieht und zieht. Gehen Sie nun weiter, belohnen Sie das Ziehen. Sie haben in solchen Fällen nur die Möglichkeit, Ihren Hund erst gar nicht mitzunehmen oder ihn zu tragen (falls noch möglich).

Variante 2: Richtungswechsel. Der Hund zieht an der Leine.

Daraufhin dreht man sich auf dem Absatz um und geht in die andere Richtung.

Variante 2: Richtungswechsel

Haben Sie das Gefühl, Ihren Hund interessiert Ihr Stehenbleiben überhaupt nicht, und er lockert auch von sich aus nicht die Leine, sobald Sie stehen bleiben, dann drehen Sie auf dem Absatz um und gehen in die andere Richtung. Sobald der Hund an lockerer Leine läuft (aufpassen, damit er nicht wieder vorausläuft!), loben Sie ihn sofort, kehren um und gehen wieder in die geplante Richtung.
Diese Methode ist ebenfalls gewaltfrei, aber schon einen Tick energischer als die erste Variante. Falls Sie lieber agieren, statt stehend abzuwarten, liegt Ihnen diese Methode vielleicht mehr.

Variante 3: Belohnung

Kurz bevor der Hund die Leine anspannt, machen Sie ihn mit einem Hörzeichen (z. B. **LANGSAM** oder ein kurzes Zischen **SSSS**) aufmerksam. Sieht er Sie an, bekommt er ein kleines Leckerchen.
Auch diese Variante ist einfach und gewaltfrei. Sie funktioniert jedoch unter Ablenkung nur bei verfressenen Hunden.

Konsequente Anwendung

Alle diese Methoden funktionieren wie gesagt nur, wenn sie konsequent angewandt werden. Gehen Sie z. B. täglich zum Kindergarten mit dem Hund, und er kann dabei ziehen, weil Sie nun einmal pünktlich dort sein müssen, dann ist eine gute Leinenführigkeit nicht zu erwarten.

Jetzt loben!

Ausreichend Bewegung ist wichtig. Lassen Sie Ihren Hund deshalb auch toben und spielen. Spaziergänge an der kurzen Leine genügen nicht.

Die Benutzung des Kopfhalfters (siehe Seite 162) ist eine sinnvolle Alternative, wenn Sie im Tagesablauf Situationen nicht vermeiden können, in denen Sie mit dem angeleinten Hund dringend irgendwohin müssen und weder Zeit zum Stehenbleiben noch zum Umkehren haben.
Nehmen Sie sich täglich mehrere Minuten Zeit zu üben, doch gestatten Sie dem Hund auch ansonsten nicht mehr, an der Leine zu ziehen, sonst ist Ihre ganze Mühe umsonst. Die Konsequenz im Alltag ist hier weitaus wichtiger als etwa das Training auf einem eingezäunten Platz zweimal pro Woche.

Keine Starkzwangmittel einsetzen

Haben Sie mit den beschriebenen Möglichkeiten nach zwei oder drei Wochen täglichen Übens keinerlei oder nur sehr wenig Erfolg, sollten Sie sich trotzdem dringend vor dem Einsatz eines Stachelhalsbandes oder Achseltrainers hüten! Gewöhnen Sie den Hund an ein Kopfhalfter (siehe Seite 163), dies macht den Einsatz althergebrachter Starkzwangmittel heutzutage überflüssig.
Sie können sich mit dem Kopfhalfter – vorausgesetzt, der Hund ist es gewöhnt – den Luxus eines variablen Einsatzes leisten. Es gibt Hunde, die an bestimmten Plätzen ziehen, an anderen nicht. Wieder andere ziehen lediglich zu bestimmten Tageszeiten, je nach Aktivitätskurve.
Überprüfen Sie auch, ob Ihr Hund genügend Auslauf erhält. Spaziergänge an der kurzen Leine reichen nicht aus, um einen Hund auszulasten. Insbesondere während der Schleppleinenphase, bei vielen Hunden jedoch auch darüber hinaus, ist spezielles Bewegungstraining, z. B. Laufen am Fahrrad, erforderlich. Körperliche Auslastung muss man dem Hund schon gewähren, bevor man sich über mangelnde Leinenführigkeit beschwert. Jeder Hundebesitzer sollte sich außerdem kritisch fragen, ob sein Hund auch psychisch genügend ausgelastet ist. Die meisten Hundebesitzer haben hochgezüchtete Rassehunde, die ursprünglich eine ganz bestimmte Aufgabe erfüllen mussten. Heutzutage fehlt den meisten Hunden nun schlicht und ergreifend eine Beschäftigung. Was für einen „Job“ hat eigentlich Ihr Hund? Die zuverlässigste Möglichkeit, dem Hund starkes Ziehen an der Leine abzugewöhnen, ist, ihn auszulasten. Ein Hund, der genügend Bewegung hat und auch gefordert wird, indem er lernen und spielen darf, zieht in den seltensten Fällen an der Leine.

Übungsplan »Leinenführigkeit«

	Wie wird's gemacht?	Wo?	Wie oft üben?	Hilfe, es klappt nicht!	Lernziel
Variante 1	**Stehenbleiben** Sobald sich die Leine auch nur leicht anspannt (egal warum), abrupt stehen bleiben! Solange der Hund weiterzieht, nicht reagieren! Wenn er sich umdreht oder die Leine lockert, weitergehen.	Immer und überall.	Immer.	Wenn Sie nach einigen Tagen konsequenter Anwendung das Gefühl haben, dass Ihr Hund sich überhaupt nicht für das Stehenbleiben interessiert, andere Methode probieren. (Kopfhalfter!) Auslastung des Hundes prüfen.	Der Hund zieht nicht mehr an der Leine.
Variante 2	**Richtungswechsel** Bei jedem Zug an der Leine wechseln Sie sofort die Richtung (mindestens 90°-Winkel, noch besser: Sie machen eine Kehrtwendung).	Immer und überall.	Immer.	Andere Methode anwenden. Auf Kopfhalfter umsteigen.	Der Hund zieht nicht mehr an der Leine.
Variante 3	**Belohnung** Kurz bevor sich die Leine spannt, sprechen Sie den Hund an (kleines Geräusch: **SSS**). Reagiert er, geben Sie ihm ein Leckerchen!	Immer und überall.	Immer.	Andere Methode anwenden. Auf Kopfhalfter umsteigen. Auslastung des Hundes prüfen.	Der Hund zieht nicht mehr an der Leine.

Das Kopfhalfter

Sollten Sie mit der Leinenführigkeit in der beschriebenen Art und Weise keinen Erfolg haben, empfehlen wir Ihnen den Einsatz eines Kopfhalfters.

Vorteile des Kopfhalfters

Das Kopfhalfter ist eine echte Alternative zu althergebrachten Methoden wie z. B. dem Stachelhalsband und besonders gut geeignet für Menschen, deren Hunde über so viel Kraft verfügen, dass eine Korrektur mit normalem Halsband schwer fällt. Darüber hinaus eignet es sich auch, wenig kooperationsbereite Hunde zu führen, da die direkte Einwirkung am Kopf diesen bewusst macht, dass sie sich führen lassen müssen und nicht selbst führen dürfen.

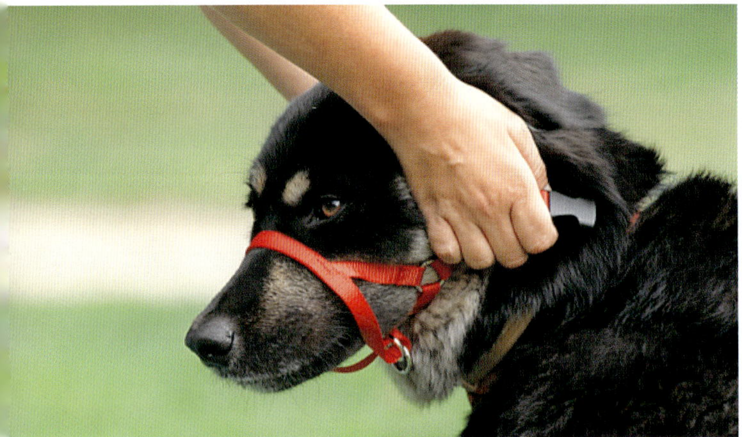

Korrektes Anlegen des Kopfhalfters. Das Kopfhalfter darf weder zu groß noch zu klein sein.

Gewöhnung an das Kopfhalfter

Um den Hund mit dem Halfter vertraut zu machen, bedarf es einer gewissen Eingewöhnungsphase, die überlegt aufgebaut sein sollte. Gehen Sie hierbei nicht zu schnell vor.

Ablenkungsreize einsetzen

Wenn Sie dem Hund das Kopfhalfter zum ersten Mal umlegen, achten Sie darauf, dass dies zu Hause in einer entspannten Atmosphäre geschieht. Nutzen Sie auch hier unbedingt eine positive Stimmungsübertragung. Erzählen Sie dem Hund, während Sie das Halfter holen, dass jetzt gleich etwas unglaublich Tolles und Schönes passieren wird. Halten Sie nicht die Luft an, während Sie das Halfter schließen, sondern reden Sie unentwegt mit begeisterter Stimme darüber, wie toll das doch sei, wie schön der Hund jetzt aussehe usw. Letztere Empfehlung bedeutet natürlich nicht, dass Ihr Hund versteht, was Sie da so erzählen, sondern soll lediglich Ihnen helfen, Ihrer Stimme den richtigen Klang zu verleihen. Legen Sie das Halfter zunächst um, kurz bevor der Hund gefüttert wird. Hat er gefressen, nehmen Sie es gleich wieder ab. Zusätzlich ziehen Sie dem Hund das Halfter am ersten Tag zwei- bis dreimal an und leiten unmittelbar danach ein Spiel mit ihm ein.

So sieht ein gut sitzendes Halti aus.

Dieses Halti ist zu groß.

Achten Sie darauf, dass das Spiel verlockend und spannend ist. Einige Minuten reichen aus. Sie brechen das Spiel ab und ziehen das Halfter aus. Verlängern Sie die Minuten, in denen der Hund das Kopfhalfter im Haus trägt, täglich etwas, und lenken Sie ihn dabei durch Spiel, Fütterung, Leckerchen ab.

In dieser Phase, die bei täglichem Üben ca. vier bis fünf Tage dauern sollte, legen Sie bitte keinesfalls die Leine an das Halfter. Der Hund soll Zeit haben, das Halfter als etwas Harmloses kennen zu lernen. Lassen Sie sich nicht verführen, das Halfter ohne Eingewöhnungsphase zu testen. Möglicherweise sträubt Ihr Hund sich stark gegen die für ihn sehr ungewohnte Form der Einwirkung, und Sie haben sich um eine echte Möglichkeit gebracht, einen Hund zu bekommen, der sich mit zwei Fingern an der Leine führen lässt. Aus Fairness dem Hund gegenüber sollten wir uns die Mühe machen, die kleine Anstrengung der Eingewöhnung auf uns zu nehmen. Das Ergebnis wird Sie überraschen!

Erstes Führen am Halti: Belohnen Sie jeden Schritt.

Übungen mit Doppelleine

Haben Sie das Gefühl, Ihr Hund sei nun ohne Leine einigermaßen vertraut mit dem Halfter, legen Sie ihm zusätzlich sein gewöhnliches Halsband an und verbinden eine Leine mit zwei Haken mit Halfter und Halsband. Achten Sie bitte darauf, dass der Haken am Kopfhalfter in Größe und Schwere Ihrem Hund angemessen ist. Die Leine soll insgesamt nicht viel länger als zwei Meter sein. Lassen Sie die Leine nun locker hinabhängen und locken Sie Ihren Hund mittels Leckerchen, an Ihrer Seite zu folgen. Wählen Sie für dieses erste Führen am Halti unbedingt einen ruhigen Ort, beispielsweise Ihr Wohnzimmer oder Ihren Garten. Seien Sie die erste Zeit unbedingt großzügig mit der Futtergabe. Ein Leckerchen alle zwei bis drei Schritte und ausführliches Loben ist durchaus angemessen. Achten Sie darauf, dass die Leine locker bleibt und kein Zug aufs Halfter ausgeübt wird. Erst wenn Ihr Hund Ihnen willig folgt, reduzieren Sie die Leckerchengabe nach und nach. Irgendwann kommt möglicherweise der Zeitpunkt, an dem Ihrem Hund das Halfter wieder bewusst wird und er versucht, es abzustreifen. Sagen Sie ein deutliches **NEIN** und nehmen Sie die Halfterleine einen Moment kurz, damit der Hund mit dem Kopf oben bleiben muss. Im nächsten Moment schon lassen Sie wieder locker, zeigen ihm ein Leckerchen und belohnen ihn für den nächsten Schritt, mit dem er ihnen folgt. Ihr Hund soll lernen, dass Zappeln am Halfter etwas unangenehm für ihn wird, Ihnen folgen aber auf jeden Fall lohnend ist. Wehrt sich Ihr Hund ständig weiterhin gegen das Halfter, sollten Sie die Gewöhnungsphase ohne Leineneinsatz deutlich verlängern.

Klappt es gut, können Sie zur Lazy Lead© greifen.

Wenn Sie und Ihr Hund mit der Handhabung des Halfters nach einigen Tagen vertrauter sind, können Sie sich in Gebiete mit wenig Ablenkung wagen. Am besten verschaffen Sie Ihrem Hund vorher ausgiebig Auslauf an der Schleppleine, bevor Sie „draußen" zum Halti greifen. Halten Sie die Leine so, dass das Ende, das zum Halti führt, ein kleines bisschen kürzer ist als der Halsbandteil. Trotzdem sollten beide Leinen locker hinunterhängen, wenn der Hund auf Ihrer Höhe läuft. Unter Ablenkung wird es nun zum ersten Mal vorkommen, dass Ihr Hund wie gewohnt nach vorn zieht. Halten Sie die Leinen wie beschrieben, müssen Sie nun erst einmal gar nichts tun. Sobald Ihr Hund zwei, drei Schritte vor Ihnen ist, wird er sich durch das Halti selbst bremsen. Nun müssen Sie aufpassen: Korrigiert sich Ihr Hund nun, indem er verlangsamt und eventuell sogar zu Ihnen aufblickt, müssen Sie ihn sofort loben, d. h. in dem Moment, in dem sich die Leine wieder lockert. Keinesfalls sollten

Sie diesen Vorgang durch einen Ruck o. Ä. am Halti verstärken.
Es gibt aber natürlich auch noch unsensiblere Kandidaten unter unseren Vierbeinern. Sie spüren zwar den sich nun aufbauenden Druck auf ihrer Nase, halten aber dagegen und ziehen nun eben am Halfter. Auch wenn dieses Ziehen für den Menschen wesentlich angenehmer zu handhaben ist, weil die ausgeübte Kraft des Hundes wesentlich geringer ist als am Halsband, sollten Sie dies keinesfalls zulassen. Leider zeigt nämlich die Erfahrung, dass diese „zugstarken" Hunde sonst im Laufe der Zeit immer mehr auch am Halfter ziehen und somit dieses wunderbare Hilfsmittel immer nutzloser wird.
Haben Sie einen solchen Kandidaten, machen Sie eine scharfe Kehrtwendung, sobald Ihr Hund Druck aufbaut und nicht daran denkt, sich selbst zu korrigieren. Hierdurch gerät der Hund wieder an Ihre Seite. Jetzt bitte sofort Lob und Leckerchen!
Bei Junghunden unter fünf Monaten sollten Sie das Halti übrigens nicht benutzen, sondern die notwendige Zeit lieber in das Trainieren einer guten Leinenführigkeit von Anfang an nutzen.

Hinweis
Bitte verwenden Sie das Kopfhalfter ausschließlich an kurzer Leine, keinesfalls mit Schleppleine, Roll-Leine oder Ähnlichem, da hier eine nicht unerhebliche Verletzungsgefahr besteht. An der kurzen Leine ist dies nicht der Fall. Im Freilauf und unbeaufsichtigt sollte der Hund das Halti ebenfalls nicht tragen, damit er mit ihm nicht an Büschen etc. hängen bleiben kann.

Der Haltiteil wird etwas kürzer gefasst. Zur besseren Sichtbarkeit steht der Mensch auf dem Foto hier hinter dem Hund.

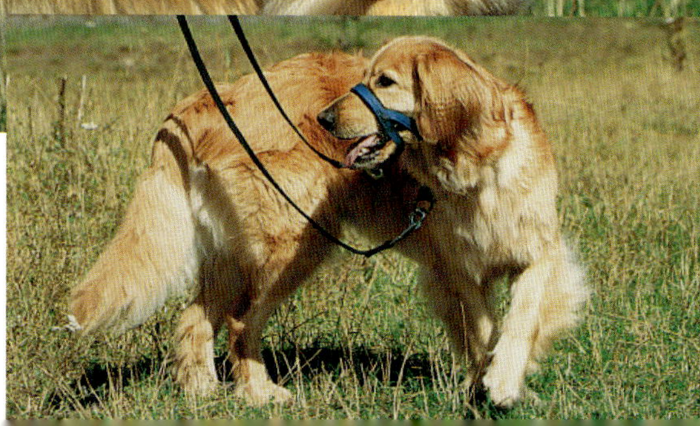

In der Wendung folgt der Hund.

Dies sollten Sie nicht gestatten.

Sobald Ihr Hund gut am Halfter zu führen ist und weder daran herumzappelt noch versucht, es abzustreifen, können Sie statt der Doppelleine auch eine so genannte LazyLead©-Leine benutzen. Diese ist in der Handhabung nochmals bequemer und einfacher für den Menschen.

Unsere mittlerweile langjährige Erfahrung mit Kopfhalftern zeigt, dass der überwiegende Teil aller Hunde nach einigen Monaten Einsatz schlicht und ergreifend lernt, dass sich Ziehen nicht lohnt und sich einfach daran gewöhnt, an lockerer Leine neben dem Menschen zu laufen. Sobald es so weit ist, können Sie das Halfter einfach abnehmen. Stecken Sie es zur Sicherheit in die Tasche, damit Sie es – wenn nötig – sofort zur Hand haben.

Übungsplan »Kopfhalfter«

	Wie wird's gemacht?	Wo?	Wie oft üben?	Hilfe, es klappt nicht!	Lernziel
Schritt 1	Gewöhnung: Kopfhalfter mit freundlichen Worten anlegen und dem Hund sofort Futter hinstellen (ggf. etwas besonders Leckeres). Nach dem Fressen Halfter sofort wieder abnehmen. Zusätzlich: Halfter anlegen, Kopf massieren, abnehmen.	Zu Hause ohne Ablenkung.	Täglich mindestens sechsmal, jeweils nur für zwei bis drei Minuten; ca. eine Woche lang, bei besonders gelassenen Hunden evtl. nur drei bis vier Tage.	Frisst der Hund nicht, versuchen Sie es mit Spielzeug oder mit sehr gutem Futter (evtl. nach eintägigem Fasten).	Ihr Hund lässt sich das Kopfhalfter gern anlegen und wehrt sich nicht.
Schritt 2	Laufen mit Kopfhalfter: Locken Sie den Hund mit Leckerchen mit Kopfhalfter durch die Wohnung. Alle paar Schritte ein Leckerchen geben.	Zu Hause, später evtl. im Garten, Hof etc. ohne Ablenkung.	Täglich mindestens sechsmal, jeweils ca. fünf Minuten; ca. drei bis vier Tage.	Zurück zu Schritt 1.	Der Hund läuft mit Kopfhalfter (ohne Leine) einige Schritte.
Schritt 3	Laufen mit Leine: Sie brauchen eine Doppelleine (oder zwei Leinen). Einen Haken am Halfter, einen am Halsband befestigen. Die Leinen halten Sie locker in der Hand, locken Sie Ihren Hund immer noch mit Leckerchen vorwärts.	Zu Hause, beim Spaziergang zwischendurch ohne Ablenkung.	Täglich mindestens sechsmal, jeweils ca. fünf Minuten; ca. drei bis vier Tage.	Wehrt sich der Hund immer noch gegen das Kopfhalfter, führen Sie seinen Kopf sanft nach oben. Sobald er entspannt ist, lassen Sie die Leine wieder locker. Loben!	Hund zieht nicht mehr an der Leine.
Schritt 4	Hund immer an Doppelleine führen! Kleine Wendungen einbauen, Leckerchen langsam abbauen.	Ablenkung langsam steigern.	Bei jeder Gelegenheit. Führen Sie Ihren Hund normalerweise selten an der kurzen Leine, dann immer noch mehrmals täglich gezielt üben!	Häufiger üben.	Hund zieht nicht mehr an der Leine.

Ausgangsposition: Halten Sie die Leckerchen von Anfang an bereit.

FUSS-Training

Lernziel

Läuft der Hund ohne zu ziehen an der Leine, bezeichnen wir dies als Leinenführigkeit. Soll der Hund aber immer dicht an Ihrer Seite bleiben, sich Ihrer Gangart und eventuellen Wendungen perfekt anpassen und sich hinsetzen, sobald Sie stehen bleiben, nennen wir dies „**FUSS**-Training".
Ein genaues „**FUSS**-Laufen" ist die Voraussetzung für die so genannte Freifolge, d. h. der Hund bleibt ohne Leine auf der von Ihnen gewünschten Seite. Um dies zu erreichen, ist allerdings häufiges Üben erforderlich. In Perfektion ist dies erst nach einigen Monaten intensiven Trainings möglich.

Hörzeichen

Als Hörzeichen verwendet man **FUSS**. Der Tonfall ist aufmunternd und fröhlich.

Der richtige Moment für die Belohnung.

Hier klappt es bereits unter Ablenkung.

Schritt-für-Schritt-Anleitung

Schritt 1: Leckerchen als Lockmittel

Sie nehmen den Hund an Ihre linke Seite (oder an die rechte) und verlangen **SITZ**. Dann geben Sie das Hörzeichen **FUSS** in einem aufmunternden, fröhlichen Tonfall. Sie haben hierzu ein Leckerchen in der Hand, das Sie Ihrem Hund vor die Nase halten. Gleichzeitig gehen Sie flott los, das (sehr kleine) Leckerchen immer über der Nase des Hundes. Für den Anfang genügen einige Schritte (nicht mehr als zehn), bevor der Hund das Leckerchen bekommt. Laufen Sie nur so lange, wie der Hund sich auf das Leckerchen konzentrieren kann. Bevor seine Konzentration nachlässt, bekommt er es. Sie entlassen ihn gleichzeitig mit einem fröhlichen **LAUF** und toben ein wenig mit ihm herum. Nun verlangen Sie wieder **FUSS**, zücken erneut ein Leckerchen und beginnen von vorn. Diese Übung können Sie täglich mehrmals wieder holen.

Schritt 2: Wendungen einbauen

Mit zunehmender Konzentration des Hundes auf das Leckerchen beginnen Sie, kleine Winkel und Wendungen einzubauen. Gehen Sie nicht zu lange geradeaus (höchstens einige Schritte), dann bauen Sie Wendungen ein, damit der Hund lernt, Ihnen zu folgen. Vorsicht: Überfordern Sie den Hund nicht! Der Hund soll noch nicht perfekt **FUSS** laufen, sondern lediglich das Hörzeichen kennen lernen und Spaß damit verknüpfen. Bis zum Ende des Welpenalters darf das **FUSS**-Training beispielsweise einige wenige Minuten am Stück nicht überschreiten! Mit zunehmendem Alter kann man eine längere Konzentration des Hundes verlangen. Sie dürfen Ihren Hund jedoch nie überfordern, damit er den Spaß an der Sache nicht verliert.

Häufige Wendungen fördern die Konzentration.

Seien Sie mit den Leckerchen großzügig.

Das richtige Timing

Der wichtigste Punkt ist hier das richtige Timing. Die Verstärkung durch das Leckerchen muss im richtigen Moment kommen: Der Hund läuft an lockerer Leine neben Ihnen und schaut sie an! Sieht er weg, springt er hoch oder zieht er gerade, bekommt er auf keinen Fall ein Leckerchen.

Dieses Timing und das Handling mit Leckerchen, Leine und Hund sind nicht ganz leicht und erfordern häufiges Üben.

Reagiert Ihr Hund nicht genügend auf Leckerchen, müssen Sie darauf achten, dass er zu Beginn des Trainings auf jeden Fall Appetit hat. Benutzen Sie notfalls Wurst- oder Käsestückchen. Beachten Sie in diesem Fall unbedingt auch das Kapitel zur Hundeernährung (siehe Seite 40).

Natürlich gibt es auch Hunde, die stärker auf Spielzeug reagieren. Selbstverständlich können Sie in diesem Fall das Spielzeug benutzen. Sie werfen es mit einem freudigen **LAUF** weg, wenn Sie Ihren Hund belohnen wollen.

Info
Rechts oder links führen?

Ob Sie Ihren Hund auf der rechten oder linken Seite führen, bleibt ganz Ihnen überlassen. In den meisten Hundesportarten ist es Tradition (nicht mehr und nicht weniger), den Hund links zu führen. Sie sollten lediglich die einmal gewählte Seite vorerst beibehalten. Im fortgeschrittenen Stadium spricht nichts dagegen, den Hund auch auf der anderen Seite (mit einem neuen Hörzeichen) zu führen.

Hundeerziehung im Alltag

Konsequenz im täglichen Umgang

Konsequenz im täglichen Umgang mit dem Hund ist außerordentlich wichtig. Natürlich sind Erziehungsübungen wie **SITZ**, **PLATZ**, **FUSS** etc. von Bedeutung, und der Hund sollte sie beherrschen. Doch Erziehung darf nicht im luftleeren Raum stehen oder auf einige Minuten am Tag beschränkt bleiben, die für konkrete Übungen wie die genannten aufgewendet werden. 30-Minuten-Erziehung am Tag ist in der Regel absolut sinnlos, wenn der Hund die übrige Zeit des Tages keinerlei oder nur inkonsequente Erziehung erfährt. Die folgenden Kapitel möchten daher Anregungen für den Alltag geben. Erziehung soll hier so integriert werden, dass diese zum täglichen Lebensbestandteil des Hundes wird. Lassen Sie sich bitte nicht von der Kürze mancher Punkte täuschen; Erziehungsübungen, die ohne Verhaltensumstellung des Menschen im Alltag erfolgen, bescheren leider in den seltensten Fällen den erwünschten gut erzogenen Hund.
Zunächst möchten wir Ihnen aber einige grundlegende Gedanken über die viel beschworene Konsequenz mit auf den Weg geben:

Verlangen Sie nichts, was Sie nicht durchsetzen können

Dies ist einer der wichtigsten Grundsätze in der Hundeerziehung. Konsequenz bedeutet, sich stets an die gleichen Regeln zu halten. Aber es bedeutet vor allem auch, nichts zu fordern, was man nicht durchsetzen kann oder will, da man ansonsten automatisch inkonsequent verfährt.
Angenommen, Sie wissen nicht genau, ob Ihr Hund unter großer Ablenkung **SITZ** o. Ä. befolgt oder sind sich relativ sicher, dass Sie das Hörzeichen fünf- oder sechsmal geben müssen, bis der Hund reagiert, um nach spätestens drei Sekunden wieder aufzuspringen,

Rufen Sie jetzt nur, wenn Sie sich sicher sind, dass Ihr Hund auch kommt.

so verlangen Sie besser nichts von ihm; Sie machen sich nur unglaubwürdig. Andernfalls erfährt der Hund ein katastrophales Lernerlebnis: Hörzeichen gehen mich nichts an! Entweder lernt er Sie und Ihr Hörzeichen komplett zu ignorieren oder diese erst nach der „zigsten" Wiederholung zu befolgen. Der Mensch neigt leider stark dazu, nicht befolgte Hörzeichen zu verharmlosen und achselzuckend hinzunehmen. Der Hund hingegen lernt dabei etwas Prinzipielles, nämlich Ignoranz.

Privilegien erhöhen den Rang

Ein weiterer Punkt, der in diesem Zusammenhang angesprochen werden soll, sind die so genannten Binsenweisheiten in der Hundeerziehung, z. B. nicht vom Tisch füttern, nicht auf das Sofa lassen usw., die im Prinzip jeder kennt. Oftmals ist jedoch nicht hin-

reichend klar, dass es einen engen Zusammenhang gibt zwischen dem Hund, der beispielsweise bei den Mahlzeiten seiner Menschen zu deren Füßen unter dem Tisch liegt und für den womöglich sogar noch dann und wann einige Happen vom Tisch abfallen, und dem Hund, der nicht kommt, wenn er gerufen wird. Es gibt Hunde, die wunderbar gehorchen, obwohl sie im Bett schlafen und permanent mit Leckerchen außerhalb der Fütterungszeiten verwöhnt werden, obwohl sie nichts dafür getan haben. Bei vielen Hunden, die zu viel verwöhnt werden, ist jedoch das genaue Gegenteil der Fall. Bereitschaft zur Kooperation oder gar zum Gehorsam ist wenig oder so gut wie gar nicht vorhanden. Durch permanentes Einräumen von Privilegien im Alltag fühlen sich viele Hunde offensichtlich in ihrem Rang erhöht. Möglicherweise ist es auch die ständige Verfügbarkeit, die der verwöhnende Mensch dem Hund signalisiert, die ihn im Grunde für den Hund unattraktiv macht, sobald sich etwas Interessanteres bietet.
Leider steigt der Gehorsam des Hundes nicht direkt proportional zur Erhöhung des „Verwöhnaromas“ durch den Menschen.
Das wäre wunderschön, doch Hunde sind nun einmal nicht so veranlagt.

Souveräner Mensch – wohlerzogener Hund. So ist es richtig.

Regeln für den Alltag

Nehmen Sie sich die beschriebenen Alltagssituationen zu Herzen, wenn Sie den Gehorsam Ihres Hundes verbessern oder überhaupt erst aufbauen wollen. Die folgenden Maßnahmen sind mindestens genauso wichtig wie die Vermittlung der grundlegenden Hörzeichen und garantiert gewaltfrei.
Mit der Beachtung dieser Regeln bringen Sie Ihre Führungsqualitäten zum Ausdruck. Wir verweisen an dieser Stelle noch einmal auf die Bedeutung von verhaltensbiologischem Grundwissen und unsere Literaturempfehlungen.

Kein erhöhtes Liegen!

Gestatten Sie dem Hund nicht, erhöht zu liegen, also kein Ruhen auf Sofa, Bett oder Sessel. Dies gilt auch für das hundeeigene Sofa. Erhöhte Plätze sollten Ihnen als Rudelführer vorbehalten sein.

Futterrangordnung ausnutzen!

Lassen Sie Ihren Hund nicht unter dem Tisch liegen, während Sie essen. Eine Distanz von ein bis zwei Metern sollte er hier immer einhalten. Fressen ist in der Regel äußerst wichtig für Hunde. Damit nutzen Sie die für Hunde wichtige Futterrangordnung zu Ihren Gunsten. Insgesamt hat das Einfordern von Distanz vom Hund eine außerordentlich positive Wirkung auf dessen Erziehungsstand, auf die Sie keinesfalls verzichten sollten.

Wer führt hier wen?

Sie essen zuerst!

Geben Sie Ihrem Hund nichts vom Tisch. Sie als Rudelführer geben prinzipiell nichts von Ihren Leckerbissen ab!
Füttern Sie den Hund erst, nachdem Sie selbst gegessen haben. So können Sie sich vor dem Hund wichtig machen. Drängelt er in der ersten Zeit, weil er dies nicht gewohnt ist, lassen Sie sich nicht beirren.

Aus dem Weg!

Liegt Ihr Hund Ihnen permanent im Weg, wenn Sie in Ihrer Wohnung sind, so gehen Sie nicht rücksichtsvoll um ihn herum, sondern verlangen Sie, dass er aufsteht und Ihnen den Weg freigibt.

Sie gehen zuerst!

Rauf, runter, hindurch! Verlangen Sie beim Auf- und Abgang von Treppen, dass Ihr Hund hinter Ihnen läuft und keinesfalls drängelt. Dies gilt auch für Türen. Auch hier gehen Sie immer zuerst. Um dies durchsetzen zu können, sollten Sie den Hund dabei so lange an der Leine haben (auch im Haus), bis er Ihnen unangeleint den Vortritt lässt. Daran, wie schwer dies durchzusetzen ist, merken Sie, wie wichtig es für den Hund ist, immer und überall als Erster seine Nase durchzustecken.
So banal, wie Ihnen diese Tipps auch erscheinen mögen, so hilfreich sind sie doch in der Erziehung des Hundes und so negativ wirkt es sich im Allgemeinen aus, diese Punkte nicht zu beachten.

Tipp
Verhalten im Restaurant

Beachten Sie die für die Erziehung Ihres Hundes so wichtigen Alltagsregeln täglich, ist es in der Regel kein Problem, wenn der Hund bei gelegentlichen Restaurantbesuchen direkt zu Ihren Füßen liegt.

Verlangen Sie mehr Distanz.

Alltagsübungen

In den folgenden Alltagssituationen sollten Sie ab sofort die entsprechenden Hörzeichen immer einsetzen. Nutzen Sie jede Situation.

Auto fahren

Hunde lieben es im Allgemeinen Auto zu fahren. Die meisten Hunde wissen, dass am Ende der Autofahrt etwas Angenehmes steht, oft der Spaziergang. Den soll der Hund auch haben, doch zunächst soll er etwas für uns tun, bevor er mit diesem abwechslungsreichen Erlebnis belohnt wird.
Bevor der Hund in das Auto springen darf, geben Sie das Hörzeichen **SITZ** und öffnen das Auto. Auf Hörzeichen **LAUF/HOPP** o. Ä. darf der Hund ins Auto springen.
Bevor Sie den Hund aus dem Auto herauslassen, geben Sie Hörzeichen **BLEIB** und verlangen einige Sekunden Geduld. Verzichten Sie auf **SITZ** oder **PLATZ**; da Sie die Autotür hier zunächst nur ein kleines Stück öffnen sollten, haben Sie nämlich gar keine Kontrolle darüber, ob der Hund sich auch tatsächlich legt oder setzt. Erst wenn der Hund einige Sekunden (langsam bis fünf zählen!) ruhig akzeptiert hat, dass er noch nicht aus dem Auto darf, befreien Sie ihn mit **LAUF/HOPP**. Springt er vorher heraus, befördern Sie ihn wieder hinein, schließen die Klappe und warten. Nach einigen Sekunden versuchen Sie es erneut. Lassen Sie die Leine am Hund, so gelingt es Ihnen leichter, ihn zu greifen, sollte er ohne Ihre Erlaubnis aus dem Auto springen. Nachdem der Hund aus dem Auto gesprungen ist, geben Sie Hörzeichen **SITZ** und lassen ihn erst auf Hörzeichen **LAUF** weg.

Ein- und Aussteigen nur auf Ihr Hörzeichen hin.

Auch bei Ihrer Rückkehr zum Auto sollten Sie darauf achten, dass der Hund erst auf Ihr Kommando in das Auto springt. Neben dem erzieherischen Aspekt erhöht diese Übung auch die Sicherheit für Ihren Hund.

Aufbruch zum Spaziergang

Nehmen Sie die Leine zur Hand. Geben Sie Hörzeichen **SITZ**. Erst wenn der Hund das Hörzeichen befolgt, leinen Sie ihn an. Wiederum möchte der Hund etwas, nämlich hinaus aus der langweiligen Wohnung. Das soll er auch, doch kann er dafür durchaus erneut eine Kleinigkeit für Sie tun.
Achten Sie darauf, dass sich der Hund erst auf Ihr Hörzeichen **LAUF** erhebt, und gehen Sie zur Tür. Beachten Sie auch, dass der Hund Ihnen den Vortritt lässt. Um in aller Ruhe die Tür abschließen zu können, geben Sie Hörzeichen **SITZ**, sind Sie fertig, Hörzeichen **LAUF**.

Ableinen

Wo immer Sie den Hund ableinen, sei es zum Pinkeln, Spielen usw., geben Sie vorher Hörzeichen **SITZ**, verlangen kurze Geduld und belohnen mit Hörzeichen **LAUF** und anschließendem Freilauf (an der Schleppleine).
Diese Vorgehensweisen machen Sie sich bitte erst dann zu Eigen, wenn Sie und Ihr Hund innerhalb der Grundübungen schon bei **SITZ** angelangt sind, da Sie hier ansonsten in einen unnötigen Konflikt geraten.

Diese Standardsituationen geben Ihnen täglich die Möglichkeit, Ihre Konsequenz zu demonstrieren und den Hund außerhalb vom eingezäunten Hundeplatz und extra angesetzten Übungszeiten zu erziehen. Sicherlich fallen Ihnen bei einigem Nachdenken noch viel mehr Situationen ein, in die Sie in entsprechender Weise Erziehungsübungen einbauen können. Gleichzeitig haben Sie nun bei der Beschreibung der Alltagssituationen auch eine Vorstellung davon bekommen, wie oft Sie im Alltag Gelegenheit haben, ganz nebenbei Erziehungsarbeit zu leisten.
Manche Hunde, die sich auf dem Hundeplatz ganz ordentlich benehmen, außerhalb aber ganz und gar nicht hören, haben im Alltag möglicherweise zu oft Gelegenheit, sich und ihre Wünsche durchzusetzen. Die Beachtung der vorher genannten Punkte in Verbindung mit dem Kapitel „Die heimlichen Sieger“ ist hingegen schon die halbe Strecke auf dem Weg zu einem wohlerzogenen Hund.

Vor jedem Ableinen lassen Sie den Hund zuerst sitzen.

Inniges Schmusen oder Aufdringlichkeit?

Manipulationsverhalten – die heimlichen Sieger

Mit diesem wichtigen Kapitel steht und fällt möglicherweise der komplette Erfolg Ihrer Erziehungsbemühungen. Deshalb empfehlen wir Ihnen eine sorgfältige und selbstkritische Lektüre, egal welches Problem Sie mit Ihrem Hund haben.

Meister der Manipulation

Hunde besitzen unglaublich viele Strategien, ihre Wünsche zu erreichen und ihre Menschen zu manipulieren. Sind Sie tatsächlich der Meinung, dass Sie immer den Ton angeben in Ihrer Mensch-Hund-Beziehung? „Wieso?", werden Sie jetzt vielleicht antworten. „Ich übe jeden Tag mindestens eine halbe Stunde mit dem Hund, und der Hund befolgt auch die meisten Hörzeichen schon recht gut, viel besser als früher, obwohl, eben noch nicht immer, wenn er abgelenkt ist ..." Und dennoch: Als Erstes müssen wir uns klar machen, dass die Kommunikation mit dem Hund nicht außerhalb von festgelegten Übungszeiten endet, sondern – im Gegenteil – dort erst richtig beginnt.

Viele Hunde, die während der Übungszeiten noch so halbwegs mitspielen, jedoch in Situationen, in denen es darauf ankommt, schlecht bis gar nicht gehorchen, haben ihre Menschen im Alltag so richtig in der Tasche. Vergessen Sie den frechen Dackel auf dem Sofa, der knurrend seinen Unmut signalisiert. Der „Durchschnittshund" setzt seine Wünsche aggressionsfrei durch und hat viel subtilere Strategien auf Lager.

Wer fordert auf – Sie oder der Hund?

In vielen Alltagssituationen setzen Hunde ganz gezielt ihre Wünsche durch. Der Hund will z. B. nach draußen, geht zur Tür und kratzt daran. Wir stehen auf und lassen ihn hinaus. Der Hund findet, dass es Zeit für seine Mahlzeit wäre. Er geht zum Napf und sieht uns auffordernd an oder läuft winselnd vor der Küchentür auf und ab. Wir, voll des schlechten Gewissens ob des armen, hungrigen Hundes, springen auf und bereiten ihm sein Futter. Der Hund möchte schmusen, legt sanft die Pfote oder seinen Kopf auf unseren Schoß und sieht so dermaßen rührend dabei aus, dass wir ihn sofort streicheln. Etwas später fällt dem Hund ein, dass er jetzt gerne spielen würde, und er bringt uns seinen Ball. Wir wissen schließlich, wie wichtig es ist, sich mit dem Hund zu beschäftigen, also lassen wir alles liegen, um dem Hund seinen Ball zu werfen. Was in allen beschriebenen Fällen passiert ist: Der Hund hat agiert, wir haben reagiert. Er hat uns gesagt, was er will. Wir sind sofort oder vielleicht auch mit zeitlicher Verzögerung auf seine Wünsche eingegangen. Der Hund hat uns erfolgreich manipuliert und nicht nur jetzt für den Moment einen kleinen Sieg davongetragen. Er hat einen weiteren erfolgreichen Schritt in Richtung „Menschenerziehung leicht gemacht" vollzogen.

Ignorieren Sie den Hund: kein Blickkontakt, kein Streicheln!

Dass diese Situationen nicht nur einmal im Monat, sondern jeden Tag viele Male vorkommen, macht ihre Bedeutung aus. Denn der Hund macht dann entsprechend oft die Erfahrung, dass er es ist, der den Ton angibt. Dies wirkt sich verheerend auf seine Gehorsamsbereitschaft aus.
Beobachten Sie einmal einen ganzen Tag Ihr Verhalten und das Verhalten des Hundes. Trifft einiges auf Sie zu? Vielleicht ist Ihr Hund auch nur bei einem dieser Aspekte besonders aufdringlich, auch dann sollten Sie sich dieses Kapitel zu Herzen nehmen.
Was also tun, wenn Sie der Meinung sind, Ihr Hund höre nicht so, wie Sie es gern hätten?

Zum Leittier werden

Wenn er hinaus will

Ändern Sie die Reihenfolge der beschriebenen Aktionen! Dadurch werden Sie im wahrsten Sinne des Wortes zum „Leittier“. Die spannende Frage, die sich zwangsläufig aufdrängt, ist: „Wie stelle ich das an?“ Der Hund kratzt z. B. an der Tür, weil er hinaus will. Sie haben zwei Möglichkeiten. Entweder Sie ignorieren ihn vollkommen, und zwar so lange, bis er aufhört, Sie aufzufordern, die Tür aufzumachen, oder Sie schicken ihn auf seinen Platz (natürlich erst nach abgeschlossener Sauberkeitserziehung). In jedem Fall reicht es völlig aus, wenn der Hund sich einige Minuten ruhig verhalten hat und hiermit seine Akzeptanz zeigt. Dann rufen Sie ihn heran, loben ihn, gehen gemeinsam mit ihm zur Tür und gehen mit ihm hinaus. Am Anfang Ihrer konsequenten Alltagserziehung müssen Sie sich darauf gefasst machen, dass er eine ganze Zeit Theater macht und sich alles Erdenkliche einfallen lässt, um Sie „herumzukriegen“. Schließlich hat er dies lange genug so praktiziert und

Info

Der „Auszeithaken“

Ein sehr nützliches Hilfsmittel in der Hundeerziehung ist der so genannte „Auszeithaken“. Wenn Sie in der Wohnung keine Möglichkeit haben, eine Leine zu befestigen, sollten Sie sich am Körbchen des Hundes einen entsprechend stabilen Haken in die Wand dübeln. Befestigen Sie dort eine Leine, die hängen bleiben sollte, damit sie stets griffbereit ist.
Dieser Auszeithaken ist sehr nützlich, wenn Sie z. B. das Manipulationsverhalten Ihres Hundes nicht ignorieren können, weil sonst das Mobiliar leidet. Sehr gute Dienste leistet der Haken auch, wenn der Hund noch nicht gelernt hat, auf das entsprechende Hörzeichen seinen Platz aufzusuchen und dort zu bleiben.
Möchte man Fehlverhalten mit Hilfe des „Auszeithakens“ abbrechen ist es nicht sinnvoll, den Hund „stundenlang“ anzubinden. Der Hund verbringt die Zeitdauer des Angebundenseins nicht mit der „Schwere seines Vergehens“ in Verbindung. Es geht hier nur darum, das Verhalten des Hundes im richtigen Moment abzubrechen und ihn an der Fortsetzung zu hindern. Akzeptiert der Hund diese Maßnahme, indem er sich entspannt und unaufdringlich (d. h. ruhig) verhält, so ist das Ziel erreicht und der Hund kann abgeleint werden. Dies kann unter Umständen bereits nach ein bis zwei Minuten der Fall sein. Keinesfalls darf der Haken zur längeren Verwahrung des Hundes missbraucht werden oder der Hund daran ohne Beaufsichtigung bleiben.

zwar mit regelmäßigem Erfolg. Erwarten Sie also nicht, dass sich dieses Verhaltensmuster durch zweiminütiges Ignorieren des Hundes durchbrechen lässt.

Sie müssen bei dieser Alltagssituation natürlich abwägen. Haben Sie einen Hund, der seine Spaziergänge oder „Pinkelpausen" im Garten regelmäßig einfordert, so ignorieren Sie die Aufforderungen des Hundes prinzipiell. Dabei reichen einige Minuten Geduld des Hundes völlig aus. Dies schadet ihm nicht, und Sie haben praktische Erziehungsarbeit geleistet. Haben Sie einen Hund, der seine Spaziergänge prinzipiell nicht aufdringlich einfordert, aber eines schönen Tages jammernd vor der Tür steht, so lassen Sie ihn selbstverständlich sofort raus. Sein ungewöhnliches Jammern ist mit Sicherheit begründet. Es geht schließlich lediglich darum, aufdringliche Verhaltensweisen des Hundes zu durchbrechen, um seine Gehorsamsbereitschaft zu erhöhen, und nicht darum, ihn zu quälen.

SITZ vor dem Futternapf.

Geduld verlangen.

Beim Füttern beachten

Fordert der Hund Sie auf, sein Futter bereitzustellen, so ignorieren Sie ihn vollkommen. Tun Sie so, als wäre er überhaupt nicht da.
Es kann durchaus sein, dass Sie in den ersten Tagen einige Geduld und gute Nerven mitbringen müssen, um durchzuhalten. Wiederum können Sie den Hund auch auf seinen Platz schicken, wenn er beginnt, zu den gewohnten Fütterungszeiten unruhig zu werden. Doch darauf sollten Sie nur zurückgreifen, wenn Sie auch durchsetzen können, dass er so lange auf seinem Platz bleibt, bis Sie ihm erlauben aufzustehen. Natürlich können Sie auch hier den Auszeithaken verwenden. Geben Sie sich zu Beginn damit zufrieden, dass der Hund wenige Minuten Ruhe gegeben hat. Dann rufen Sie ihn zu sich oder leinen ihn ab, loben ihn und bereiten sein Futter zu. Achten Sie sorgfältig darauf, dass der Hund sein Futter erst erhält, wenn er tatsächlich kurze Zeit akzeptiert hat, dass Sie ihm nicht immer zu Diensten stehen, wenn er sich das wünscht. Sollte der Hund beispielsweise zwar halbwegs ruhig liegen bleiben, aber permanent vor sich hin winseln, belohnen Sie seine Strategie des Winselns, wenn Sie ihn nun füttern. Passen Sie also einen Moment ab, in dem der Hund sich tatsächlich ruhig verhält.
Gerade beim Füttern können Sie sich bei einem verfressenen und etwas verwöhnten Hund darauf einstellen, dass dieser zunächst ein ganz schönes Theater machen wird. Daran können Sie auch sehen, wie selbstverständlich es für Ihren Hund ist, dass Sie seine „Befehle" prompt befolgen. Es kann dann sogar vorkommen, dass Sie zu Beginn auch einmal eine Mahlzeit ausfallen lassen müssen, weil der Hund gar zu sehr protestiert und Sie ihn schließlich für diesen Protest nicht belohnen möchten. Keine Sorge, diese Erziehungsmaßnahme schadet dem Hund überhaupt nicht.

Dies sollte eine Ausnahme sein.

Schmusen, Spielen, Füttern – zu Ihren Regeln.

Schmusen und spielen

Innerhalb dieser Interaktionsfelder ist es für den Hundebesitzer oft besonders schwer, manipulatives Verhalten des Hundes zu erkennen und entsprechend zu reagieren. Dies liegt womöglich daran, dass der Hund, der regelmäßig Streicheleinheiten oder Spiel fordert, dabei einfach rührend und so gar nicht aufdringlich wirkt. Es fällt schwer, einem Hundeblick zu widerstehen, der uns von unten nach oben anschmachtet. Bitte bedenken Sie erneut, dass manipulatives Verhalten keineswegs aggressiv sein muss und es in der Regel auch nicht ist.

Je nach Stärke und Häufigkeit der Forderungen Ihres Hundes können Sie beim Schmusen und Streicheln abwägen, ob Sie den Hund ignorieren oder wegschicken. Haben Sie ein Tier, das sich regelmäßig mehrmals am Tag an Sie „heranschmeißt“, sollten Sie es so häufig wie möglich ignorieren. Trollt sich der Hund, können Sie ihn wenig später heranrufen und mit ihm schmusen. Nochmals: Der Unterschied ist schlicht und ergreifend, dass Sie agieren, der Hund hingegen reagiert, und so soll es in einem gut funktionierenden Rudel sein. Für das Spiel sind die genannten Regeln übertragbar.

Manipulationsstrategien sind oft schwer zu erkennen

Manipulationsstrategien sind vielfältig und daher nicht immer leicht zu durchschauen. Manche Hunde winseln einfach nur leise vor sich hin, weil sie ihr Futter möchten. Andere stoßen demonstrativ mit der Nase an ihren Napf. Wieder andere laufen lediglich unruhig vor der Küchentür auf und ab. Dann gibt es Hunde, die einfach nur sanft mit der Schnauze die Hand des Menschen anstoßen und dabei fürchterlich süß aussehen. Auch „ganz süß sein" kann eine Strategie sein. Möglicherweise erscheint Ihnen diese ganze Prozedur grausam und gemein. Das ehrt Sie als Mensch, offensichtlich haben Sie sehr demokratische Vorstellungen von den Regeln des Zusammenlebens. Hunde reagieren auf demokratische Spielregeln leider weder mit Liebe noch mit Gehorsam, sondern oft gerade genau mit dem Gegenteil. Beachten Sie bitte auch, dass es sich hier um Erziehung ganz ohne Gewalteinwirkung handelt, die eine ganz ungeheure Wirkung auf das Verhalten Ihres Hundes hat.

Ständige Verfügbarkeit macht unattraktiv

Permanente Verfügbarkeit macht den Menschen für den Hund uninteressant; denken Sie daran, wie sich Kinder entwickeln, denen immer alles zur Verfügung steht und die keine Grenzen kennen. Wir möchten keinesfalls propagieren, dass Sie mit dem Hund nicht mehr schmusen o. Ä. sollen. Wünschen Sie sich einen folgsamen Hund, sollten Sie lediglich darauf achten, dass Sie bestimmen, wann, wo und wie. Anfangs mag die Umstellung etwas mühselig sein, da der Hund möglicherweise sein ganzes Repertoir aufbietet, um Sie herumzukriegen. Sind Sie hier konsequent und halten die ersten schwierigen Anfangsschritte durch, wird es wie von selbst laufen, da der Hund lernt, dass es zwecklos ist, Sie manipulieren zu wollen. Sie haben so im Prinzip den ganzen Tag Gelegenheit, nebenbei eine beträchtliche Menge an Erziehung zu leisten.

Tipp

Ignorieren

Ignorieren Sie Ihren Hund, sobald er sein Manipulationsrepertoire abspult, und zwar so lange, bis seine Motivation erlahmt und er sich – und sei es tatsächlich nur für wenige Minuten – ruhig und unaufdringlich verhalten hat. Ignorieren bedeutet, so zu tun, als wäre der Hund nicht vorhanden, d. h. Sie sprechen ihn nicht an und schimpfen auch nicht mit ihm. In diesem Moment ist er einfach Luft für Sie.

Offenes Drohverhalten

Bereits das leichte Naserunzeln oder das leise Knurren kann offenes Drohverhalten sein. Hunde verfügen in der Regel über ein sehr differenziertes Ausdrucksvermögen. Schnappen oder Beißen stellt oft nur eine der letzten Stufen des offenen Aggressionsverhaltens dar und kann von körperlichen Beschwerden über Angst bis hin zu übertriebenem Statusbewusstsein sehr viele Ursachen haben. Damit sind wir bereits bei der nächsten Schwierigkeit angelangt, der richtigen Einordnung und Behandlung von aggressivem Verhalten Menschen gegenüber.

Drohgebärden nicht verharmlosen

Wichtig für Sie ist Folgendes: Bedroht Ihr Hund Sie oder andere Menschen, dürfen Sie dies keinesfalls verharmlosen. Knurren ist oft nur die erste Stufe. Leider können Sie auf keinen Fall darauf hoffen, dass es beim Knurren bleibt. Den Ursachen für aggressives Verhalten eines Hundes muss man unbedingt mit fachmännischer Hilfe auf den Grund gehen. Wir verweisen in diesem Zusammenhang auch auf unser Buch „Erziehungsprobleme beim Hund“.

Ein „ausgewachsenes“ Problem.

Hochspringen abgewöhnen

Die allermeisten Hunde springen zur Begrüßung am Menschen hoch – ein Versuch, eine hundetypische Begrüßung mit Anstupsen der Maulwinkel (bzw. Mundwinkel des Menschen) zu erreichen. Trotzdem kann man dem Hund dies abgewöhnen und durch Maul-Hand-Kontakt ersetzen.

Die vielversprechende Methode heißt „Ignorieren". Ignorieren setzt – wie könnte es anders sein – absolute Konsequenz der ganzen Familie und aller sonstigen Personen voraus, die mit dem Hund Kontakt aufnehmen.

Jedes Mal, wenn Ihr Hund an Ihnen hochspringt, wenden Sie ihm wortlos, schnellstmöglich und ohne Blickkontakt den Rücken zu. Hier gilt: Kommen seine Pfoten wieder auf dem Boden an, drehen Sie sich wieder um, beugen sich hinunter und loben den Hund. Diese Methode hört sich erst einmal einfach an, ist es aber in der Praxis nicht unbedingt. Ignorieren bedeutet: Kein Wort, kein ärgerliches Gestöhn, kein Seufzen, keine ausgestreckte Hand in Richtung Hund darf von Ihnen kommen. Sie drehen sich wortlos und schnell um und entfernen sich zwei Schritte. Dann folgt eine freundliche Begrüßung, sobald der Hund das erwünschte Verhalten (alle Pfoten am Boden) zeigt.

Sobald der Hund in irgendeiner Situation nur mit mildem Vorwurf oder gar freundlicher Begrüßung beim Hochspringen bestärkt wird, ist Ihr ganzes bisheriges Training zunichte gemacht.

Der richtige Zeitpunkt, sich dem Hund wieder zuzuwenden.

Unerwünschtes Verhalten im Haus

Beginnen Sie mit der Erziehung im Haus sofort, wenn der Welpe einzieht! Auch hier gilt: Einmal gefestigtes Verhalten wächst sich nicht aus!
Die folgenden Angaben beziehen sich in erster Linie auf Welpen. Die Verhaltensregeln können aber genauso gut und erfolgreich bei erwachsenen Hunden angewendet werden.
Zum unerwünschten Verhalten im Haus zählt in erster Linie das Zerkauen von Gegenständen, die Belästigung von Gästen, das Springen auf Sessel oder Sofa, übermäßiges Bellen usw. Besonders beliebt sind bei Welpen auch die so genannten „verrückten fünf Minuten“, in denen Teppiche fliegen und der Hund den Eindruck macht, dass ihn weder Geschimpfe noch Geschrei beeindruckt, geschweige denn von dem abbringt, was er gerade tut. Des Weiteren kann ein Hund, der nicht gelernt hat zu akzeptieren, dass er nicht immer im Mittelpunkt des Geschehens steht, im Haus oder in der Wohnung sehr unangenehm werden. Solche Hunde bestimmen oft den kompletten Tagesablauf ihrer Besitzer und sind völlig außerstande sich anzupassen.

Schlechtes Benehmen abgewöhnen

Anonyme Korrektur mit der Wurfdose

Beim Zerkauen von verbotenen Gegenständen können Sie eine Wurfdose (gefüllt mit Münzen o. Ä.) einsetzen. Wollen Sie es von Anfang an richtig angehen, so dürfen Sie den Hund kaum aus den Augen lassen. Sie laufen schweigend an Ihrem Hund vorbei, der sich gerade Ihren neuen Teppich schmecken lässt. Dies ist für einen Welpen ein ganz normales Verhalten, trotzdem können wir es natürlich nicht tolerieren.
Optimal ist es, wenn der Hund der Meinung ist, dass es an sich unangenehm ist, an Ihren Einrichtungsgegenständen herumzukauen, ganz unabhängig von Ihrer Anwesenheit. Deshalb stürzen Sie auch nicht schreiend auf ihn los, sondern agieren mit der Wurfdose, ohne Ihre Stimme einzusetzen. Werfen Sie diese Dose möglichst unbeteiligt direkt neben ihn und gehen genauso unbeteiligt an ihm vorbei, ohne Blickkontakt aufzunehmen. Kurze Zeit später nehmen Sie die Wurfdose schweigend auf und entfernen sie möglichst ohne dass der Hund dies merkt. Das Gleiche gilt für unerwünschtes Liegen auf Bett, Sofa etc.
Wiederum laufen Sie möglichst gelassen am Hund vorbei und werfen im Vorbeigehen die Wurfdose mit Wucht neben oder hinter ihn. Die optimale Verbindung ist geglückt, wenn der Hund der Meinung

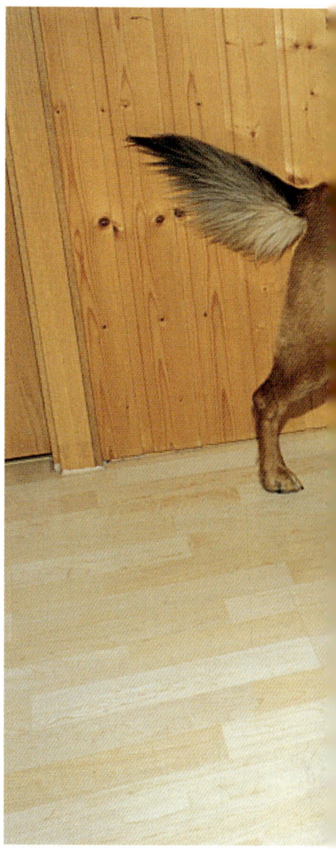

ist, dass es schlicht und ergreifend unangenehm ist, die genannten Dinge zu tun, ganz unabhängig davon, ob Sie als Kontrollinstanz in der Nähe sind oder nicht. Dies kann man als anonyme Korrektur bezeichnen. Es gibt jedoch leider auch immer wieder Hunde, bei denen dies nicht ausreicht, die zusätzlich noch der so genannten aktiven Korrektur durch den Besitzer bedürfen, um unerwünschtes Verhalten einzustellen. Die anonyme Korrektur eignet sich auch ausgezeichnet, wenn der Hund vom Tisch stiehlt.

Korrektur setzt Anwesenheit voraus

Bitte beachten Sie, dass sowohl die aktive als auch die anonyme Korrektur menschliche Kontrolle und Anwesenheit voraussetzen. Können Sie, aus welchen Gründen auch immer, den Hund einen großen Teil des Tages nicht kontrollieren, dürfen Sie sich nicht wundern, wenn er Zerstörung, Stehlen usw. nicht unterlässt. Keinesfalls dürfen Sie ihn strafen, wenn Sie ihn nicht direkt bei der Tat erwischen.

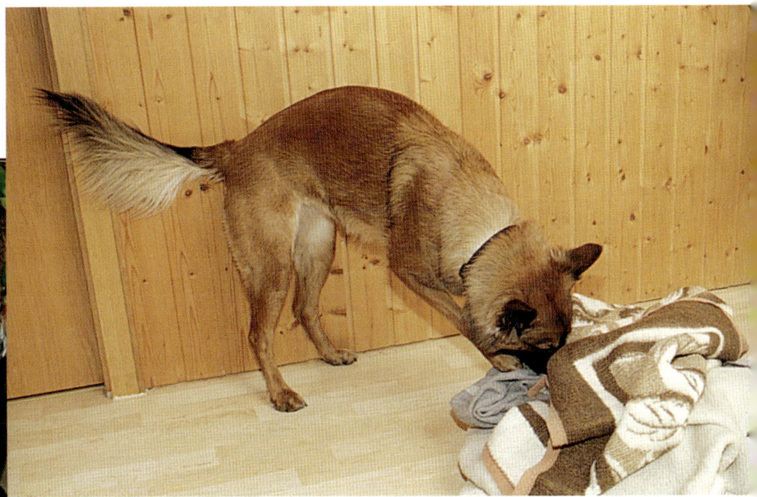

Dies wäre der richtige Zeitpunkt für eine anonyme Korrektur.

Der Welpe eines unserer Kunden war beispielsweise den meisten Teil des Tages sich selbst überlassen und hatte hierbei jede Menge Gelegenheit, Unerwünschtes anzustellen. Durchschnittlich einmal am Tag wurde er erwischt und bestraft, worauf er jedes Mal völlig überrascht reagierte, hatte dieselbe Tat doch schon so viele Male keinerlei Sanktionen nach sich gezogen. Eine solche Behandlung entzieht dem Tier jegliche soziale Sicherheit. Dies bedeutet für Sie, dass in jedem Fall entsprechende Sicherheitsmaßnahmen getroffen werden müssen, sofern Sie das Tier gerade nicht kontrollieren können.

Aufdringliches Verhalten im Haus

Die Bedeutung der Erziehung des Hundes in den eigenen vier Wänden kann nicht oft genug betont werden. Allein die Tatsache, dass man hier die meiste Zeit mit dem Hund verbringt, ist ausreichender Grund dafür, dass man den häuslichen Bereich auf keinen Fall zur „erziehungsfreien Zone“ erklären kann und sich gleichzeitig darüber wundern, dass der Hund in den Stunden des Tages, die er mit seinem Menschen draußen ist, nicht so folgt, wie man es sich wünscht. Erfährt der Hund innerhalb von Haus und Wohnung keinerlei oder nur sehr geringe Einschränkungen, ist ein Erziehungserfolg insgesamt unwahrscheinlich. Bitte vergegenwärtigen Sie sich immer, dass Erziehung etwas Ganzheitliches ist. Sicherlich kämen Sie bei Ihren Kindern nie auf den Gedanken, zu Hause auf jegliche Einhaltung von Regeln zu verzichten, in der Überzeugung, dass die in Kindergarten und Schule stattfindende Erziehung ausreichend sei, um aus Kindern gesellschaftsfähige Erwachsene zu machen. Ein absurder Gedanke!
Sowohl der Welpe als auch der junge und der bereits ausgewachsene Hund können und sollten dringend lernen, dass sie nicht ständig im Mittelpunkt stehen können und dass es Momente gibt, in denen man sich ruhig und unaufdringlich verhalten muss. Erziehung, die im Haus dieses Ziel anstrebt, hat nicht nur zur Folge, dass man beispielsweise jederzeit problemlos Gäste empfangen, in Ruhe Mahlzeiten einnehmen sowie bellfreudige Hunde in ihrem Eifer auf ein erträgliches Maß dämpfen kann. Regulative Maßnahmen im Haus, die dem Hund konsequent deutlich machen, dass der Mensch der bestimmende Part des Rudels ist, sind der Schlüssel zu einem folgsamen Hund auch außerhalb des häuslichen Bereiches.

Auf den Platz schicken

Zur Praxis. Sie benötigen zunächst den erwähnten Haken an der Wand mit einer Leine daran. Die dafür gewählte Stelle sollte leicht zugänglich und in Ihrem Sichtbereich sein. Es sollte sich dort außerdem eine Decke für den Hund befinden. Der Hund trägt sein Halsband. Haben Sie Probleme, den Hund zu greifen, so sollte er eine dünne Hausleine von etwa zwei Metern Länge (nur unter Beaufsichtigung!) tragen. Zunächst üben Sie ohne Ablenkung mehrfach am Tag. Sie benötigen ein klar identifizierbares Hörzeichen, das nur in dieser Situation angewendet wird, z. B. **DECKE**. Gleichzeitig zum Hörzeichen setzen Sie ein deutliches Sichtzeichen in Richtung Decke ein. Lernziel ist, dass der Hund auf das erste Hörzeichen hin zur Decke geht, sich dort niederlässt und erst wieder aufsteht, wenn er ein Aufhebungszeichen wie **LAUF** erhält. Das ist sehr anspruchsvoll. Bei dieser Erziehungsmaßnahme können sich jede Menge Fehler einschleichen wie z. B. folgende: Der Hund erhält das Hörzeichen mehrere Male hintereinander und ignoriert es, er kehrt auf halbem Weg zur Decke um und geht seiner Wege, er denkt nicht daran, auf der Decke zu bleiben usw. All diese Fehlerquellen gilt es von Anfang an zu vermeiden, da jedes vergebliche Hörzeichen, wie Sie bereits wissen, erfolgreiche Hundeerziehung auf das Gravierendste beeinträchtigt.

Anonyme Bestrafung mittels Dosenturm beim Stehlen vom Tisch.

Ignoranz bei aufdringlichem Verhalten.

Deutliches Hör- und Sichtzeichen.

Üben Sie mit dem Hund, wenn er sich ohnehin gerade in Ihrer Nähe befindet und Sie so bereits seine Aufmerksamkeit haben. Sprechen Sie ihn mit seinem Namen an, geben Sie einmalig Hör- und Sichtzeichen für **DECKE**, fassen ihn am Halsband oder gegebenenfalls an der Hausleine und führen ihn zu seinem Platz. Warten Sie keinesfalls darauf, dass der Hund ohne Ihr Zutun zur Decke geht. Gehen Sie zunächst davon aus, dass er nicht weiß, was von ihm verlangt wird und daher lernen muss, was mit diesem Hörzeichen gemeint ist. Schnelligkeit ist in dieser Phase sehr wichtig. Optimalerweise erfolgen Hörzeichen und das Führen des Hundes zum entsprechenden Platz gleichzeitig und mit schnellem Schritt. Sind Sie an der Decke angekommen, so können Sie dem Hund für die ersten Übungstage dort ein Leckerchen geben. Da der Hund von Anfang an lernen soll, sich erst von der Decke zu entfernen, wenn Sie ihm das Freizeichen geben, kommt nun die Leine am Haken, die Sie am Halsband befestigen, zum Einsatz. Ein weiteres

Hörzeichen ist nicht erforderlich. Der Hund soll auf seinem Platz bleiben; ob er dabei zunächst sitzt, liegt oder steht, spielt keine Rolle. Ein weiteres Hörzeichen wie etwa **PLATZ** müsste konsequent kontrolliert und durchgesetzt werden, was die Übung unnötigerweise für Mensch und Hund erschweren würde. Da der Hund am Haken befestigt ist, kann er sich ohnehin der Aufforderung, auf dem Platz zu bleiben nicht entziehen. Sobald Sie den Hund befestigt haben, entfernen Sie sich ohne Worte. Bleiben Sie in Sichtnähe, ignorieren den Hund dabei jedoch vollständig. Zunächst reichen wenige Minuten ruhigen Verweilens am Platz aus; mit der Zeit können Sie das Verbleiben am Platz auf 20 bis 30 Minuten ausdehnen. Bei Welpen müssen Sie diese Zeitvorgabe natürlich deutlich reduzieren. Machen Sie nicht den Fehler, den Hund abzuhaken, wenn er sich unruhig verhält, also z. B. winselt, bellt o. Ä. Der Hund wird die Zuwendung beim Losbinden und die zurückgewonnene Bewegungsfreiheit als Belohnung empfinden. Daher sollte er immer nur dann von seiner Decke entlassen werden, wenn er sich gerade ruhig verhält, sei es auch nur für wenige Sekunden, die dann genau vom Menschen abgepasst werden müssen. Ein Vierbeiner, der hier regelmäßig im falschen Moment losgebunden wird, ist auf dem besten Weg zum Haustyrannen.

Hier funktioniert es schon ohne Hilfsmittel.

Gehen Sie also im passenden Augenblick ruhig auf den Hund zu, lösen die Leine, halten ihn aber noch einen Moment länger am Halsband fest. Das erlösende **LAUF** schließlich geben Sie, wenn der Hund ruhig bleibt. Sollte er völlig außer sich geraten, ohne sich zu beruhigen, sobald Sie ihn am Halsband fassen, haken Sie die Leine wieder ein und gehen wortlos ein paar Schritte weg. Vermeiden Sie dabei Blickkontakt. Kurz darauf versuchen Sie es erneut. Fernziel ist es, den Hund jederzeit auf seinen Platz schicken zu können, ohne ihn dorthin zu führen und ohne ihn anzubinden; außerdem soll er dort so lange bleiben, bis er das Hörzeichen **LAUF** erhält. Dies erfordert sehr viel Ausdauer und ist mit zwei- bis dreimaligem Üben pro Woche nicht zu erreichen. Gehen Sie davon aus, dass bei mehrfachem Üben am Tag, selbstverständlich abhängig von Hundetemperament und -alter, mit mindestens zwei bis drei Monaten zu rechnen ist, und verzagen Sie nicht, wenn es ausgerechnet bei Ihrem Hund trotz eifrigen Übens länger dauert. Diese Erziehungsmaßnahme ist von so hohem direktem als auch indirektem Nutzen (denken Sie immer an Ihren Wunsch von einem Hund, der auch draußen zuverlässig folgt), dass sich der Aufwand in jedem Fall lohnt.

Zur nächsten Phase dieser Erziehungsübung können Sie übergehen, sobald Sie feststellen, dass der Hund nicht mehr angefasst werden muss, sondern sich auf einmaliges Hörzeichen **DECKE** sofort und freiwillig auf seinen Platz begibt. Erst dann können Sie probeweise darauf verzichten, den Hund anzubinden. Beobachten Sie ihn jedoch genau. Unangeleint wird er mit hoher Wahrscheinlichkeit nach kurzer Zeit der Meinung sein, er könne seinen Platz unaufgefordert verlassen. Tut er dies, so gehen Sie schnellen Schrittes und mit einem energischem **NEIN** auf den Hund zu und schicken ihn erneut auf seine Decke mit dem bekannten Hörzeichen. Sollte er dabei unruhig oder unwillig reagieren, bringen Sie sofort die Leine wieder zum Einsatz und haken den Hund erneut an. Verzichtet man zu früh darauf, den Hund nochmals anzubinden, so ist die Gefahr groß, dass er das **NEIN** seines Menschen als Kommentar zu dem unerlaubten Entfernen ignorieren lernt. Dies ist eine äußerst sensible Phase. Viele Hundebesitzer sind so begeistert davon, dass ihr Hund freiwillig auf seinen Platz geht, dass sie gar nicht mehr wahrnehmen, dass er diesen selbstständig nach kurzer Zeit wieder verlässt oder dass gar mehrere Aufforderungen vonseiten des Menschen notwendig sind, um den Hund dazu zu bewegen, erneut seinen Platz aufzusuchen und dort auch zu bleiben. Der Haken an der Wand wird jedoch erst dann überflüssig, wenn der Hund beim selbstständigem Aufheben des Hörzeichens **DECKE** auf das erste Korrekturwort des Menschen schnell dorthin zurückgeht und so lange verbleibt, bis er das Hörzeichen **LAUF** erhält.
Der entscheidende Vorteil dieser Prozedur mit Leine und Haken ist der, dass Sie das Hörzeichen **DECKE** jederzeit durchsetzen können, der Hund also gar keine Gelegenheit bekommt zu lernen, dass man auch nicht hören kann. Egal, ob es gerade an der Tür klingelt, ob Sie Gäste haben oder eventuell nur in Ruhe essen wollen, dank der Hausleine können Sie den Hund greifen, wann immer es nötig ist und Ihr Hörzeichen durchsetzen. Der Haken ermöglicht es Ihnen, das Verbleiben des Hundes auf seinem Platz bereits von Anfang an in den schwierigsten Situationen durchzusetzen und einzuüben.
Selbstverständlich sollten Sie jeden Tag mehrmals einige Minuten zur Übung verwenden, doch genauso wichtig ist die Integration dieser Maßnahme in Realsituationen von Anfang an. In welchen Situationen des Alltags empfiehlt sich nun der Einsatz? Prinzipiell sind die täglichen Mahlzeiten ein guter Einsatz- und Übungsort, da es zum einen sinnvoll ist, vom Hund beim Essen Individualdistanz

Alternativ zum Körbchen kann auch eine Transportbox verwendet werden.

zu fordern, und zum anderen durch die regelmäßige Wiederkehr dieses Rituals ausreichende Übungsmöglichkeiten gegeben sind. Daneben ist der Einsatz generell zu empfehlen, um aufdringliches Verhalten abzubrechen und zu korrigieren. Hierbei kann es sich darum handeln, dass der Hund Gästen oder bestimmten Familienmitgliedern gegenüber übertrieben aufdringlich ist, es nicht unterlässt, am Menschen hochzuspringen o. Ä. oder prinzipiell nicht geneigt ist zu akzeptieren, dass man sich insbesondere bei der Anwesenheit von Besuch nicht mit ihm beschäftigt.

Das Repertoire, das Hunde hier mitunter aufbieten, um Aufmerksamkeit zu erheischen, ist äußerst vielfältig und mitunter sogar sehr komisch. Jack-Russel-Terrier Rudi räumte während des Erstgesprächs mit seinen Besitzern in deren Haus sämtliche Nippes-Gegenstände von den Fensterbänken und gab ihnen einen neuen Platz, manchen gar ein neues Aussehen, so sehr empörte ihn, dass er gerade nicht Mittelpunkt des Interesses war. Zu Beginn des Gesprächs hatten wir die Besitzer gebeten, es uns gleichzutun und den Hund völlig zu ignorieren. Sie berichteten uns, dass das Verhalten Rudis bei Besuch durchaus typisch sei und dass er gewöhnlich dafür auch den gebührenden Applaus bekam, was das Verhalten natürlich verstärkt hatte. Es war in der Tat äußerst komisch anzuschauen, wie der kleine Kerl keine noch so akrobatische Verrenkung unversucht ließ, um der Gegenstände auf den Fensterbänken habhaft zu werden.

Störendes Verhalten beim Empfang von Gästen ist keinesfalls immer so spektakulär und bedarf trotzdem der Kanalisierung durch die oben genannten Maßnahmen. Somit kann Fehlverhalten korrigiert werden, es kann aber auch mit Hilfe des beschriebenen Weges dafür gesorgt werden, dass Fehlverhalten erst gar nicht entsteht. Es soll nicht darum gehen, den Hund auszuschließen, sobald Besuch kommt. Daher halten wir auch ein generelles Wegsperren des Hundes in entsprechenden Situationen für den falschen Weg. Doch es sollte ohne schlechtes Gewissen möglich sein, zu aufdringliches Begrüßen zu unterbinden und dem Hund nicht zu gestatten, durch aufmerksamkeitsheischendes Verhalten dem Menschen die Freude daran zu nehmen, Gäste zu haben.
Auch bei einem Hund, der sich recht normal verhält und keineswegs auffällig darauf aus ist, Mittelpunkt zu sein, ist es eine gute Erziehungsübung, regelmäßig darauf zu bestehen, dass er sich – auch wenn Besuch im Haus ist – für eine bestimmte Zeit auf seinen Platz trollt.
Wir sind der Meinung, dass es sich hier um eine gangbare und sinnvolle Erziehungsmaßnahme handelt, die den Menschen als bestimmend in der Mensch-Hund-Beziehung ausweist und kurz- sowie mittel- und langfristig positive Auswirkungen direkter und indirekter Art auf den Erziehungsstand hat.

Das Welpenspinnen

Das, was hier als Welpenspinnen bezeichnet wird, befällt durchaus auch Junghunde. Da es sich in der Regel um ein recht harmloses Verhalten handelt, bei dem es zunächst einmal nur darum geht, das Mobiliar vor Zerstörung zu bewahren, kann zunächst eine Umlenkung in objektbezogenes Spiel versucht werden. Greifen Sie ein Spielzeug, machen Sie den Hund darauf aufmerksam und locken Sie ihn an einen Ort, wo möglichst nichts zu Bruch gehen kann. Dort geben Sie ihm die Möglichkeit, sich abzureagieren. Reagiert Ihr Hund jedoch nicht auf Ihr Spielangebot und müssen Sie ernsthaft um Ihre Wohnungseinrichtung fürchten, so kann Ihnen auch hier die Hausleine gute Dienste leisten. Sobald er einen seiner „Anfälle" bekommt, fassen Sie die Leine, setzen sich bequem in einen Sessel und stellen den Fuß auf die Leine. Ignorieren Sie Jammern und Geschrei. Hat sich der Hund beruhigt, nehmen Sie den Fuß von der Leine, bleiben aber noch eine Weile sitzen. Haben Sie das Gefühl, der Hund hat sich völlig beruhigt, lassen Sie die Leine fallen und gehen wortlos weg.
So lässt sich innerhalb von maximal zwei Wochen (bei täglichem Üben!) eine deutliche Besserung des Verhaltens erzielen, sofern Sie die Übung erst dann abbrechen, wenn der Hund ruhig und entspannt ist. Brechen Sie hier zu früh ab, belohnen Sie hingegen sein unruhiges Verhalten. Er wird dann lernen, dass dieses Verhalten ihn zum gewünschten Ergebnis führt, und es immer dann einsetzen, wenn ihm etwas nicht passt.

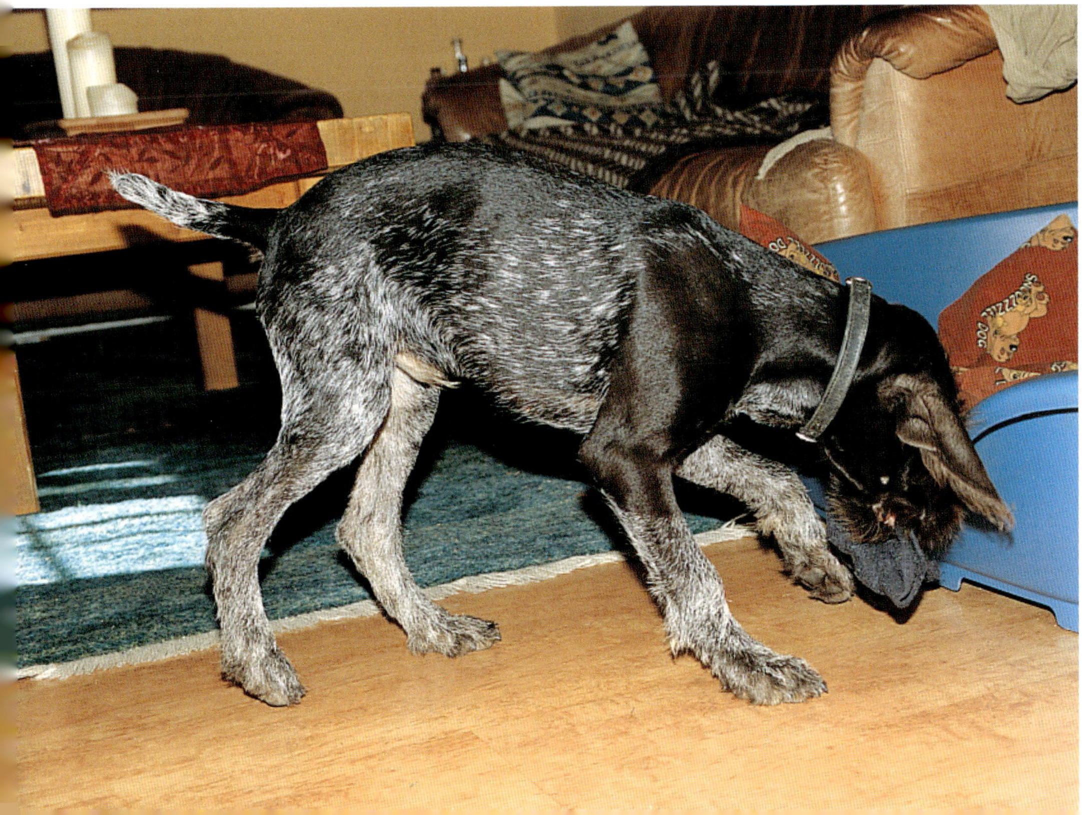

Abgelegte Socken sind kein sinnvolles Hundespielzeug.

GEH WEG

Eine weitere alltagstaugliche Übung besteht darin, dem Hund beizubringen, dass er auf ein entsprechendes Hörzeichen weggehen soll. Hierbei kommt es nicht darauf an, dass er seinen Platz aufsucht. Auch reicht es aus, wenn der Hund eine Individualdistanz von ein bis zwei Metern auf unaufdringliche Weise einhält. Es empfiehlt sich hierbei, zunächst ausschließlich allein mit seinem Vierbeiner zu üben und das Hörzeichen erst dann unter schwierigeren Bedingungen – z. B. bei Anwesenheit von Besuch – einzusetzen, wenn es auf „Du und Du“ mit dem Hund gut bis sehr gut funktioniert.

Warten Sie eine Situation ab, in der der Hund etwas von Ihnen möchte. Keinesfalls sollte er sich in den ersten Wochen des Übens hierbei in größerer Aufregung befinden, wie es beispielsweise vor den Fütterungszeiten der Fall ist. Dies würde das Ganze unnötig erschweren und ein Misserfolg wäre vorprogrammiert. Optimal geeignet sind hier zunächst solche Situationen, in denen der Hund einfach nur mal so vorbeischaut, um sich eine kleine Streicheleinheit abzuholen. Schauen Sie ihm nun streng in die Augen und sagen ein tiefes, ernst gemeintes **GEH WEG**. Wichtig hierbei ist, dass dem Hund durch Ihren Tonfall der Ernst der Sache klar wird. Das heißt, wenn Sie **GEH WEG** sagen, obwohl Sie „Bleib und schmus mit mir“ meinen, wird Ihr Hund das erkennen.

Sollte er nicht auf Ihr Hörzeichen reagieren, so machen Sie einen energischen Schritt auf ihn zu, sodass er Ihnen ausweichen muss. Stellt er sich völlig stur, so üben Sie dieses Hörzeichen nur mit der Hausleine, damit der Hund wenigstens ein kleines Stück von Ihnen weichen muss, während Sie dazu die Leine zur Hilfe nehmen. Bitte beachten Sie, dass diese Übung bei den geringsten Aggressionsproblemen mit dem Hund keinesfalls angewandt werden darf.

Die richtige Distanz zum Tisch.

Bellfreudige Hunde

Alle beschriebenen Übungen sind auch hervorragend geeignet, um das Bellen im Haus in Ihrer Anwesenheit auf ein erträgliches Maß zu reduzieren. Sie werden in der Lage sein, den Hund, sobald er „gemeldet“ hat, was zu akzeptieren ist, auf seinen Platz zu schicken, sofern er sich nicht beruhigt. Diese Reglementierung wird seinen Belleifer dämpfen.
Einiges weist darauf hin, dass die Bellfreudigkeit einiger Hundetypen in erster Linie angeboren ist, oft steht sie jedoch auch in direkter Beziehung zur Aufgeregtheit und Nervosität des Besitzers. Es gibt sogar Verhaltensforscher, die der Meinung sind, ein bellfreudiger Hund könne dieses Verhalten nur sehr schwer bis gar nicht unterdrücken. Die Erziehung zum kontrollierten Verhalten im Haus wird Ihnen eine große Hilfe sein, das Bellen Ihres Hundes ohne Starkzwangmittel auf ein erträgliches Maß zurückzuschrauben.
Was das übermäßige Bellen von Hunden bei Abwesenheit ihrer Besitzer betrifft, handelt es sich hier oft um Bellen aus Angst, Verzweiflung oder Langeweile. Dieses Verhalten kann nicht getrennt vom übrigen Verhalten des Hundes gesehen werden und bedarf auch einer ganzheitlichen Behandlung durch eine entsprechende Verhaltenstherapie und/oder Haltungsänderung. Die genaue individuelle Ursachenforschung, die hier betrieben werden muss, sollte in Zusammenarbeit mit einem kompetenten Mitarbeiter einer Hundeschule vorgenommen werden, da der Hundehalter ohne entsprechende Kenntnisse überfordert ist.

GEH WEG bei aufdringlichem Verhalten.

Sozialkontakt mit anderen Hunden

Kontakt mit anderen Hunden – ein Muss

Genauso wichtig wie der ausreichende Sozialkontakt zum Menschen ist der Kontakt zu anderen Hunden. Tun Sie etwas dafür! Sorgen Sie dafür, dass der heranwachsende und der erwachsene Hund möglichst oft mit anderen, wechselnden Hunden zusammentrifft. In jeder Stadt gibt es inoffizielle Hundetreffpunkte, oder suchen Sie eine gute Hundespielgruppe auf.
Am wichtigsten ist dies für den Welpen und Junghund. Mit der Herausnahme aus dem Familienrudel ist der innerartliche Sozialkontakt erst einmal abgebrochen worden. Der Welpe ist aber dringend darauf angewiesen, im Kontakt mit möglichst vielen anderen Hunden sein Sozialverhalten zu festigen, teilweise sogar noch zu erlernen. Insbesondere die Beißhemmung muss erlernt werden! Vernachlässigen Sie dies, kann es passieren, dass Ihr Hund – je nach Veranlagung – aggressiv oder ängstlich auf andere Hunde reagiert. Hat sich dieses Verhalten erst einmal dauerhaft gefestigt, ist es nur sehr schwer oder überhaupt nicht wieder zu ändern.

Die richtige Spielstunde

Achten Sie bei der Auswahl der passenden Spielstunden für Ihren Hund darauf, dass diese kompetent geleitet werden. Hunde sollen keineswegs „alles unter sich ausmachen", und es nicht in Ordnung, wenn z. B. ein fünf Monate alter Schäferhund auf einem neun Wochen alten Dackel herumsteigt. In solchen Fällen muss vom Spielleiter eingegriffen werden.

Info

Erziehung in den Alltag einbinden

Ziel der vorangegangenen Kapitel war, die Bedeutung der Erziehung des Hundes im Hausstand aufzuzeigen und deutlich zu machen, dass die genannten Punkte im Grunde genommen die wesentliche Vorraussetzung dafür sind, den Hund auf den richtigen Weg zu bringen. Bei aufmerksamem Lesen dürfte klar geworden sein, dass der Wunsch „Er soll ja nur kommen, wenn ich ihn rufe" ein utopischer ist, sofern man nicht bereit ist, Erziehung in den Alltag zu integrieren. Gleichzeitig helfen die beschriebenen Strukturierungsmaßnahmen bei der Behebung von vielen Alltagsproblemen, die das Zusammenleben mit dem Hund erschweren.
Sollte Ihnen das Beschriebene bei der Lösung Ihres „Problems" nicht weiterhelfen, so sollten Sie sich und Ihrem Hund fachliche Hilfe gönnen.

Diese Spielpartner passen in Größe und Temperament gut zueinander.

Auslauf

Jeder Hund benötigt genügend täglichen Auslauf. Jeden noch so großen Garten kennt Ihr Hund nach kurzer Zeit in- und auswendig. Er wird zwar mit Vergnügen seinen täglichen Kontrollgang machen, genügend Auslauf ist das aber auf keinen Fall. Neben der notwendigen körperlichen Bewegung sind für die Psyche des Hundes unbedingt wechselnde Umweltreize nötig, damit er seelisch nicht verkümmert. Aggressivität, Nervosität, ständiges Bellen, Ungehorsam bis hin zur übertriebenen Körperpflege (Pfotenlecken, Pfotenknabbern etc.) können die Folge mangelnder Bewegung sein.

Bewegung im ersten Lebensjahr

Gehört Ihr Hund einer großen oder gar sehr großen Rasse an, müssen Sie die im Kasten angegebenen Zeiten eher noch verkürzen. Große Hunde wachsen langsamer als kleine, die Gefahr einer körperlichen Überfoderung ist hier noch eher gegeben. Bei kleinwüchsigeren Rassen hingegen können Sie einige Minuten länger spazieren gehen.
Auch wenn Ihnen diese Angaben sehr kurz vorkommen und Ihr Hund wesentlich mehr anbietet, ohne erkennbar zu ermüden: Überschreiten Sie sie nicht! Gelenke, Bänder und Sehnen des Welpen und des Junghundes sind nicht auf mehr ausgelegt. Beachten Sie dies nicht, können bleibende Schäden die Folge sein. Diese Zeiten beziehen sich auf einen Spaziergang, bei dem Ihr Hund gezwungen ist mitzukommen. Ohne Schaden können Sie sich auf eine Wiese stellen und mit dem Hund spielen oder ihn mit anderen Hunden spielen lassen. Wichtig ist, dass der Welpe Gelegenheit hat, sich auszuruhen, wenn ihm danach ist. Wenn Sie das Gefühl haben, dass Ihr Welpe durch die oben beschriebenen Spaziergänge nicht ausgelastet ist, spielen Sie mit ihm.

Auf einen Blick

Wie viel Bewegung braucht der Welpe?

Beim Welpen und Junghund müssen Sie darauf achten, ihn nicht zu überfordern. Hier eine Faustregel:

→ 3. und 4. Monat	3- bis 4-mal täglich jeweils ca. 15 Minuten
→ 5. bis 7. Monat	3- bis 4-mal täglich jeweils 20 bis 30 Minuten
→ 8. und 9. Monat	2- bis 3-mal täglich jeweils 30 bis 45 Minuten
→ bis 12. Monat	langsam steigern bis 60 Minuten pro Spaziergang
→ ab 12. Monat	langsame Steigerung und vermehrtes Konditionstraining

Spazierengehen und Streunen, Zwinger und Garten

Auf keinen Fall dürfen Sie Ihren Hund völlig unbeaufsichtigt nach draußen lassen. Dies ist aus mehreren Gründen abzulehnen. Beginnen wir bei Ihrer momentanen Erziehungssituation. Sie möchten einen Hund, der Ihnen ein zuverlässiger Begleiter ist. Dabei ist die Interaktion mit dem Hund von großer Bedeutung. Ein Hund, der sich selbst überlassen wird, kann fast ausschließlich nur über großen Druck erzogen werden, der dem Tier gegenüber durch nichts gerechtfertigt ist.
Und schon sind wir beim Zwinger- oder Gartenhund; der Unterschied zum eben beschriebenen Streuner liegt lediglich darin, dass der streunende Hund noch etwas anderes zu sehen bekommt als seine vier Zwingerwände. Der Zwingerhund wird zwar im Allgemeinen täglich spazieren geführt, muss dafür aber auf den für ein Rudeltier so wichtigen Sozialkontakt verzichten, der bei solchen Hunden auf ein Minimum reduziert wird.

Schlittenhunde brauchen viel Auslauf. Hier wird fleißig an der Schleppleine geübt.

Auch bei Zwinger- oder Gartenhunden muss in der Regel bei der Erziehung eine Härte angewendet werden, die dem Tier gegenüber unfair ist und daher abgelehnt werden muss.

Wozu dieser Vergleich? Tatsächlich hat sich in unserer Praxis gezeigt, dass sich sowohl Zwingerhunde als auch streunende Hunde bei der Erziehung unkooperativ verhalten, da sie häufig über eine mangelnde Bindung zu ihren Besitzern verfügen. Das Mittel der Wahl ist dann für viele die Roll-Leine oder das Stachelhalsband, was durch eine entsprechende Haltung des Hundes völlig überflüssig sein könnte.

Der Verlust und die Einschränkung von sozialem Kontakt ist für den Hund fatal, und nicht immer sind die Folgen auf den ersten Blick sichtbar. Manche Tiere werden geradezu depressiv und verkümmern seelisch völlig. Andere geraten beim Anblick ihrer Besitzer vollkommen außer sich und sind kaum zu bändigen. Beim Spaziergang schließlich, froh über die Möglichkeit sich zu bewegen, stürzen sie auf und davon, ohne sich nach ihren Menschen umzudrehen, sofern sie überhaupt ohne Leine geführt werden können. Ein weiteres Zeichen für seelische Deprivation aufgrund von Zwingerhaltung ist eine übertriebene, fast ängstliche Unterwürfigkeit, verbunden mit völligem Verlust von Selbstständigkeit. Übertriebene Aggression gegen alles Fremde ist hier ebenfalls zu nennen. Sicher, jeder kennt jemanden, der wiederum jemanden kennt, dessen Hund ständig im Zwinger oder Garten gehalten wurde und trotzdem nie Probleme gemacht hat und immer lieb und gehorsam war.

Auslauf und Beschäftigung stärken die Bindung zwischen Hund und Mensch.

Dazu ist Folgendes zu sagen: Erstens gibt es immer Ausnahmen von der Regel. Dies spricht im beschriebenen Fall aber eher für die Hunde, nicht für deren Besitzer, und macht eine isolierte Haltung auch nicht besser. Außerdem besagt die Tatsache, dass der Hund keine Probleme gemacht hat, nicht unbedingt, dass er auch glücklich war.

Des Weiteren kennen Zwingerhunde eben oft gar nichts anderes als ihren Käfig und bestenfalls noch einen eingezäunten Hundeplatz. Und was soll hier schon passieren? Probleme entstehen hier unter Umständen nur deshalb nicht, weil die Hunde kaum mit ihrer Umwelt konfrontiert werden (oder höchstens auf einem eingezäunten Gelände oder angeleint auf einem einsamen Feldweg). Natürlich ist dies auch eine Form der Problemvermeidung, die jedoch ganz eindeutig auf Kosten des Hundes ausgetragen wird.

Wir raten aus den genannten Gründen wirklich dringend jedem, der eine integrative Haltung nicht wünscht, davon ab, sich einen Hund anzuschaffen. Diese ist nicht hundegerecht und hat erzieherisch äußerst negative Konsequenzen.

Auch bei einer integrativen Haltung sollte der Hund im Garten oder Hof nur kurze Zeit ohne Aufsicht sein. Ebenso sollten Sie Ihren Garten oder Hof ausbruchsicher gestalten, um unerwünschte „Ausflüge" Ihres Hundes zu vermeiden.

Am Ende der Autofahrt wartet ein angenehmes Erlebnis.

Verkehrssicherheit kann man nicht erwarten!

Einer unserer Kunden klagte darüber, dass sein Hund nicht nach den Autos schaue, wenn er allein unterwegs sei, und versprach sich vom Besuch unserer Hundeschule die Lösung dieses Problems. Kommissar Rex lässt grüßen. Der Besitzer wollte den Hund nicht den ganzen Tag einsperren. Zeit für gemeinsame Spaziergänge hatte er nicht.

Unsere Umwelt lässt es jedoch nicht zu, dem Hund Spaziergänge auf eigene Faust zu gestatten. Ganz abgesehen davon, dass ein Tier mit einer ordentlichen Bindung jeden gemeinsamen Spaziergang mit seinem Rudel ohnehin vorzieht.

Egal wie brav, lieb, harmlos usw. Ihr auch Hund sein mag, keinesfalls können Sie für Ihre Umwelt garantieren. Für den Hund ist Streunen lebensgefährlich. Darüber hinaus verletzt man bei einem eventuellen Unfall seine Aufsichtspflicht, der Versicherungsschutz erlischt in solchen Fällen. Will man dem Hund das zweifelhafte Vergnügen des Streunens gewähren, wird man mit der Erziehung keinen Erfolg haben, da hier Integration und Kontrolle grundlegende Voraussetzungen sind. Einmal ganz abgesehen davon, dass verantwortungsvolle Hundehaltung von vornherein ausschließt, dass der Hund Gefährdungen ausgesetzt wird. Der oben erwähnte Hund, der seine Spaziergänge allein machte, wurde einige Tage nach unserem Gespräch mit dem Besitzer von einem Auto angefahren und dabei so stark verletzt, dass er eine irreparable, vollständige Lähmung erlitt und kurz darauf eingeschläfert werden musste.

Autofahren

Hier sind zunächst drei Aspekte von Bedeutung: die Gewöhnung des Hundes an das Autofahren, die Sicherheit sowie die Korrektur von unerwünschtem Verhalten im Auto.

Gewöhnung ans Autofahren

Die Gewöhnung ist im Allgemeinen mehr als einfach. Das Autofahren sollte so positiv wie möglich besetzt werden, d. h. es ist sinnvoll, mit dem Welpen zu Beginn möglichst jeden Tag kleine Strecken mit dem Auto zu fahren. Am Ende einer jeden Autofahrt sollte etwas Positives stehen, sprich ein kurzer Spaziergang. So lernen die meisten Hunde, gern Auto zu fahren, sich sogar auf das Fahren im Auto zu freuen.

Viele Welpenbesitzer transportieren den Hund oftmals zunächst nur ein einziges Mal im Auto, und zwar beim Abholen vom Züchter. Dies ist für den Hund ohnehin ein gravierender Einschnitt in seine bis dahin (hoffentlich) heile Welt, sein ganzes Weltbild bricht zusammen. Man kann ohne weiteres sagen, dass er einen kleinen Schock verkraften muss. Das Erste, was ihm dann passiert, ist eine Autofahrt. Es wäre mehr als verwunderlich, wenn er diese Fahrt als positiv empfinden würde.

Völlig erstaunt stellen viele Besitzer fest, dass der Hund bei seiner zweiten Autofahrt, oftmals Wochen später, stark hechelt, sich übergibt oder überhaupt nicht in das Auto einsteigen will o. Ä. Auch in diesem Fall empfiehlt es sich, ab sofort täglich kurze Autofahrten mit dem Hund zu unternehmen, an deren Ende der Spaziergang steht. Wenn Sie Ihre täglichen Erziehungsspaziergänge wie empfohlen unternehmen, bekommen Sie automatisch einen Hund, der gern Auto fährt, und Sie schlagen zwei Fliegen mit einer Klappe.

Vorschriftsmäßig gesichert.

Sicherheit

Die Sicherheit im Auto ist ein Punkt, der oft sehr leichtfertig behandelt wird. Viele Hunde werden auf der Rückbank völlig ungesichert transportiert und haben so bei einer Vollbremsung den direkten Weg durch die Windschutzscheibe. Tests eines Automobilclubs haben ergeben, dass die handelsüblichen Sicherheitsgitter für Kombifahrzeuge bei Unfällen einen unzureichenden Schutz bieten. Genauso schlecht schnitten die meisten Sicherheitsgurte für Hunde ab, die – so die Tests – bei entsprechender Belastung reißen und keineswegs mit Sicherheitsgurten für Menschen verglichen werden können. Achten Sie beim Kauf auf ein entsprechendes TÜV-Siegel. Der Gesetzgeber besteht darauf, dass der Hund im Auto gesichert sein muss, sonst wird ein Bußgeld fällig, und es droht der Verlust des Kaskoschutzes. Bei allem Schutz für den Hund muss natürlich auch gewährleistet sein, dass man vom Hund ungestört Auto fahren kann.

Sicherheitsgurt mit TÜV-Siegel.

Unerwünschtes Verhalten im Auto

Was das unerwünschte Verhalten, z. B. Bellen, Winseln, Unruhe, Überreaktionen auf Außenreize usw. im Auto angeht, so kann eine Transportbox sehr gute Dienste leisten. In „schweren" Fällen kann man zusätzlich eine Decke über die Box legen. So ist der Hund sozusagen von seiner Umwelt abgeschnitten, und Sie können in Ruhe Auto fahren. Dies hat sich besonders bei Vierbeinern bewährt, die während der Fahrt ständig bellen und dadurch die Konzentrationsfähigkeit des Fahrers stark gefährden. Eine etwas günstigere Variante ist das Abkleben der hinteren Scheiben mit dunkler Klebefolie. Ob dies ausreicht, um den Hund abzuschirmen, muss man ausprobieren.

Kinder und Hunde

Bitte lesen Sie dieses Kapitel auch, wenn in Ihrer Familie keine Kinder leben! Um ein ungetrübtes Kind-Hund-Verhältnis zu gewährleisten, müssen Sie als Hundebesitzer Folgendes beachten: Durch die so genannte doppelte Prägung (auf Hunde und Menschen) betrachten Hunde sowohl Artgenossen als auch Menschen als Sozialpartner. Das bedeutet, sie übertragen ihr Sozialverhalten auf Menschen und damit natürlich auch auf Kinder.

Hundeerziehung in Kinderhände? Nur ab einem entsprechenden Alter, bei sehr kooperativen Hunden und stets unter der Aufsicht und Anleitung hundeerfahrener Erwachsener.

Welpenschutz

Die meisten Hunde lassen sich von Babys und Kleinkindern erstaunlich viel gefallen: an den Ohren ziehen, zwicken, im Schlaf stören usw. Doch das bedeutet auf keinen Fall, dass der Hundebesitzer dies auch zulassen darf. Irgendwann kann es auch dem gutmütigsten Hund zu viel werden, und er wird erst knurren und irgendwann einmal schnappen. Selbst wenn es als Drohschnappen gemeint war, kann er aus Versehen das Baby oder Kind einmal streifen. Schließlich können Kinder nicht so schnell ausweichen wie junge Hunde, das kann schlimm ausgehen.

Können Sie das verantworten?

Doch selbst, wenn dem Kind nichts passiert, hat man ab sofort ein ernsthaftes Problem: Ein Hund, der Kinder als nervige Plagegeister kennen lernen musste, wird nie wieder so kinderlieb wie vorher. Das Einzige, was man dann noch tun kann ist, den Hund von Kindern (von allen Kindern!) fern zu halten oder eine aufwändige Verhaltenstherapie, die keineswegs immer erfolgreich verläuft, zu beginnen.

Wenn der Hund eines Tages zu dem Entschluss kommt, sich von dem Kind nichts mehr sagen oder gefallen zu lassen, kann seine Form der Zurechtweisung für das Kind sehr schmerzhaft ausfallen. Der Hund ist dann auf keinen Fall verhaltensgestört oder besonders aggressiv, er hat nur seinem Sozialverhalten gemäß reagiert. Selbst wenn es nicht so weit kommt, wird im besten Fall der Gehorsam des Hundes verwässert. Lernt er Hörzeichen, die von den Kindern gegeben werden, als für sich nicht verbindlich kennen, überträgt er dies auch auf seinen erwachsenen Besitzer, d. h. er nimmt die Hörzeichen nicht ernst oder testet ständig aus, ob er sie auch befolgen muss.

Durch die so genannte doppelte Prägung auf Hunde und Menschen betrachten Hunde sowohl Artgenossen als auch Menschen als Sozialpartner.

Ausnahmen bestätigen die Regel

Vielleicht kennen Sie ja einen Hund in der Familie, Nachbarschaft etc., der von scheinbar unendlicher Gutmütigkeit mit Kindern ist, sich jahrelang streicheln und spazieren führen ließ, ohne dass je etwas passierte. Solche Fälle gibt es natürlich. Aber sie sind keinesfalls die Regel, und niemand kann vorher sagen, ob Ihr Hund so gutmütig ist und vor allen Dingen auf Dauer bleibt. Auch die oft beschworene angebliche „Kinderliebe“ bestimmter Rassen nützt hier nichts, wenn sich die Kinder nicht dem Sozialverhalten des Hundes angemessen verhalten.

Kind und Hund nie allein lassen

Selbstverständlich kann Ihr Hund mit Kindern spielen, schmusen, toben. Aber nicht mehr! Nie dürfen Sie Ihren Hund mit Kindern ohne Aufsicht lassen. Dazu zählt auch der Gang „mal eben um die

Ecke“. Es gibt aktuelle Gerichtsurteile, nach denen Eltern die Verletzung der Aufsichtspflicht vorgeworfen wurde, weil sie ein 14-jähriges Kind mit einem Hund allein spazieren gehen ließen. Wir können nur immer wieder davor warnen.

Sie haben keinerlei Einfluss darauf, was während eines unbeaufsichtigten Spazierganges passieren kann. Was ist, wenn Ihr Kind auf einen streunenden Hund trifft, der eine Beißerei mit Ihrem Hund anfängt? Was ist, wenn sich Ihr Hund doch einmal losreißt und auf die Straße rennt? Was ist, wenn Nachbarskinder den Hund ärgern?

Nicht jeder Hund empfindet eine solche Umarmung als angenehm.

Sicher sind Sie jetzt entsetzt, denn womöglich haben Sie den Hund für die Kinder gekauft und all die wohlmeinenden Ratschläge von Pädagogen im Ohr, die Hunde für die Entwicklung von Kindern als so wichtig ansehen. Dies ist sicher richtig, aber die meisten dieser Ratschläge berücksichtigen nur die Seite des Kindes. Ihr Hund und Ihre Kinder können weiterhin die besten Freunde bleiben, aber nur in den aufgezeigten Grenzen.

Necken von Kindern verhindern

Weiterhin können wir auch nur davor warnen, den Hund allein im Garten, Hof etc. laufen zu lassen, wenn das Grundstück von der Straße her eingesehen werden kann. Es ist schon sehr oft passiert, dass ein Hund kinderfeindlich wurde, weil er von Kindern über den Zaun geneckt worden ist. Bei sensiblen Tieren genügt schon ein einziger unangenehmer Vorfall!

Lassen Sie es nicht zu, dass Ihr Kind den Hund ständig stört, drückt oder herumträgt.

Auf einen Blick
Kinder und Hunde

- Hunde sind kein Spielzeug und für Kinder nicht automatisch die besten Freunde.
- Der Kind-Hund-Konflikt entsteht häufig aus dem kindtypischen Verhalten, Zuneigung auszudrücken: Das Kind umarmt, was es liebt, wohingegen der Hund diese Umarmungen i.d.R. nur duldet, aber nicht besonders schätzt.
- Älteren Kindern kann man dies durchaus erklären, bei kleineren Kindern empfiehlt sich eine Demonstration. Zeigen Sie Ihrem Kind am eigenen Leib, wie es sich anfühlt, ständig gedrückt, herumgetragen und gestört zu werden. Streicheln Sie es im Anschluss daran sanft, sodass es den Unterschied fühlen und damit lernen kann.
- Ärgern oder Befehle erteilen ist für Kinder tabu.
- Gehorsam gegenüber Kindern kann erst ab dem ca. 13./14. Lebensjahr des Kindes erwartet werden, und das auch nur bei kooperativen und sehr gut erzogenen Hunden unter Anleitung von erfahrenen Erwachsenen.
- Lassen Sie Ihren Hund nicht allein mit Kindern (auch nicht im Nebenraum, nicht im Garten und schon gar nicht auf der Straße).
- Lassen Sie Ihren Hund nicht allein im Garten, damit er nicht von fremden Kindern geärgert werden kann.

Soziale Kommunikation
Spielen und Erziehung

Soziale Kommunikation mit dem Hund

Wie bekomme ich einen kooperativen Hund?

Ob sich ein Hund im täglichen Zusammenleben und bei der Erziehung kooperativ verhält und was man bei der Erziehung erreichen kann, hängt von mehreren Faktoren ab. Die Vermittlung der Basiserziehung ist nur ein einziger dieser Punkte. Möchten Sie den Bedürfnissen des Tieres gerecht werden, darf die Erziehungsarbeit zum Grundgehorsam keinesfalls die einzige Form der sozialen Kommunikation sein. So selbstverständlich dies auf den ersten Blick klingt, so oft sieht die Realität ganz anders aus: Hunde hocken den ganzen Tag im Garten, Zwinger u. Ä. herum und langweilen sich. Abwechslung und Beschäftigung fehlen völlig. Jedoch kann auch ein im Haus gehaltener Hund durchaus frustriert sein, da er nun mal das leckere Futter dreimal am Tag und den wunderbaren Schlafplatz nicht als Kommunikation, sondern wohl eher als eine Selbstverständlichkeit betrachtet.

Ein so aktiver Hund braucht unbedingt Beschäftigung.

Spielen – aber richtig!

Spielen fördert die Bindung

Zur sinnvollen sozialen Kommunikation zählt als eine der wichtigsten Komponenten das kontrollierte Spiel mit dem Hund. Beim kontrollierten Spiel lernt der Hund Sie als jemanden kennen, der Lustgefühle bereiten kann. Bei aller Notwendigkeit, den Hund konsequent, aber gewaltlos darauf hinzuweisen, dass er nicht Rudelführer sein kann, darf man nicht vergessen, dass Hunde auch sehr lustbetonte Wesen sind. Lernt der Hund als Welpe, dass es beispielsweise die Nachbarskinder sind, mit denen man so richtig „einen draufmachen" kann, wird er unter Umständen sein Leben lang versuchen, auszubüxen und zu den Nachbarn zu rennen, in der Hoffnung, die dort so angenehmen Erlebnisse mögen sich wiederholen. Ein Hund, der diese Erfahrungen hingegen mit seinen Menschen macht, wird eine wesentlich stärkere Fixierung auf seine Besitzer entwickeln. Wenn es Ihnen gelingt, sich durch entsprechendes Spiel für den Hund interessant zu machen, wird sein Bestreben, Sie auf gemeinsamen Spaziergängen stehen zu lassen, weitaus geringer sein, sofern Sie auch hier regelmäßig mit ihm spielen.

Info

Warum spielen wichtig ist

Spielen erhöht nicht nur die Gehorsamsbereitschaft Ihres Hundes. Viele Hunde zeigen eine Anzahl unerwünschter Verhaltensweisen, weil sie völlig unterbeschäftigt sind. Gerade Besitzer von Hunden, die jagen bzw. hetzen – wobei es hier gleichgültig ist, was gejagt wird, ob Autos, Jogger usw. –, sollten ihren Hunden durch kontrolliertes, sinnvolles Spiel eine Ersatzbefriedigung bieten.

Sicherlich geht Ihnen regelmäßig das Herz auf, wenn Sie spielende Hunde beobachten können. Der Spaß steht den Vierbeinern förmlich ins Gesicht geschrieben. Gleichzeitig haben die meisten Besitzer die Erfahrung gemacht, dass es sehr schwer ist, den eigenen Hund erfolgreich zu sich zu rufen, wenn dieser ins Spiel vertieft ist. Doch auch Sie haben die Möglichkeit, sich durch entsprechende Spielangebote für den Hund interessant zu machen und ihn an sich zu binden.

Regelmäßig und richtig spielen

Regelmäßiges Spiel erhöht Ihre Chancen beträchtlich, dass der Hund Ihnen zuliebe andere Spielkameraden links liegen lässt, wenn er gerufen wird. Keinesfalls sollten Sie Spiel jedoch mit dem bloßen Wegwerfen von Gegenständen verwechseln. Dies langweilt die meisten Hunde schnell. Spielen will gestaltet sein. Sehr viele Hunde lieben Beutespiele. Hierzu verwenden Sie am besten einen Ball an einer Schnur, der es Ihnen ermöglicht, auch dann weiterzuspielen, wenn der Hund das Spielzeug im Maul hält. Verwenden Sie weiches Gummispielzeug, denn viele Hunde hassen es geradezu, in hartes Gummi zu beißen. Gut geeignet sind Kongbälle aus weichem Gummi mit einer Schnur daran.

Spielen heißt meist Beute machen

Bewegen Sie dieses Spielzeug quietschend (die Quietschgeräusche machen Sie!) und schnell über den Boden vom Hund weg: Es stellt sich tot, wehrt sich wie ein echtes Beutetier. Die meisten Hunde sind hiervon begeistert.
Berücksichtigen Sie beim Spielen auch die rassespezifischen Bedürfnisse Ihres Hundes, viele Jagdhunde lieben z. B. Suchspiele nach Leckerchen, Apportierspiele sind oft das Richtige für Retriever usw. (Lesetipps siehe Anhang). Zeit für Spiel soll jeden Tag sein.

Kontrolliert spielen

Kontrolliertes Spiel bedeutet: Sie beginnen und beenden das Spiel. Das Lieblingsspielzeug halten Sie unter Verschluss.
Der Hund erhält es nur gemeinsam mit Ihnen. Haben Sie Lust und Zeit zum Spielen, holen Sie das Spielzeug hervor und laden den Hund ein. Sind Sie der Meinung, dass es nun ausreicht, so beenden Sie das Spiel. Wenn Sie aufhören zu spielen, sollte der Hund immer noch motiviert sein mitzumachen. Keinesfalls sollten Sie Ihr Spiel mit einem gelangweilten Hund beenden. Im Gegenteil, der Hund sollte noch ganz heiß darauf sein, und hierzu ist es optimal, wenn Sie das Spielzeug, bevor Sie es dann ganz abrupt wegstecken, noch einmal interessant für den Hund machen, ohne dass er es erhält.

Können Sie es nicht durchsetzen, Ihrem Hund das Spielzeug abzunehmen, so brechen Sie das Spiel dadurch ab, dass Sie ihn einfach ignorieren. Auch wenn er erneut Spiel anbietet, lassen Sie ihn links liegen. Sobald er das Spielzeug fallen lässt, schleichen Sie sich heran, greifen es schnell, machen es wieder interessant für den Hund, ohne es ihm zu geben und packen es dann weg.

Spielmotivation erhöhen

Eine sehr gute Möglichkeit, die Motivation des Hundes zu erhöhen, ist es, das Spielzeug auf dem Schrank zu verwahren. Ein- bis zweimal am Tag gehen Sie zum Schrank und machen den Hund stimmlich darauf aufmerksam, dass Sie dort gerade etwas ganz Tolles gefunden haben. Dann werfen Sie das Spielzeug ein paarmal in die Luft – Sie müssen hier wirklich ganz begeistert tun, nur so wirkt die Begeisterung auch ansteckend für den Hund – und legen es wieder auf den Schrank, ohne dass der Hund es bekommt.

Bindungsförderndes Spiel mit einem Welpen.

Spielen beim Training

Jede einzelne Trainingseinheit, die jedes Mal nur einige Minuten dauert, wird mit einem kurzen und fröhlichen Spiel beendet. Ihr Hund soll lernen, dass die Übungen mit Ihnen Spaß machen und immer mit Spiel enden. Toben Sie mit ihm herum, am besten in Verbindung mit einem Spielzeug, damit der Hund gar nicht erst in Versuchung kommt, mit Ihrer Kleidung, Ihren Händen etc. zu spielen.

Richtig spielen Schritt für Schritt

Setzen Sie sich zunächst in ablenkungsfreier Umgebung zu Ihrem Hund auf den Boden. Das Spiel und Sie selbst sollen hier das Interessanteste sein. Hat der Hund dies erst einmal begriffen, wird er bald überall mit Ihnen spielen und all seine Aktionen Ihnen zuliebe unterbrechen.

Schritt 1

Nehmen Sie die Schnur des Spielzeugs in eine Hand, und ziehen Sie sie vor der Nase des Hundes hin und her. Passen Sie Ihr Tempo dem Hund an. Der Hund sollte sich weder langweilen noch völlig chancenlos sein. Zusätzliche Geräusche mit der Stimme, die die „Beute" imitieren, dürfen keinesfalls fehlen. Ihrer Fantasie sind keine Grenzen gesetzt, versuchen Sie es mit hoher, freudiger Stimme, doch verzichten Sie auf Sprache im menschlichen Sinne.
Dann versuchen Sie es im Stehen. Beugen Sie sich zu Ihrem Hund hinunter, und ziehen Sie das Spielzeug an der Schnur über den Boden. Beutegeräusche nicht vergessen! Zeigt der Hund Anzeichen, das Spielzeug ins Maul nehmen zu wollen, so lassen Sie das Spielzeug zunächst nicht los, sondern führen einen sanften Kampf mit dem Hund, indem Sie daran ziehen und die Beute imitieren, die sich wehrt. Dies macht das Spielzeug für den Hund wesentlich interessanter, als wenn Sie es sofort fallen lassen und es damit in den Augen des Hundes „tot" ist. Es empfiehlt sich, gemeinsam mit dem Hund einige Meter zu rennen, sobald er die Beute „gewonnen" hat, bevor man sich niederlässt, um weiterzuspielen. Dies funktio-

Beutespiel mit dem Kong-Ball an der Schnur: Red ist begeistert.

niert am besten, wenn Sie dem Hund zuvor eine dünne Leine angelegt haben. So können Sie ihn kontrollieren, denn der Hund soll in diesem Stadium keinesfalls lernen, mit dem Spielzeug vor Ihnen wegzurennen. Außerdem lieben es Hunde im Allgemeinen, mit ihren Besitzern zu rennen. Ein weiterer Pluspunkt für Sie auf der Beliebtheitsskala Ihres Hundes.

Lassen Sie Ihren Hund hierbei während der ersten Tage (diese Zeitangabe gilt nur bei mehrmaligem Spiel am Tag) nach Möglichkeit gewinnen. Das heißt, Sie lassen das Spielzeug nach kurzem Hin und Her los, versuchen den Hund durch Rufen erneut zu locken und beginnen das Spiel von neuem. Seien Sie aufmerksam, und es wird Ihnen leicht gelingen, dem Hund das Spielzeug ohne Hörzeichen (nur in den ersten Tagen!) zu „stehlen".

Ziehen Sie das Spielzeug wiederum über den Boden und imitieren Sie Beutegeräusche. Darauf folgt ein kurzes Beutespiel, der Hund gewinnt, Sie laufen eine kleine Runde mit ihm, ruhen kurz aus (nicht länger als einige Sekunden) und fordern erneut zum Spiel auf. Verzichten Sie in den ersten Tagen darauf, das Spielzeug wegzuwerfen. Die erste Lernerfahrung soll sein, dass das Spiel nur dann interessant ist, wenn das begehrte Objekt in Ihren Händen ist und nicht etwa dann, wenn es von Ihnen wegfliegt. All dies soll noch an einer dünnen Leine geschehen.

Info

Das richtige Spielzeug

Zunächst einmal benötigen Sie ein Objekt, das das Interesse Ihres Hundes weckt. Vielleicht müssen Sie einiges ausprobieren, bis er auf den Geschmack kommt. Werfen Sie keinesfalls gleich nach einigen Tagen das Handtuch, wenn er keine Reaktion auf Ihre Spielaufforderung zeigt. Sie bringen sich sonst um einen unersetzlichen Bindungsmultiplikator. Besorgen Sie weiches Gummispielzeug, am besten mit Schnur. Nehmen Sie es dem Hund weg, wenn er unbeaufsichtigt ist. Quietschendes Spielzeug ist verführerisch.

Ist die gewünschte Verknüpfung erfolgt (das merken Sie daran, dass Ihr Hund, nachdem Sie ihn haben gewinnen lassen, begeistert auf Sie zuläuft, sobald Sie durch freudiges Rufen erneut zum Spiel einladen), können Sie dazu übergehen, das Spielzeug wenige Meter weit von sich zu werfen. Nun können Sie versuchen, auf die Leine beim Spiel zu verzichten.
Es gibt Welpen, die einige Zeit benötigen, um weiter als zwei bis drei Meter weit sehen zu können. Sie verfolgen das Spielzeug deswegen nicht, weil sie nicht erkennen können, wohin es geflogen ist. Beschränken Sie keinesfalls das Spiel darauf, das Spielobjekt wegzuwerfen. Dies wird den Hund schnell langweilen. Bauen Sie es lediglich als Variante ein.

Schritt 2

Läuft Ihr Hund schon zuverlässig hinter dem Spielzeug her und lässt sich durch Ihr freudiges Rufen bewegen, zu Ihnen zurückzukommen, um weiterzuspielen, können Sie beginnen, das Hörzeichen **AUS** einzuführen. Bitte beachten Sie: Dies ist bereits Schritt 2. Schritt 1 sollten Sie in keinem Fall überspringen. Denn der Hund muss zuerst den Lernschritt vollzogen haben, dass Spielen in Verbindung mit Ihnen äußerst lustvoll ist!
Benutzen Sie ein Leckerchen, das Sie dem Hund direkt vor die Nase halten, sagen Sie deutlich **AUS** und geben Sie dem Hund das Leckerchen in dem Moment, in dem er das Spielzeug fallen lässt. Sehr bewährt hat sich auch die Methode, ein zweites, äußerlich identisches Spielzeug aus der Tasche zu ziehen, damit scheinbar ein neues Spiel einzuleiten und in dem Moment **AUS** zu verlangen, in dem der Hund sein Spielzeug fallen lässt. Hier muss das Timing stimmen, um eine Verknüpfung zu erreichen. Sagen Sie **AUS**, noch bevor das Spielzeug am Boden angekommen ist. Zwei Spielzeuge sind hierbei das Minimum!

Frisbee spielen sollten Sie nicht übertreiben, da es schnell die Gelenke überlastet.

Nehmen Sie das am Boden liegende Spielzeug weg, stecken es ein und spielen mit dem zweiten, identischen weiter. Nun beginnen Sie, das Spiel zu erweitern, indem Sie mit dem Spielzeug in der Hand schnell vor dem Hund davonlaufen, es aber sichtbar für den Hund halten und die für den Hund nun schon bekannten Geräusche von sich geben.
Bleiben Sie abrupt stehen, ziehen Sie das Spielzeug mit Einsatz Ihrer Stimme möglichst schnell über den Boden. Nehmen Sie es wieder auf und rennen erneut weg. Bleiben Sie stehen, halten Sie das Spielzeug auf Brusthöhe sichtbar für den Hund. Verstecken Sie es hinter Ihrem Rücken und fordern den Hund auf, es zu suchen. Machen Sie es ihm nicht zu leicht.

Bestimmen Sie die Dauer des Spiels

Sie bestimmen, wann und wie lange gespielt wird! Entweder lässt Ihr Hund das Spielzeug von sich aus fallen, weil ihn das Spiel ohne Sie langweilt (dies tut er tatsächlich, wenn Sie schrittweise wie beschrieben vorgehen), oder er bringt Ihnen das Spielobjekt und fordert Sie auf, weiterzumachen. Haben Sie noch Lust und Zeit,

Objektbezogenes Spiel an der langen Leine. Spielen Sie auf Augenhöhe des Hundes.

so spielen Sie weiter, wenn nicht, brechen Sie das Spiel ab. Ist Ihr Hund erst einmal richtig „heiß“ darauf geworden, mit Ihnen zu spielen, nutzen Sie dies auch aus. Sie bestimmen, wann und wie lange gespielt wird.

Um dem Hund keine falsche Vorstellung von Ihrer Mensch-Hund-Beziehung zu vermitteln, ist es wichtig, dass Sie letztlich alle Spiele gewinnen. Das bedeutet, Sie brechen das Spiel ab, wenn die Motivation des Hundes am höchsten ist und behalten das Spielzeug unter Verschluss.

Fantasievoll spielen

Diese Spielvarianten sind kein Dogma, doch probieren Sie es aus, sofern Sie noch keine Erfahrung mit dem kontrollierten Erziehungs- und Belohnungsspiel haben. Fantasievollen Erweiterungen, die dem Hund nicht schaden, sind keinerlei Grenzen gesetzt. Ob Sie richtig mit dem Hund gespielt haben, merken Sie daran, dass Ihnen nach einigen Minuten die Puste ausgeht, dann sind Sie auf dem richtigen Weg!

Kontaktliegen – Schmusen

Auch das Schmusen mit dem Hund gehört zur sozialen Kommunikation. Das Kontaktliegen wird von vielen Hunden sehr geschätzt. Aus erzieherischen Gründen sollten Sie den Hund nicht auf das Sofa lassen, um dort mit ihm zu schmusen. Setzen Sie sich auf den Boden und schmusen Sie dort mit ihm.

Sie sollten streng darauf achten, dass Sie den Hund dazu auffordern bzw. das Kontaktliegen auch abbrechen. Schicken Sie ihn weg, wenn Sie keine Lust mehr haben, oder stehen Sie einfach auf und gehen. Drängt er sich weiterhin auf und will den Abbruch nicht akzeptieren, so ignorieren Sie ihn völlig.

Viele Hunde zwingen Ihre Besitzer zu ständigen Streicheleinheiten durch Aufdringlichkeit, Pföteln, Herandrücken usw. Interessanterweise sind dies sehr oft Hunde, die schlecht gehorchen. Trifft dies für Ihren Hund zu, ist das Kapitel „Die heimlichen Sieger" Pflichtlektüre.

Auf einen Blick
Grundbedürfnisse – keine soziale Kommunikation

→ Qualitativ hochwertiges Futter ist selbstverständlich. Dankbarkeit oder Gehorsam von Seiten des Hundes darf man dafür nicht erwarten.

→ Räumliche Nähe ist lediglich Voraussetzung für alles andere: vernünftige Erziehung, sozialer Austausch. Ein Hund, der die meiste Zeit des Tages allein, isoliert von seiner Hauptbezugsperson leben muss, wird eine intensive Bindung schwerlich oder gar nicht entwickeln können. Zur isolierten Haltung zählt auch eine überwiegende oder ausschließliche Haltung im Garten, Zwinger, an der Kette u. Ä. Hierbei ist es völlig unerheblich, wie groß und/oder schön der Garten oder Zwinger ist. Der Gehorsam eines solchen Hundes ist ohne abzulehnende Starkzwangmittel kaum zu erreichen.

→ Der Spaziergang mit dem Hund, ob mit oder ohne Leine, wird vom Hund im Allgemeinen als angenehme und aufregende Abwechslung empfunden, die mit dem anderen Ende der Leine herzlich wenig zu tun hat. Der Hund ist nicht in der Lage zu erkennen, dass Sie es sind, die ihm dieses angenehme Erlebnis verschaffen. Deswegen kann hierfür weder Gehorsam noch Dankbarkeit oder gar Zuneigung erwartet werden. Wir reden hier von einem Spaziergang, bei dem keine Spielaufforderung Ihrerseits oder von Seiten des Hundes erfolgt. Natürlich erfüllen auch diese täglichen Spaziergänge wichtige psychische und physische Bedürfnisse des Hundes und sind deshalb unerlässlich.

Gemeinsame Bewegung wird von vielen Hunden geschätzt.

Unterforderung

Oft entstehen Probleme mit dem Hund auch dann, wenn er scheinbar genügend Auslauf, Sozialkontakte, Erziehung etc. erhält. Ziehen an der Leine, Zerstörungswut, Hetzen von Joggern, Fahrradfahrern, Autos usw. haben ihre Ursache oft in der mangelnden Beschäftigung des Hundes. Haben Sie schon einmal daran gedacht, dass Ihr Hund einfach unterfordert ist? Dieses Problem entsteht oft bei Arbeits- und Gebrauchshunderassen (z. B. Jagdhunden, Hütehunden, Schlittenhunden), tritt jedoch auch bei so genannten Schoß- oder Begleithunderassen auf. Als extremes Beispiel sei hier der Border Collie genannt. Wird so ein Hund nur als Familienhund gehalten, sind die Probleme oft vorprogrammiert.

Ein unterforderter Hund: der Border Collie Jordy

Als Beispiel für einen unterforderten Hund kann hier der Border Collie Jordy angeführt werden. Jordy gehörte ehemaligen Kunden unserer Hundeschule und wurde ausschließlich im Garten gehalten, also ohne ausreichenden Sozialkontakt und ohne ausreichende Beschäftigung. Der Hund suchte sich daraufhin selbst diese Beschäftigung. Er verschwand immer öfter über den von den Besitzern kontinuierlich erhöhten Zaun und ging seine eigenen Wege. War er da, bellte er unaufhörlich. Schließlich wurde Jordy an Freunde abgegeben, die ihn nach einigen Tagen als aggressiv einstuften und im örtlichen Tierheim abgaben. Schließlich landete er bei uns. Der Border Collie fügte sich sofort problemlos im Haushalt ein, zeigte aber folgende Schwierigkeit: Beim Spazierengehen war kein Jogger, kein Fahrradfahrer, kein Auto vor ihm sicher. Aufgrund seiner enormen Schnelligkeit war er in Sekunden Hunderte von Metern weg, verbellte sein „Opfer“ kurz, um genauso schnell zurückzukommen.

Neben der erforderlichen Basiserziehung, die Jordy erstaunlich schnell absolvierte, begannen wir zeitgleich mit Agility. Jordy war in seinem Element. Sein ausgeprägtes Hetzverhalten verringerte sich immer mehr. Nach einigen Wochen bereits trat es nur noch in Ausnahmesituationen auf. Sein Gehorsam und seine Bellhäufigkeit stehen dabei in direktem Zusammenhang mit seiner Beschäftigung. Kann einmal zwei bis drei Tage nicht mit ihm trainiert werden (Agility oder Kunststückchen), beginnt er wieder vermehrt zu bellen. Dauert die Trainingspause gar noch länger (z. B. durch Krankheit), hält er wieder Ausschau nach potenziellen Jagdopfern, und man muss sehr auf der Hut sein, damit er nicht wieder „abflitzt".

Ihr Hund braucht eine Aufgabe

Jordy stellt sicher ein extremes Beispiel dar. Aber auch die meisten anderen Rassen wurden generationenlang gezüchtet, um eine Aufgabe zu erfüllen. Macht Ihr Hund Probleme, so müssen Sie selbstkritisch hinterfragen, ob seinen rassespezifischen Eigenarten in Form von Beschäftigung Rechnung getragen wird. Viele Hunde benötigen zur inneren Ausgeglichenheit eine Aufgabe, nicht nur zur Bewegung (die natürlich auch ausreichend geboten werden sollte), sondern als „Training für den Kopf".

Abwechslungsreiche Spaziergänge

Hier gibt es viele Möglichkeiten. Für die Hundesportarten Agility, Flyball und Breitensport (auch Turnierhundesport genannt) eignen sich fast alle Hunderassen. Aber auch Kunststückchen und Suchspiele fordern den Hund, geistig zu arbeiten.
Schlittenhunde oder Windhunde lieben es zu rennen, Jagdhunde benötigen Beuteersatzspiele (die auch die meisten anderen Hunde lieben) und/oder Suchspiele. Die Hütehundrassen sind im Allgemeinen sehr arbeitsfreudig und intelligent. Für sie sind Kunststückchen und Hundesport gut geeignet. Eine der wenigen Ausnahmen stellt die Gruppe der Herdenschutzhunde dar, die in der Regel nur schwer für Spiele zu begeistern sind.
Abwechslung bei den Spaziergängen sollten Sie Ihrem Hund auf jeden Fall bieten. Gehen Sie nicht immer an den gleichen Orten spazieren oder gar immer auf demselben Weg. Sie werden merken, wie begeistert und neugierig Ihr Hund ist, wenn er einmal etwas anderes sehen und erschnuppern darf als die gewohnte Umgebung. Ebenfalls wichtig sind Spieltreffs mit anderen Hunden.

Wichtig: Auslastung sollte nicht nur körperlicher, sondern auch sinnlicher Art sein.

Beschäftigungsideen für jeden Tag

Suchspiele

Im Haus

Nehmen Sie das Lieblingsspielzeug Ihres Hundes und spielen kurz mit ihm, bis er richtig „heiß“ darauf ist. Dann wird er vor die Tür gesperrt. Verstecken Sie nun das Spielzeug. Wählen Sie zunächst ganz leichte Verstecke, damit der Hund sofort ein Erfolgserlebnis hat. Lassen Sie den Hund wieder herein und feuern ihn mit den Worten „Such's, ja wo ist es denn!“ o. Ä. an. Hat er es gefunden, spielen Sie wieder mit ihm. Je nach Temperament und Ausdauer des Hundes können Sie das Spiel öfter wiederholen und die Verstecke dabei immer anspruchsvoller gestalten. Hören Sie aber auf, bevor der Hund die Lust verliert.

Im Freien

Werfen Sie als Erstes ein Leckerchen vor den Augen des Hundes ein bis zwei Meter entfernt ins Gras, und feuern Sie ihn mit **SUCH** o. Ä. an. Sobald Ihr Hund etwas Übung im Suchen des Leckerchens entwickelt hat, können Sie den Schwierigkeitsgrad steigern: Sie werfen das Leckerchen weiter weg oder in trockenes Laub, hohes Gras, unters Gebüsch etc. Sie werden sehen, dass Ihr Hund mit Feuereifer dabei ist. Was spricht dagegen, ihn sich einen Teil seines Futters „erarbeiten“ zu lassen?

Leckerchen „jagen“ macht Spaß.

Beutespiele

Nehmen Sie runde Leckerchen, die Sie auf einem harten Weg über den Boden kullern lassen. Ihr Hund wird diese „Beute“ mit Begeisterung fangen und vertilgen.

Gerade Futtersuchspiele stellen neben dem Spiel mit Spielzeug eine sehr gute Möglichkeit dar, den Hund auf sich zu fixieren und auszulasten. Die intensive Nasenarbeit bei diesen Suchspielen trägt bei mehreren kurzen Wiederholungen während der Spaziergänge sehr dazu bei, dass Ihr Hund körperlich und geistig ausgelastet wird.

Diese Spiele eignen sich auch sehr gut als Belohnung für ein erfolgreiches Herankommen. Ist Ihr Hund bei Ihnen angelangt, zeigen Sie ihm das Leckerchen und werfen es mit dem Hörzeichen **SUCH** ins Gras oder lassen es über den Weg kullern.

Bei Hunden mit hohem jagdlichen Appetenz- oder Hetzverhalten sollten diese Spiele zu Ihrem täglichen Repertoire gehören. Gerade diese Hunde sollten sich ein Viertel oder mehr der täglichen Futterration auf den Spaziergängen „erarbeiten“.

Kunststückchen

Die meisten Hunde haben einen Riesenspaß am Erlernen und Vorführen von Kunststückchen. Warum? Wahrscheinlich deswegen, weil sie einen so großen Erfolg damit haben. Hier zwei Beispiele.

Rolle

Zuerst lassen Sie Ihren Hund **PLATZ** machen. Dann legen Sie ihn sanft auf die Seite. Den Kopf darf er oben lassen. Nun zeigen Sie ihm ein Leckerchen und führen es in einem Bogen von seiner Nase zu seinen Rippen hin. Er wird mit dem Kopf folgen, und wenn er sozusagen zu seinem Schwanz schaut, bekommt er das Leckerchen.

Solche Tricks fordern Ihren Hund auch geistig und machen Spaß.

Mit jeder Wiederholung führen Sie das Leckerchen immer weiter in Richtung Rücken, bevor er es bekommt. Manche Hunde rollen sich dann schon von allein weiter. Gehört Ihr Hund nicht dazu, üben Sie so lange, bis er dem Leckerchen willig folgt, und rollen ihn dann herum, indem Sie seine Beine in die Hand nehmen. Danach darf er sofort aufspringen.

Sie loben ihn begeistert, und er bekommt noch ein Leckerchen.

An diesem Punkt können Sie ein Hand- und/oder Hörzeichen einführen. Sie geben das Zeichen und fangen mit der Übung an. Seien Sie geduldig. Es ist nicht nötig, dass der Hund gleich am ersten Tag die Rolle perfekt lernt, und schließlich geht es ja darum, ihn zu beschäftigen und nicht um Perfektion.

Sich schämen

Nehmen Sie ein Stückchen Klebeband (3 bis 4 cm lang) und kleben Sie es zwei- bis dreimal auf Ihren Pulli (immer wieder abziehen), damit es nicht mehr so stark haftet. Dann befestigen Sie es Ihrem Hund auf der Schnauze (nicht auf dem Nasenspiegel!). Es soll gerade noch so haften bleiben, keinesfalls darf es noch so stark kleben, dass es an den Haaren ziept. Halten Sie unbedingt Leckerchen bereit! Sobald Ihr Hund mit der Pfote versucht, das Klebeband abzustreifen, loben Sie ihn in den höchsten Tönen und stecken ihm das Leckerchen zu.

Achtung: Wird Ihr Hund panisch und hört trotz Lob und vorgehaltenen Leckerchen nicht auf, sich über die Schnauze zu streichen, nehmen Sie das Klebeband sofort ab und vergessen diese Übung! Nimmt er das Leckerchen an, warten Sie einfach einen Moment. Ihm wird das Klebeband wieder einfallen und er wird erneut mit der Pfote über die Schnauze streichen.

Nun sofort wieder loben und Leckerchen. Diese Übung wiederholen Sie einige Male (evtl. neues Klebeband verwenden). Am zweiten Tag können Sie ein Hör- und/oder Sichtzeichen (z. B. **SCHÄM DICH**) einbauen.

Fahrrad fahren

Fahrrad fahren mit Hund ist für lauffreudige Vierbeiner natürlich eine gute körperliche Auslastung. Fangen Sie damit aber auf keinen Fall an, bevor der Hund ausgewachsen ist. Lassen Sie Ihren Hund vorher vom Tierarzt untersuchen. Am sichersten ist es, wenn Sie einen so genannten Springerbügel (im Zoofachhandel erhältlich) benutzen.
Beginnen Sie mit kleinen Strecken, und fahren Sie immer nur so schnell, dass der Hund bequem traben kann. Bei großer Hitze dürfen Sie selbstverständlich nicht fahren und auch sonst sind häufige Pausen notwendig. Bedenken Sie auch, dass Sie Ihren Hund nicht beispielsweise den Sommer über auf Tagesstrecken von 20 km trainieren können und dann erwarten, dass er sich im Winter mit kurzen Spaziergängen zufrieden gibt.

Service

So finden Sie gute Hundetrainer

Hundeschulen

Mittlerweile boomt der Markt, und Hundeschulen sprießen überall aus dem Boden. Auch fast jeder Hundeverein bietet heutzutage Erziehungslehrgänge und Spielstunden an.
Ein offizielles Berufsbild des Hundetrainers gibt es in Deutschland leider nicht. Das bedeutet, dass jeder eine Hundeschule eröffnen und Lehrgänge zur Hundetrainerausbildung anbieten kann, ungeachtet seiner Vorbildung oder bisherigen Ausbildung. Auch wohlklingende Namen bieten keinerlei Aussagen hinsichtlich Qualifikation der Anbieter oder der Qualität des angebotenen Lehrganges. Gerne werden Namensbestandteile wie „Studium“ oder „Akademie“ gewählt, die wohl suggerieren sollen, dass es sich um eine Hochschulausbildung handelt. Zertifiziert nach „DIN-Sowieso“ bedeutet lediglich, dass bestimmte Forminhalte gewahrt werden und haben keinerlei inhaltliche Aussage.
Wir möchten Ihnen einige Entscheidungshilfen an die Hand geben. Folgende Kriterien sollten von einer seriösen Ausbildungsstätte erfüllt werden:
Die Ausbilder geben bereitwillig Auskunft über ihre Qualifikation und Erfahrungen in der Erziehung von Hunden; der Besuch von Weiterbildungsseminaren ist selbstverständlich.

- Die Hundeschule bietet die Möglichkeit, mindestens einmal unverbindlich beim Unterricht zuzusehen, bevor man sich zu einer Ausbildung entschließt.
- Die Hundeschule bietet ein vielfältiges Programm und schert nicht alle Hunde, gleich welcher Rasse und Problematik, über einen Kamm.
- Bei Gruppenunterricht sollte die maximale Teilnehmerzahl aus nicht mehr als vier bis sechs Teams bestehen, Gruppenunterricht sollte trotzdem vielfältig gestaltet sein und nicht aus bloßem „Im-Kreis-Laufen“ bestehen. Die Gruppe sollte konstant sein, Neueinsteiger gehören nicht in bereits laufende Gruppen.
- Problemhunde gehören zunächst immer in den Einzelunterricht, generell sollte für alle Hunde die Möglichkeit bestehen, Einzelunterricht zu nehmen.
- Bei Problemhunden werden individuelle Beratungsgespräche angeboten.
- Bei der Anmeldung wird ein kurzes Aufnahmegespräch geführt, um den Besitzern klar zu machen, was auf sie zukommt.
- Vorsicht beim generellen, vorschnellen oder leichtfertigen Einsatz

von Starkzwangmitteln wie Stachelhalsband oder Elektrohalsbändern. Prinzipiell darf der Einsatz von Erziehungsmitteln, die den Besitzern nicht behagen, von Seiten der Hundeschule nicht „erzwungen“ werden.

- Rassespezifische Besonderheiten von Hunden werden in der Erziehung berücksichtigt.
- Die Vermittlung von theoretischen Grundlagen für den Besitzer ist eine Selbstverständlichkeit.

Oder doch besser zum Tierpsychologen?

Auch der – nicht zuletzt durch viele Fernsehsendungen – stark zunehmende Trend in Richtung der Tierpsychologen unterliegt keinerlei staatlichen Aufsicht, so dass sich jeder so nennen kann, der sich dazu berufen fühlt.

Und so ist es bei uns

„Unsere“ Methode gibt es nicht. Natürlich haben wir einen „roten“ Faden, der auf die häufigsten Probleme angewandt werden kann. Aber wir sind immer auf der Suche nach einem individuellen Lösungsweg, der für Hund *und* Mensch gehbar ist. Viele Methoden der Hundeerziehung sowie unser langjähriger Erfahrungsschatz fließen darin ein und haben unseren eigenen Stil geprägt.
Wir sind nicht der Meinung, dass Hundeerziehung patentierbar sein sollte oder weitere hochtrabende Bezeichnungen auf dem „Hundeschulmarkt“ notwendig sind.

Welpen-spielstunden

- Welpenspielstunden sollten sich nicht auf ein bloßes Übereinanderherkullern der Welpen beschränken; theoretische Erklärungen, Selbstsicherheitsspiele, Prägungsspiele etc. sollten selbstverständlich sein. Die Besitzer sollten von den Leitern ständig auf unbewusstes Fehlverhalten hingewiesen werden. Die Spielstunden sind strengstens auf Welpen (je nach Rasse maximal 18. Woche) und eventuell wenige sozial wesensfeste erwachsene Hunde zu beschränken, auch die Teilnehmerzahl ist begrenzt.
- Keinesfalls dürfen in der Welpenspielstunde halbstarke Junghunde ihre aufkommenden Kräfte an den Kleinen erproben. Vorsicht bei Welpenspielstunden, die unter dem Motto laufen: „Hunde machen prinzipiell alles unter sich aus und erziehen sich gegenseitig.“ Hunde sind keine wandelnden Therapeuten! Die Leiter greifen sehr wohl ein, wenn Welpen im Spiel über die Stränge schlagen.

Welpenerziehung

- Diese sollte möglichst im Einzelunterricht stattfinden und die Grundlagen der Erziehung und Haltung vermitteln. Im Vordergrund steht theoretischer Unterricht und die Überprüfung des Vermittelten durch den Leiter.
- Grundbegriffe werden spielerisch eingeübt, rasse- und altersspezifische Besonderheiten immer berücksichtigt.
- Unterrichtsziel sollte sein: Lernen macht Spaß, und es lohnt sich zu gehorchen! Im Welpenunterricht werden immer genügend Pausen eingelegt, die praktischen Einheiten sind auf wenige Minuten am Stück zu beschränken. Die Welpenspielstunde sollte integrativer Bestandteil der Welpenerziehung im Einzelunterricht sein.

Info

Hundeerziehung im Internat

Viele Hundeschulen bieten die Möglichkeit an, den Hund zur stationären Erziehung abzugeben, um ihn wenige Wochen später „perfekt erzogen" wieder in Empfang zu nehmen.
Diese in der Regel sehr kostspielige Variante birgt entscheidende Nachteile. Das für einen langfristigen Erziehungserfolg notwendige gemeinsame Lernen von Mensch und Hund findet hier nicht statt.
Man hat keinerlei Kontrolle darüber, was und mit welchen Methoden das Tier „behandelt" wird. Vom Bindungs- und Vertrauensverlust, der durch die Trennung entstehen kann, ganz zu schweigen. Die oftmals im Anschluss an den Aufenthalt stattfindende Schulung des Besitzers „am Hund" reicht nicht aus, um die auch beim Menschen notwendige Verhaltungsumstellung zu erreichen.

Und was ist mit Ferienkursen?

Ferienkurse gemeinsam mit Hund haben – sinnvoll durchgeführt – den Vorteil, dass aufgrund der Trainingsintensität häufig schnelle Anfangserfolge erzielt werden können. Um diese Erfolge jedoch in den Alltag des Hundebesitzers übertragen zu können, ist neben der praktischen Anleitung auch eine intensive, individuelle theoretische Schulung der Hundebesitzer notwendig. Unserer Meinung nach ist dies nur bei individuellem Einzelunterricht ausreichend gewährleistet.

Wenn Sie immer noch Zweifel haben

Sollten Sie nach wie vor Zweifel haben, ob Sie die richtige Hundeschule oder den richtigen Erziehungskurs im Hundeverein gefunden haben, kann ein Blick auf die Hunde der Ausbilder weiterhelfen. Sind diese gut erzogen, wirken sie freudig oder unterwürfig und ängstlich? Lassen Sie sich nicht blenden von perfekt vorgeführten Unterordnungsübungen auf dem Hundeplatz, viel wichtiger ist, wie gut die Hunde der Ausbilder in alltäglichen Situationen auf Zuruf und Hörzeichen reagieren. Selbstverständlich sollten diese Hunde nicht den Eindruck von perfekt funktionierenden Maschinen machen, doch ein Abrufen beispielsweise von anderen Hunden auch aus dem Spiel heraus sollte ohne Geschrei beobachtbar sein. Seien Sie nicht schüchtern und bitten, einen Blick auf die Tiere der Ausbilder werfen zu dürfen: Der Umgang der Ausbilder mit den eigenen Vierbeinern kann Ihnen die Entscheidung in jedem Fall erleichtern und Ihnen helfen, sich richtig aufgehoben zu fühlen. Adressen von sorgfältig arbeitenden Hundeerziehern bzw. Hundeerzieherinnen bekommen Sie auf Anfrage auch von uns.

Mücke und Flip.

Kontakt

Aschaffenburger Hundeschule

Die Aschaffenburger Hundeschule
Petra Führmann und Iris Franzke GbR
Ernsthofstraße 14
63739 Aschaffenburg
Tel.: 06021-20156
Fax: 06021-219194
info@hundeschule-ab.de
www.hundeschule-ab.de

Wenn Sie Probleme haben

Wenn Sie ein Problem mit Ihrem Hund haben, können Sie sich gerne an uns wenden. Bitte bedenken Sie, dass wir keinerlei Ferndiagnosen stellen können und dies auch in höchstem Maße unseriös wäre. Sie können uns aber gerne in unserer Hundeschule besuchen. (Anfragen bitte per eMail oder mit frankiertem Rückumschlag – Herzlichen Dank!)

Hundezubehör

Sinnvolles und von uns getestetes Hundezubehör finden Sie in unserem Onlineshop unter:
www.hundeshop-ab.de

Hundetrainer-Ausbildung

Sie möchten Hundetrainer werden oder sich fortbilden?
Infos und Seminarangebote finden Sie unter:
www.hundetrainer-werden.de

Iris Franzke und Petra Führmann.

KOSMOS.

Erziehung leicht gemacht.

Die DVD zum Buch!

Schritt für Schritt zeigen die Expertinnen, wie Hunde mit Lob und Freude gut erzogen und mögliche Probleme gelöst werden.

Nicole Hoefs, Petra Führmann,
Perdita Lübbe-Scheuermann
Das Kosmos Erziehungsprogramm für Hunde auf DVD
DVD, Laufzeit ca. 50 Minuten, €/D 34,90
ISBN 978-3-440-10816-1

Probleme verstehen und lösen

Beißen, bellen, buddeln – für jedes Problem gibt es eine Lösung. Petra Führmann und Iris Franzke erläutern die häufigsten Probleme wie Aggression, Anspringen, Betteln, Jagen, Trennungsangst, Unsicherheit. Anhand von Fallbeispielen werden die Ursachen aufgezeigt und Schritt für Schritt mögliche Lösungen beschrieben.

Petra Führmann, Iris Franzke
Erziehungsprobleme beim Hund
176 S., 240 Abb., €/D 22,90
ISBN 978-3-440-09478-5

Machen Sie es sich leicht!

Längst sind es nicht mehr nur Züchter, die mehr als einen Hund halten. Viele Hundebesitzer wünschen sich einen Kameraden für ihren Vierbeiner. Doch welcher Hund eignet sich, wie gewöhnt man die beiden aneinander und was macht man bei Streitereien? Antworten auf diese Fragen finden Sie in diesem Ratgeber.

Petra Führmann, Iris Franzke
Zwei Hunde, doppelte Freude
160 S., 209 Abb., €/D 24,90
ISBN 978-3-440-09873-8

Preisänderung vorbehalten

kosmos.de

Zum Weiterlesen

Abrantes, Roger: **Hundeverhalten von A-Z.** Mimik und Körpersprache, Verhalten und Verständigung, Lautäußerungen und Kommunikation. Kosmos, 2005.

Bloch, Günther: **Timberwolf Yukon u. Co.** Kynos, 2002.

Coren, Stanley: **Die Geheimnisse der Hundesprache.** Kosmos, 2002.

Coren, Stanley: **Wie Hunde denken und fühlen.** Die Welt aus Hundesicht: So lernen und kommunizieren Hunde. Kosmos, 2005.

Evans, J M, White, Kay: **Die Hündin.** Kynos, 1998.

Feddersen-Petersen, Dr. Dorit: **Ausdrucksverhalten beim Hund.** Mimik und Körpersprache, Kommunikation und Verständigung. Kosmos, 2007.

Feddersen-Petersen, Dr. Dorit: **Hundepsychologie.** Sozialverhalten und Wesen, Emotionen und Individualität. Kosmos, 2004.

Fleig, Dieter: **Die Technik der Hundezucht.** Kynos, 2002.

Führmann, Petra und Iris Franzke: **Erziehungsprobleme beim Hund.** Verhaltensprobleme verstehen und lösen. Kosmos, 2004.

Führmann, Petra und Iris Franzke: **Zwei Hunde – doppelte Freude.** Haltung und Erziehung von zwei und mehr Hunden. Kosmos, 2005.

Führmann, Petra und Nicole Hoefs: **Erziehungsspiele für Hunde.** Kosmos, 2002.

Führmann, Petra, Nicole Hoefs: **Kosmos Pocket Erziehungsspiele.** Kosmos, 2005.

Gansloßer, PD. Dr. Udo: **Säugetierverhalten**. Filander, 1998.

Gansloßer, PD. Dr. Udo: **Gruppenmechanismen. Entwicklung und Gruppenzusammenhalt.** Filander, 2002.

Krämer, Eva-Maria: **Der neue Kosmos-Hundeführer.** Kosmos, 2002.

McConnel, Patricia: **Das andere Ende der Leine.** Kynos, 2004.

Lausberg, Frank: **Erste Hilfe für den Hund.** Kosmos, 1999.

Okarma, Henryk, Dagmar, Langwald: **Der Wolf.** Ökologie, Verhalten, Schutz. MVS, 2002.

Räber, Dr. Hans: **Enzyklopädie der Rassehunde.** Ursprung, Geschichte, Zuchtziele, Eignung und Verwendung. 2 Bände. Kosmos, 2001.

Räber, Dr. Hans: **Vom Wolf zum Rassehund.** Kynos, 1999.

Schöning, Dr. Barbara, Nadja Steffen und Kerstin Röhrs: **Hundesprache.** Kosmos, 2004.

Wachtel, Hellmuth: **Das Buch vom Hund.** Cadmos 2002.

Wachtel, Hellmuth: **Hundezucht 2000.** Gollwitzer, 1997.

Willis, Malcolm, B.: **Genetik der Hundezucht.** Kynos, 1994.

Wright, John C. und Judi Wright Lashnits: **Wenn Hunde machen was sie wollen ... und wie man sie davon abbringt.** Die besten Ratschläge aus der Praxis eines erfahrenen Hundepsychologen. Kosmos, 2001.

Wuketits, Franz. M.: **Die Entdeckung des Verhaltens.** Eine Geschichte der Verhaltensforschung. Wissenschaftliche Buchgesellschaft, 1995.

Register

Bildnachweis

Fotos von Thomas Höller (7 Fotos: S. 40, 41, 99, 212); Thomas Höller / Kosmos (11 Fotos: S. 60, 61, 67, 208, 213); Juniors Bildarchiv (2 Fotos: S. 82, 83); Sabine Stuewer (25 Fotos: Vor- und Nachsatz, Titelei, S. 9, 14, 16, 17, 18, 19, 24, 25, 44, 47, 48, 63, 204, 236, 247); Sabine Stuewer / Kosmos (8 Fotos: S. 12, 13 links, 84 unten, 85, 239, 242, 243); Christof Salata / Kosmos (98 Fotos: S. 10, 11, 13 rechts, 30 oben, 32, 37 unten, 38, 39, 42, 66, 69, 70, 71, 72, 73, 94, 95, 102, 103, 124, 125, 126, 127, 146, 154, 155, 162, 163 links, 174, 175, 176, 177, 178, 179, 180, 181, 182, 184, 185, 186, 188, 189, 192, 193, 194, 197, 200, 201, 209, 211, 216, 218, 219, 221, 222, 224, 234, 235); Horst Streitferdt / Kosmos (19 Fotos: S. 43, 116, 117, 122, 123, 191, 206, 207, 224, 225, 228).
Alle weiteren 219 Fotos wurden eigens von Karl-Heinz Widmann / Kosmos für dieses Buch aufgenommen.

Impressum

Umschlaggestaltung von eStudio Calamar unter Verwendung von Farbfotos von Thomas Höller (U1) und Karl-Heinz Widmann / Kosmos (U4)
Mit 400 Farbfotos

Alle Angaben in diesem Buch erfolgen nach bestem Wissen und Gewissen. Sorgfalt bei der Umsetzung ist indes dennoch geboten. Der Verlag und die Autorinnen übernehmen keinerlei Haftung für Personen-, Sach- oder Vermögensschäden, die aus der Anwendung der vorgestellten Materialien und Methoden entstehen könnten.

Gedruckt auf chlorfrei gebleichtem Papier

2., neu bearbeitete und neu bebilderte Auflage 2006

ISBN 978-3-440-10638-9
Redaktion: Ute-Kristin Schmalfuss
Gestaltungskonzept: eStudio Calamar
Produktion: Kirsten Raue / Eva Schmidt
Printed in Italy / Imprimé en Italie

FSC www.fsc.org MIX Papier aus verantwortungsvollen Quellen FSC® C015829